AF302612

Du bist ein Wunder.

Es ist Zeit dieses zu erleben.

Eckhard Niederhaus

Arsch hoch,
Grenzen überwinden,
leben!

Ich ging los, um reich und berühmt zu werden.
Ich hielt durch, um den wahren Reichtum zu entdecken.
Ich kam an, um dankbar und berührbar zu sein.
Ich schreibe, um dich zu ermutigen, deinen echten Weg zu gehen.

Bibliografische Information der Deutschen Nationalbibliothek:
Die Deutsche Nationalbibliothek verzeichnet diese Publikation in der Deutschen Nationalbibliografie; detaillierte bibliografische Daten sind im Internet über http://dnb.dnb.de abrufbar. Die automatisierte Analyse des Werkes, um daraus Informationen insbesondere über Muster, Trends und Korrelationen gemäß §44b UrhG („Text und Data Mining") zu gewinnen, ist untersagt.

Lektorat: Christian Ulrich
Korrektorat: Brigitte Nickel
Coverfoto: Patrick Art
Autorenfoto: Eike Thomson
Coverdesign: Muhammad Waqas

Verlag: BoD · Books on Demand GmbH, Überseering 33, 22297 Hamburg, bod@bod.de
Druck: Libri Plureos GmbH, Friedensallee 273, 22763 Hamburg

ISBN: 978-3-7578-9001-8

Dieses Buch konnte nur durch die Unterstützung vieler Menschen entstehen. Danke an meinen Schatz und meine Gefährtin: Christine Rechmeier.
Ebenso an Esther, Kai, Thomas, Stefan, Medi, Sabine, Rüdiger, Doro, Tine, meine Familie, Freunde und alle, die mich auf dieser Reise begleitet, unterstützt und motiviert haben.

Was dich in diesem Buch erwartet:

Vorspann

Beginn der Reise - Scham, Schmerz, Widerstand

Unbekannte Welt - Intensive Gefühle

Genuss, Lebensfreude und Wiedervereinigung

Am Ende der Reise ist die Liebe

Aufbruch zu neuen Grenzen

Alles begann im Jahr 2015. Es war wieder einmal eine Zeit des Umbruchs in Deutschland, Europa und der gesamten Welt. Eine Flüchtlingswelle rollte auf Europa zu, die den Zusammenhalt der europäischen Gesellschaft auf eine harte Probe stellen sollte. Nur wenige Jahre zuvor stand das globale Wirtschaftssystem durch eine Krise der Banken bereits auf der Kippe zum Kollaps. Erinnerungen an den „Schwarzen Freitag" von 1929 wurden wach. Ängste kamen auf, lange nicht gekannte Sorgen, ob das System auch stabil genug sei oder sogar weltweite Krisen ausgelöst werden könnten. Bis dahin hatte auch ich mein Leben in einem tiefen Vertrauen in die allgemeine Sicherheit und ein stetiges und stabiles Wachstum gelebt. Alles schien sicher und planbar zu sein.

In der Medizin werden seit zig Jahren Methoden und Medikamente entwickelt, um uns der Unsterblichkeit immer näher zu bringen. Versicherungen suggerieren Schutz und Geborgenheit, sogar unser Sterben wird finanziell abgesichert. Wir glauben in unserer Naivität gerne an diese Sicherheit, entfernen uns dabei aber in Wahrheit immer stärker von natürlichen Zyklen, die auch Änderungen und Herausforderungen mit sich bringen.

Diese vermeintliche Sicherheit hatte mich träge und bequem werden lassen. Mir war in den letzten Jahren jedoch immer klarer geworden, dass es falsch gewesen ist, zu glauben, die Natur, das gesamte Leben und mein Schicksal planen und beherrschen zu können. Die Evolution hatte den Menschen nicht bis zu diesem Entwicklungsstand gebracht, weil alles immer sicher für ihn gewesen war. Vielmehr hat sich der Mensch aus ständigen Herausforderungen und Änderungsprozessen heraus weiterentwickelt.

Angesichts der großen globalen Umwälzungen, durch den Tod meines Vaters (dessen Sterben ich hatte begleiten dürfen) und aus eigenen persönlichen Krisen heraus erkannte ich zunehmend, dass ich nicht wirklich mein Leben lebte, sondern vielmehr mein Leben in einer Art Komfortzone verwaltete.

Ich fühlte mich immer stärker hin- und hergerissen zwischen meiner natürlich vorhandenen Abenteuerlust und dem sicheren und kuscheligen Bereich meiner Bequemlichkeit. Ich war zu diesem Zeitpunkt zweiundfünfzig Jahre alt und steuerte langsam, aber sicher auf meinen letzten großen Lebenszyklus zu.

Eigentlich riskiert man dann nicht mehr viel, dachte ich, man beginnt nun, die Jahre bis zum Ruhestand zu zählen. Und doch wollte ich noch einmal wissen, wie es sich anfühlt, an meine Grenzen zu kommen. Ich hatte das tiefe Bedürfnis, das Leben noch einmal intensiv zu spüren. Motiviert durch die Erzählungen meines Vaters, der aus Ostpreußen geflohen war, und mir von Entbehrungen und Gefahren berichtete, fasste ich den Plan meiner eigenen „Flucht" heraus aus der Komfortzone. Ich hatte das Gefühl, eine große Grenzerfahrung machen zu müssen. Schnell kam ich bei der Planung auf die Idee, ganz allein den Weg der alten innerdeutschen Grenze entlangzuwandern, nur bepackt mit Rucksack und Zelt. Eine politische Grenzlinie als Sinnbild meiner eigenen persönlichen Schranken erschien mir als würdiger und passender Rahmen.

Die Reise selbst gab mir dann schließlich den Impuls, meine Erfahrungen niederzuschreiben und dieses Buch zu verfassen. Wir alle stehen vor Herausforderungen, die uns formen und wachsen lassen, und in diesen Momenten der Veränderung finden wir uns selbst neu.

In den Tiefen unseres Lebenssinns verborgen liegen somit bei uns allen die Abenteuer, die darauf warten, entdeckt zu werden. Manche Menschen sprechen von einer Seelenaufgabe, andere nennen es Herzensangelegenheit, und wieder andere sagen, es sei die innere Stimme, die uns ruft. Egal wie du es nennen möchtest, wir alle sind auf unsere ganz persönliche Heldenreise geschickt worden, mit unserem persönlichen Kompass in der Hand, der uns durch unbekannte Territorien führt. Die Intensität dieser Reise hängt von unserer Bereitschaft ab, neue Pfade zu betreten, auf unsere Intuition, die Stimme des Herzens zu hören und immer wieder aus unserer vertrauten Komfortzone auszubrechen.

In diesem Buch begleitest du mich auf meiner sehr herausfordernden fünfzigtägigen Wanderung über 1.100 Kilometer entlang des ehemaligen innerdeutschen Grenzweges, die ich allein, bepackt mit Rucksack und Zelt und in den ersten Wochen ohne Geld gegangen bin. Verbunden hatte ich diese Reise mit einer Spendenaktion für jeden gelaufenen Kilometer.

Es ist jedoch nicht primär die Leistung oder der Weg, die ich mit dir teilen möchte. Es sind vor allem die dabei erlebten Widerstände, Gefühle und Überwindungen, da sich diese intensiven Prozesse sicherlich durch alle großen Herausforderungen des Lebens entfalten.

Jeder Tag dieser Reise ist ein Kapitel in meinem Tagebuch, in dem ich meine Gedanken, Gefühle, Ängste und Triumphe aufgezeichnet habe, um sie nun mit dir zu teilen.

Das Tagebuch der Wanderung ist nur ein Teil dessen, was dich erwartet. Neben meinem persönlichen Reisebericht findest du auch persönliche Impulse, die ich einige Jahre später aufgrund meiner Wandererlebnisse, meiner Erfahrung als IT-Unternehmer, Heilpraktiker für Psychotherapie, Mediator und Coach gesammelt habe.

Diese Impulse sind meine persönlichen Gedanken, Gefühle und Erfahrungen, keine wissenschaftlichen Abhandlungen oder politischen Statements. Ich erhebe auch nicht den Anspruch darauf, dass sie allgemeingültig anerkannt sind. Betrachte sie vielmehr als Anregungen wie von einem Freund, der dir vielleicht eine andere Perspektive auf deine Gedanken- und Gefühlswelt anbieten möchte.

Ich beobachte, dass wir in einer Welt voll kopflastiger künstlicher Intelligenz (KI) und Wissenschaft immer mehr den Bezug zu unserem Herzen verlieren. Ich habe es mir zur Aufgabe gemacht, Menschen dabei zu unterstützen, dies zurück in das Bewusstsein zu holen und beide Intelligenzen (Herz und Kopf) wieder miteinander zu vereinen.

Sei bitte immer kritisch und gleichzeitig offen für neue Denkanstöße, denn in der Vielfalt der Gedanken liegt die Schönheit der Entfaltung. Ich möchte weder Berufsgruppen kritisieren noch Menschen oder politische Richtungen verurteilen. Und bitte beachte, dass diese Impulse keine medizinischen oder therapeutischen Behandlungen ersetzen können.

Nun, meine liebe Leserin, mein lieber Leser, lehne dich zurück und lass dich von meinem Wanderbericht und den Impulsen inspirieren. Vielleicht berühren sie dich. Möglicherweise widersprechen sie aber auch deiner inneren Haltung und Überzeugung. Das ist alles okay.

Ich selbst finde den Gedanken inspirierend, dass neben meiner Wahrheit auch deine gleichwertige Wahrheit existiert. Möge diese Reise in die Tiefen des Lebens dich dazu ermutigen, neue Wege zu gehen und deine eigene Komfortzone zu erweitern. Die Abenteuer des Lebens warten darauf, von dir entdeckt zu werden, und vielleicht – nur vielleicht – wirst du am Ende dieses Buches feststellen, dass die größte Heldin, der größte Held, den du jemals kennenlernen wirst, in deiner eigenen Haut steckt.

Viel Spaß beim Lesen
Dein Eckhard

PS: Ich schreibe dieses Buch nicht in geschlechtergerechter Sprache, richte mich aber ausdrücklich in diesem Buch an alle Menschen aller Geschlechter in gleichwertiger Weise.

Weitere Informationen, Bilder, Videos und
Kontaktdaten findest du unter:
www.grenzpate.de

Ich packe meine Tasche

Der Plan stand nun also, doch es gibt nichts Gutes – außer man tut es! Also hieß es für mich, mein Vorhaben jetzt auch in die Tat umzusetzen.

Ich muss dazu sagen, dass ich mich nicht besonders ausführlich vorbereitete. Ich hatte aufgrund meiner Naivität und Faulheit die Wanderung völlig unterschätzt und somit kaum trainiert oder mich eingehend mit dem Weg beschäftigt. Im Nachhinein frage ich mich, wie ich nur so blauäugig gewesen sein konnte. Ich hätte selbstverständlich deutlich mehr Zeit und Engagement in die Vorbereitung investieren müssen. Zum Beispiel weiß ich heute, dass es äußerst ratsam gewesen wäre, meine neuen Wanderschuhe mehr als nur einmal bei trockenem Wetter zu testen.

Aber immerhin hatte ich mir die GPS-Daten meiner geplanten Strecke besorgt, um diese auf meinem Tablet als Tracking zu installieren, in der Hoffnung, so immer den richtigen Weg zu finden. Auch hatte ich einige Wochen vor meinem Start an einem Outdoor-Seminar teilgenommen, bei dem ich verschiedene Arten von Zelten und anderen Ausrüstungsgegenständen kennengelernt hatte, was mir bei der Auswahl meiner eigenen Ausrüstung sehr geholfen hatte. „So wenig wie möglich, so viel wie unbedingt nötig!" war mir als Leitsatz beim Zusammenstellen meiner Ausrüstung in Erinnerung geblieben. Ich habe daher meinen Rucksack immer wieder neu gepackt, um möglichst nicht mehr als zehn Kilogramm an Grundgewicht auf dem Rücken tragen zu müssen (Wasser und Lebensmittel würden sowieso noch dazukommen). Das Aussortieren fiel mir absolut nicht leicht, doch nach und nach trennte ich mich von einigen vermeintlich „absolut notwendigen" Dingen.

Am Ende des Aussortierens blieb die folgende Ausrüstung übrig:

Gegenstand	Marke	Gewicht/ Gramm
Rucksack	Lightware UltraHike60	1.250
Schlafsack	Yeti Crystal Down	560
HoBO Kocher	Nomadic	150
Kochtopf	unbekannt	200
Tasse	SnowPeak 450 Titanium	70
Besteck	Light my Fire Titanium	20
Luftmatraze	SeatoSummit Comfort Light	590
Zelt	Nordisk Telemark 2LW	950
Tablet	Samsung TAB3 Light	390
Ersatzheringe und Bänder	unbekannt	300
Taschenmesser	unbekannt	100
Stirnlampe, Batterien, Kabel, Ladekabel	verschiedene	500
Handtuch	Meru	100
Flickzeug Luftmatratze	unbekannt	40
Wasserfilter Set	Sueeze, Sawyer	80
Karabiner, Haken	unbekannt	300
Erste Hilfe Set inkl. Tape, Schmerztabletten, Pflaster usw.	verschiedene	400
GPS-Tracker	SpotGen3	120
Wanderstöcke	Carbon	400
2 Unterhosen 2 Paar Wandersocken 2 Mulitfunktions-T-Shirts 1 lange Jogging Hose 1 Regen-Poncho 1 Regenhose 1 Pullover 1 Mütze 1 Fleeze-Jacke 1 Multifunktionstuch	verscheidene	2.000
Salz, Pfeffer, 10 Brühwürfel, 3 Tütensuppen	verschiedene	350
Handy	iPhone 5	112
SolarPanel	unbekannt	400
Kleinkram, z.b Bilderbuch von Christine,		150
Zahnbürste, Zahnpasta, biologische Seife, Zahnseide Sonnencreme, Fußcreme, Lesebrille , usw.	verschiedene	500
Gesamtgewicht		**10,32 kg**

Ich trug darüber hinaus auch noch ein paar Sachen direkt am Leib:
Leder-Wanderschuhe, Wandersocken, eine Wanderhose mit abnehmbaren Beinen und Gürtel, ein Multifunktions-T-Shirt, eine leichte Jacke, eine Kappe, eine Sonnenbrille, meine Armbanduhr und natürlich auch eine Unterhose. Jetzt konnte es also losgehen …

TAG 1
Dienstag, 07. Juli 2015: Von Hranice nach Ullitz (15 km)

„Was habe ich mir nur dabei gedacht?" Noch bevor ich überhaupt den allerersten Schritt wagte, stellte ich mein Vorhaben in letzter Sekunde doch noch einmal in Frage. Etwas in mir schrie: „Nein, ich will nicht!"

Ich kann noch sehr genau nachspüren, wie ich mich fühlte, als ich am frühen Nachmittag dieses für mich so bedeutenden Tages an der ehemaligen Drei-Länder-Grenze zwischen der DDR, der BRD und der Tschechoslowakei stand. Allein, hilflos und mit Tränen im Gesicht. In mir herrschte ein aufgeregtes Hin und Her, ich wägte ab. Auf der einen Seite waren Angst und Unsicherheit. Angst vor dem Unbekannten, mögliche Gefahren vor Augen, sorgenvolle Gedanken welche Strapazen mich erwarten könnten. Das alles verbunden mit der Idee, mich einfach auf der Stelle wieder umzudrehen und in mein wohliges Heim zurückzukehren.

Da war es also wieder. Dieses uralte Gefühl, fast ohnmächtig zu sein vor lauter Selbstzweifel, das mir auch lange Zeit auf meiner Wanderung nicht von der Seite weichen sollte und das mich in Wahrheit schon mein ganzes Leben begleitet hatte. Es war meine Angst davor, den gewohnten Bereich zu verlassen, die Grenzen dessen, was ich kontrollieren kann. Angst davor, nicht weiter in „Mutters Schoß" zu sein. Ich wusste, jetzt wird es ernst und ich fragte mich, ob ich wirklich stark genug sein würde, diesen mutig geplanten, aber unbequemen Weg zu gehen. Einen Weg, bei dem ich mit Sicherheit auch auf Ablehnung und schwere Hindernisse stoßen würde.

Demgegenüber verspürte ich aber auch ein kribbelndes Gefühl in mir, eine intensive Aufregung, eine mutmachende Lebendigkeit. Und ich vernahm eine innere Stimme, die mir ein motivierendes „Trau dich! Geh einfach los!" zurief. Ohne diese Stimme wäre ich nicht gegangen, dessen bin ich mir sicher. Hätte ich zu diesem Zeitpunkt bereits gewusst, welche Herausforderungen und Torturen mich tatsächlich erwarten würden, ich hätte diese Reise vermutlich gar nicht erst angetreten. Manchmal ist es von Vorteil, die Zukunft nicht zu kennen.

Ich begegnete im Leben immer wieder Männern, die scheinbar alles im Griff haben, die durch nichts zu erschüttern sind. Männer, bei denen ich dachte: „Wow! So möchte ich auch sein, so taff, so dominant und erfolgreich!" Ich bewunderte zu dieser Zeit insgeheim das Wesen und das Auftreten dieser sogenannten „Alpha-Männer"[1]. Ich verspürte nicht selten eine große Sehnsucht, auch so zu sein wie sie. Neben ihnen nahm ich mich selbst oft als klein, ängstlich und unbedeutend wahr. Das tief in mir schlummernde Gefühl von Wertlosigkeit war durchaus auch ein Impuls für diese Reise: Ich wollte meiner Frau, der ganzen Welt und vor allem auch mir selbst beweisen, dass auch in mir ein verborgener Chuck Norris[2] steckt.

Ich kann mich auch noch sehr gut daran erinnern, wie ich schließlich mit weichen Knien und voller Wehmut dem weißen Auto hinterherschaute, welches sich langsam auf der mir immer noch nahen Landstraße entfernte, zu einem kleinen, hellen Punkt schrumpfte und schließlich ganz verschwand. In diesem Auto saß meine Frau Christine, mit der ich in den letzten fünf Tagen eine schöne und sehr intensive Zeit in Bamberg verbracht hatte, und die mich nun – wie vereinbart – in der Einsamkeit stehen ließ.

Vor Kurzem noch waren wir in einem romantischen Hotel gewesen, ganz innig, vertraut und harmonisch. Nun hatten wir uns getrennt. Aber auch vorher schon schwebte eine ständige Beklommenheit vor dem Abschied im Raum. Wir ließen uns davon allerdings nicht die Stimmung verderben. Je näher der Abschied rückte, desto intensiver wurde sogar unsere gemeinsame Zeit. Selten zuvor fühlte ich mich mit Christine so verbunden. Es hatte leider in der Vergangenheit viel zu oft „wichtigere" Dinge zu tun gegeben. Was hätte ich nun darum gegeben, sie jetzt weiter bei mir zu haben?

---

[1] Ich bin auch mit solchen Männern befreundet. Meiner Erfahrung nach haben auch sie ihre Schmerzpunkte und sensiblen Seiten. Nur tragen sie einen sehr starken emotionalen Schutzpanzer, um nahezu unverletzbar zu sein (oder zumindest so zu erscheinen).

[2] Dabei denke ich gerne an eine Szene, in welcher der amerikanische Schauspieler (Chuck Norris) in einer seiner Rollen, umringt von vielen Bösewichten, erst noch seinen Kaffee in aller Seelenruhe zu Ende genießt, um den Schurken daraufhin souverän den Garaus zu machen.

Gute Miene zum langen Abschied, auch wenn es schwerfällt.

Nun war es in besonderem Maße die vorher entwickelte Nähe, die den Abschied für uns beide nur umso schwerer machte. Wir ahnten und spürten auch, dass eine unglaublich herausfordernde Zeit vor uns liegen würde. Beide hatten wir Sorge vor der langen Zeit der Trennung, nahmen Verlustängste wahr, erlebten bereits in diesem Moment den Schmerz der emotionalen Einsamkeit. Da stand ich nun in diesem menschenleeren Waldstück, im strahlenden Sonnenschein bei fünfunddreißig Grad Hitze. Der Schweiß rann mir bereits jetzt von der Stirn, obwohl ich noch keinen einzigen Schritt gegangen war. Das schwere Gepäck auf meinem Rücken machte sich auch gleich bemerkbar. Inklusive der drei Liter Wasser wog der Rucksack nahezu vierzehn Kilogramm. Zwei belegte Brötchen hatte ich mir aus dem Hotel in Bamberg mitgenommen – die wogen zwar nicht viel, würden aber auch als Essensvorrat sicherlich nicht lange reichen.

Ich schaute mich zunächst aber einfach nur um. Es war Anfang Juli und die Natur stand in prächtiger Blüte. Die Vögel zwitscherten, die Bäume zeigten ein saftiges Grün, alles wirkte friedlich und harmonisch. Dann fühlte ich mich bereit für den ersten entscheidenden Augenblick meiner Wanderung, den Moment der Wahrheit: Ich machte die ersten Schritte meines nun vor mir liegenden Weges. Zuerst noch ganz vorsichtig, den Weg abtastend und in Gedanken, dass noch viele tausend weitere vor mir liegen würden. Zu Beginn verspürte ich zwar durchaus so etwas wie Abenteuerlust, trotzdem überkam mich keinerlei Begeisterung. Vielmehr fühlte ich mich wie ein kleiner Junge, der von den Eltern allein irgendwo ausgesetzt worden war.

Es erinnerte mich eher ein wenig an Hänsel und Gretel, nur war leider keine Gretel bei mir, um meine Hand zu halten.

Schon nach einer kurzen Strecke kam mir dann wieder in den Sinn, aufzugeben. „Ich könnte doch Christine anrufen und mich wieder abholen lassen", schoss es mir durch den Kopf. Eine Ausrede fiel mir auch gleich dazu ein: Wäre doch möglich, dass ich mir gerade den Knöchel verstaucht hätte. Meine Gedanken rasten. „Was soll ich nur tun?" Es war erneut ein Kampf zwischen meiner Abenteuerlust, die diesen Weg bejahte, und meiner Angst, welche mich wieder zurück in die Geborgenheit schicken wollte. Beide Kräfte „fütterten" meinen Verstand mit ihren Argumenten, ich fühlte mich zerrissen und völlig unsicher. Fast hätte meine Furcht gewonnen. Ich war wirklich kurz davor, anzurufen, doch ich hatte mich im Vorfeld schon zu weit aus dem Fenster gelehnt, um jetzt kneifen zu können. Ich hatte viele Freunde und Bekannte über mein Vorhaben informiert, denn manchmal ist es gut und wichtig, seine großen Pläne mit vertrauten und wohlwollenden Menschen zu teilen. Auch waren meine Pläne bereits im Internet veröffentlicht. Also konnte ich nicht einfach aufgeben! Ich musste es zumindest versuchen, wenigstens einen Anfang wagen.

Ich lief also einfach weiter, mut- und lustlos. Beim Gehen dachte ich wieder an die letzten Stunden mit Christine. Wir sind heute Morgen gleich nach unserem Frühstück an diesen Startpunkt gefahren. Ich wollte eigentlich pünktlich starten, aber wir standen hier bestimmt noch ein oder zwei Stunden, haben geweint und uns gegenseitig Mut zugesprochen. Wir haben uns immer wieder geküsst, umarmt und den Start verzögert. Irgendein Vorwand fand sich immer, nicht auseinandergehen zu müssen, etwas, das wir unbedingt noch besprechen mussten, bevor wir uns trennen.

Während ich weitermarschierte, noch immer mehr aus Zwang denn aus Freude, entdeckte ich viele Hinweisschilder, die über die Schrecken der ehemaligen innerdeutschen Grenze informieren. Eine Grenze, die vielen Menschen Trennung und Leid brachte. Eine Grenze, die durch menschenverachtende Maßnahmen wie Minen und Selbstschussanlagen gesichert war. Ich konnte die negative Energie und die Schwere dieses Ortes regelrecht erfühlen. Am Rande eines Waldstücks in der Nähe befand sich das Grab eines unbekannten Soldaten. Er war ein junger Mann gewesen, der im Zweiten Weltkrieg für den Wahnsinn von Macht und Gier sein Leben lassen musste. Wer diesen Ort einmal besucht, wird möglicherweise auch diese widersprüchliche

Atmosphäre wahrnehmen, die aus der Kraft der schönen Natur und der gleichzeitigen Erinnerung an das historische Leid entsteht.

Irgendwann, vielleicht nach vier oder fünf Kilometern, bemerkte ich, dass mich das Gehen selbst auf eine positive Weise entspannte. Meine Gedanken entspannten sich, indem sie kommen und gehen konnten. Ich grübelte darüber nach, was ich in einigen Büchern bei der Vorbereitung auf die Wanderung gelesen hatte. Ich erinnerte mich, dass der Grenzweg aus löchrigen Betonplatten bestehen würde, die ursprünglich für die Patrouillenfahrzeuge der DDR-Grenzsoldaten verlegt worden waren. Allerdings fand ich diesen Weg nicht ohne Weiteres, denn nach der Wende entfernten die Anwohner der umliegenden Dörfer eifrig einige Platten, um sie in ihren Einfahrten und Gärten zu verlegen. Auch andere Relikte[3] der alten Grenzanlage konnte ich immer wieder auf den Grundstücken der umliegenden Dörfer entdecken.

Nach einigem Suchen fand ich diesen Pfad dann doch und konnte feststellen, dass der Plattenweg im Südosten auch heute noch weitgehend erhalten ist. Die Platten selbst haben es allerdings für ungeübte Wanderer wirklich in sich. Genau genommen ist der Weg zum Wandern eigentlich kaum geeignet. Die einzelnen Lochplatten waren im Laufe der Zeit von Wurzeln und Gestrüpp zugewachsen und hatten sich verschoben. Es gab also viele Löcher, in die ich beim Wandern immer wieder hineintrat. Ich musste höllisch aufpassen, nicht umzuknicken und mir tatsächlich die Knöchel zu verstauchen. An das richtige Laufen auf diesen Platten musste ich mich in den ersten Tagen erst noch gewöhnen – wie an so vieles andere Ungewohnte auch.

An diesem ersten Tag war es nicht nur sehr heiß, sondern auch noch besonders schwül. Ich war nach dem ersten Kilometer schon völlig durchgeschwitzt, mein Herz schlug mir bis zum Hals. Mir wurde klar, dass ich erst noch die richtige Geschwindigkeit, die richtige Balance finden müsste, um meine Tagesziele zu erreichen, ohne mich völlig zu verausgaben. Tatsächlich dauerte es auch einige Tage, bis ich dafür den richtigen Dreh raushatte.

Entlang des Grenzwegs selbst gibt es meist keine Bäume, sondern nur hohe Gräser und Büsche. Früher, zur Zeit der Grenze, war dieser Bereich völlig pflanzenfrei gehalten worden, damit bei jedem Fluchtversuch keine Möglichkeit auf Deckung gegeben war. Der Weg ist heute dennoch wirklich sehr

---

[3] So fand ich oft Teile des ehemaligen Zauns in vielen Gärten und an Viehweiden wieder, Grenzpfosten als Dekoration in Gärten usw.

schön, da er sich aufgrund der Regeln des Naturschutzes und auch wegen der schwierigen Wanderbedingungen fast menschenleer und ursprünglich offenbart. In den ersten Stunden meiner Wanderung war ich noch in der Lage, mich zumindest hin und wieder an dieser fast unberührten Natur mit voller Aufmerksamkeit zu erfreuen, dieses Gefühl wich allerdings recht bald einem ganz anderen Eindruck.

Nachdem ich nämlich einige Kilometer in der glühenden Hitze gewandert war, und sich der Weg mehr oder weniger völlig einsam und wenig abwechslungsreich dahinzog, bekam ich langsam eine Vorstellung davon, was mich auf dieser Reise erwarten würde: keine spannenden Grenzanlagen, keine Wanderbekanntschaften, keine Anerkennung und schon gar kein Luxus – dafür aber eine ganz besondere Erfahrung: die Begegnung mit mir selbst.

Und auch die Konfrontation mit meinen Dämonen[4] und meiner großen inneren Einsamkeit. Ich hatte diese Gefühle im Alltag gut verdrängen oder kompensieren können, doch hier auf der Wanderung, in der völligen Einsamkeit, ergab das selbstverständlich keinen Sinn. Ich brauchte mir doch selbst nichts vorzumachen! Trotzdem gab es in mir diesen starken, mir bekannten, Impuls, aufkommende Gefühle von Einsamkeit und Traurigkeit zu unterdrücken. In den ersten Tagen schaffte ich es auch, sich anbahnende Tränen herunterzuschlucken, da der alte Glaubenssatz „Echte Männer weinen nicht" tief aus meinem Unterbewusstsein heraus mein Handeln prägte. Erst später ließ ich es zu, meinen Gefühlen einfach freien Lauf zu lassen. Doch bis dahin sollten noch einige Tage vergehen.

Gegen 19 Uhr kam ich schließlich zu einem kleinen Dorf. Es lag, wie die meisten Behausungen, etwas abseits des Grenzverlaufs. Die nächsten Häuser auf der östlichen Seite befanden sich üblicherweise in einem Abstand von mindestens drei Kilometern zur Grenze, im Westen lagen sie oft dichter daran. Ich hatte inzwischen meine gesamte Verpflegung und auch das Wasser vollends aufgebraucht, und es war unausweichlich, dass ich nun das erste Mal fremde Menschen um Nahrung werde bitten müssen. Das war schließlich Teil meines Plans, es musste so kommen, zum ersten Mal in meinem Leben.

---

[4] Mit meinen Dämonen meine ich die ungeliebten Anteile meiner Persönlichkeit, diejenigen Eigenschaften, die ich eigentlich ablehne und die ich nicht haben möchte. Und doch gehören sie zu mir, wie mir später immer klarer wurde.

Ich verharrte aber zunächst lange am Ortseingang, mit weichen Knien und voller Scham, drehte ein paar Runden auf der Stelle. In diesem winzigen Dorf gab es vielleicht zehn oder elf Häuser. Und an einem von denen werde ich „betteln" müssen, wenn ich nicht hungrig einschlafen möchte, dachte ich, während ich die einzelnen Häuser aus der Ferne einzuschätzen versuchte.

In meinem Leben hat mich stets die Angst vor Armut und Abhängigkeit begleitet. Meine Eltern hatten in der Zeit meiner Kindheit nur wenig Geld, und ich kann mich noch sehr genau an das Gefühl der Scham erinnern, wenn ich statt in Jeans in selbstgenähten Stoffhosen herumlaufen musste. Ich kann das Lachen und das Fingerzeigen der anderen Kinder noch heute fühlen. In einem vergleichbaren Gemütszustand befand ich mich auch jetzt. Was ist, wenn mich die Menschen abweisen würden?

Was ist, wenn sie über mich lachen? Was ist, wenn ich überhaupt keine Nahrungsmittel bekomme?

Bis zu diesem Zeitpunkt hatte ich die letzte Möglichkeit im Übrigen gar nicht eingeplant. Doch genau das konnte gleich passieren. Alle möglichen Formen von Ablehnung und Misserfolg waren denkbar. Als ich mich genauer umschaute, erschienen mir die Häuser als ziemlich grau, alt und wenig gepflegt.

Ich schlich langsam zum ersten Haus und beobachtete es etwas genauer. Es war genauso grau, genauso lieblos wie alle anderen auch. Die Fassade war lange nicht gestrichen worden, ein Teil des unteren Fensters war mit einer Holzplatte abgedeckt oder ersetzt worden. Insgesamt wirkte ehrlich gesagt alles ziemlich ärmlich und vernachlässigt. Neben dem Gebäude gab es einen halbwegs gepflegten Gemüsegarten und ein Hühnergehege.

Als ich schließlich an der Tür stand, den Finger schon am Klingelknopf, überkam mich plötzlich eine überwältigende Angst vor Ablehnung. Ich kannte dieses Gefühl noch aus der Tanzschule, wenn ich beim Auffordern eines Mädchens einen Korb bekam. Die Angst wurde noch verstärkt durch Visionen von Armut und Abhängigkeit. Ich zog genau deshalb den Finger wieder zurück, drehte mich auf der Türschwelle um und ging unverrichteter Dinge ein paar Schritte zurück.

Mir war das alles plötzlich ausgesprochen unangenehm. Trotzdem versuchte ich, mir diese Entscheidung irgendwie gut zu reden: „Okay, ich brauche eigentlich noch keine Nahrung, es wird auch einen Tag ohne gehen".

Dann ist mir jedoch klar geworden, dass ich morgen vor der gleichen Herausforderung stehen würde. Und an allen kommenden Tagen auch. Das war unausweichlich. Warum also nicht jetzt diesen Schritt wagen? Es ist schwer zu glauben, aber ich habe tatsächlich drei Anläufe gebraucht, um schließlich doch den Klingelknopf zu drücken. Meine Knie waren in diesem Moment aus Pudding, ich hatte kalten Schweiß auf der Stirn und in meinem Hals saß ein fieser Frosch. Aber ich habe mich überwunden!

Ein älteres Ehepaar öffnete bedächtig die klapprige Haustür. Beide musterten mich sehr intensiv, und ich hatte in dieser Sekunde das starke Bedürfnis, sofort im Boden versinken zu wollen. Als sie mich fragten, was ich möchte, brachte ich deshalb nur halb stotternd heraus: „Haben sie vielleicht etwas Wasser für mich? Ich bin auf einer Wanderung." Die beiden füllten daraufhin meine beiden 1,5-Liter-Plastikflaschen auf und schlossen danach schnell wieder ihre Haustür. Ich hatte einfach nicht den Mut gehabt, zusätzlich nach Essen zu fragen. Wasser zu erbitten, war meiner Meinung nach ohne Weiteres machbar, da brauchte ich mir keine große Blöße geben, aber Nahrungsmittel zu erfragen, empfand ich als ungleich peinlicher.

Ich bin danach sofort wieder zum Feldweg abgebogen, schnell weg von den fremden Menschen. Ich kam mir klein, unbedeutend, arm und unfassbar wertlos vor. Ich habe in diesem Moment ernsthaft überlegt, ob ich nicht zu den beiden zurückgehen sollte, um ihnen zu erklären, dass ich ein erfolgreicher Unternehmer bin, überhaupt nicht arm, dass dies alles nur eine meiner Wanderregeln war. Ich ließ es jedoch bleiben, was wohl auch die bessere Entscheidung war.

Stattdessen habe ich meinen ganzen Mut zusammengenommen und sogar an zwei weiteren Häusern geklingelt. Beim ersten Mal fragte mich ein Mann über eine Gegensprechanlage, wer ich sei und was ich wollte. Ich sagte ihm, dass ich auf einer Wanderung wäre und fragte zaghaft, ob er vielleicht ein paar Nahrungsmittel für mich übrig hätte. Über diese Gegensprechanlage meine Bitte vorzutragen, empfand ich dabei als deutlich angenehmer, als einem Menschen vis-à-vis gegenüberzustehen. Der Mann öffnete nach einigen Minuten die Tür und gab mir eine Packung Brot und ein paar abgepackte Wurstscheiben heraus.

Nichts Großes eigentlich, aber ich dachte: „Wow, mein erstes erbetteltes Essen!" Ich war unfassbar stolz und bedankte mich auch deshalb ausgiebig, bevor ich voller Euphorie gleich noch am nächsten Haus klingelte.

Dort begegnete ich allerdings einem sehr schlecht gelaunten Mann, der mir schimpfend klarmachte, was er von meiner Nahrungsbitte hielt: nämlich gar nichts! Er scheuchte mich weg – wütend und voller Abscheu. Im Nu war mein eben noch errungener Selbstwert wieder im Keller.

Diese Aufs und Abs sollten im Übrigen für mich in den nächsten Tagen und Wochen eine stete Lernaufgabe sein. In diesem Moment empfand ich mich selbst allerdings nur als peinlich und klein. Ich war froh, dass mich wenigstens keiner meiner Bekannten so sah. Aber immerhin hatte ich mir mein Abendessen besorgt. Ein schwer erkämpfter Erfolg.

Trotz der letzten ablehnenden Erfahrung ging ich erleichtert zurück zur Straße. Bloß schnell weg von hier und zurück auf meinen Weg, dachte ich, zurück dahin, wo mich keiner sieht. Doch wie es der Zufall wollte, habe ich an der Straße dann noch einen Mann an einem Auto am Wegesrand an einer kleinen Parkbucht getroffen, der mich sehr neugierig und offen fragte, wohin ich denn hier in dieser Einsamkeit ginge. Ich habe ihm von meiner Wanderung erzählt, ein bisschen von mir und meinem verwegenen Plan. Daraufhin schenkte er mir einige Lebensmittel aus seinem Kofferraum, er hatte gerade eingekauft. Es war nur etwas Obst und eine Packung Käse, nur ein winziger Teil aus seinen Tüten, aber es bedeutete enorm viel für mich. Mein Vorrat wuchs so langsam zu einem richtigen Abendessen. So einfach und überraschend kann das Leben manchmal sein.

Etwas später, wieder zurück auf dem Grenzweg, nahm ich den hereinbrechenden Abend wahr. Es wurde deutlich dunkler um mich herum und ein auffrischender Wind kam auf. Jetzt war es also langsam an der Zeit, mir einen Platz für meine erste Nacht im Zelt zu suchen. Das klingt möglicherweise nach schöner Naturromantik, für mich stellte es allerdings meine nächste große Herausforderung dar.

Ich habe nämlich vorher noch nie allein in einem Zelt – schon gar nicht mitten in der Natur – übernachtet. Schon beim Gedanken daran wurde mir wirklich mulmig zumute. Es könnte ein Dieb, oder gar ein Mörder vorbeikommen, malte ich mir aus, wie im „Tatort".

Die einbrechende Dämmerung verängstigte mich so sehr, dass ich zunächst einfach stumpf weiterlief, einfach nur geradeaus. Bloß nicht stehen zu bleiben, hielt ich immer noch für die beste Entscheidung. Ich glaube, ich wäre sogar wie ein braver Soldat die ganze Nacht durchmarschiert, wenn ich nicht immer dunklere Wolken, stärkeren Wind und den Donner eines aufziehenden Gewitters wahrgenommen hätte. Es war zuletzt wochenlang sehr heiß und trocken gewesen, aber ausgerechnet jetzt musste also ein fieses Unwetter auf mich zukommen. Ich schaute voller Wut in den Himmel. Als es immer windiger wurde und die ersten Tropfen vom Himmel fielen, war mir klar, dass ich schließlich keine andere Wahl hatte, als mir notgedrungen irgendeinen Platz für die Nacht zu suchen.

Die gewittrige Stimmung war zum Schaudern. Grollender Donner und helle Blitze kamen immer näher. Ich bekam Herzklopfen und bemerkte, wie langsam Panik in mir aufstieg. Wo und wie sollte ich denn bei Gewitter übernachten? Worauf genau muss man dabei eigentlich achten? In meiner Planung hatte ich an Unwetter gar nicht gedacht. Jetzt traf es mich völlig unvorbereitet. Innerlich gestresst lief ich noch bis zu einem kleinen See. In dessen Nähe machte ich mich daran, mein Zelt aufzubauen. Das Unterfangen dauerte unfassbar lange – ich hätte es vorher auch einmal bei Sturm ausprobieren sollen, schrie ich mir selbst zu.

Schließlich stand mein Unterschlupf, meine Luftmatratze war aufgeblasen und der Schlafsack ausgerollt, als es auch schon richtig heftig zu regnen begann. Das Krachen der elektrischen Entladungen war inzwischen ohrenbetäubend laut. Ich kroch schnell in meine kleine Einmann-Behausung, verstaute meinen Rucksack und meine Wanderschuhe an der Seite und wartete angespannt auf das, was nun kommen möge.

Das Unwetter wurde zu meinem Schrecken immer stärker. Ein gewaltiger Sturm kam auf, es regnete heftig, Blitz und Donner zogen direkt über mich hinweg. Ich hatte Angst – nein –, ich hatte Panik! Ich habe geweint und gezittert.

Ich lag in meinem Schlafsack an diesem einsamen Ort irgendwo an einer ehemaligen Grenze und dachte mit aufgerissenen Augen daran, dass ich hier sogar sterben könnte. Ich dachte auch an Christine und an meine Eltern. In meinen aufgeheizten Gedanken erschienen mir plötzlich alte Erinnerungen und ganz tief liegende Bilder.

Es heißt, kurz vor dem Tod läuft das ganze Leben als Film noch einmal im eigenen Kopf ab. In diesem Augenblick fühlte es sich für mich so an. Ich hatte tatsächlich Todesangst. Ich habe noch nie in meinem Leben so stark gezittert. Ich habe seit meiner Kindheit nicht mehr so verzweifelt geweint und geschrien.

Da lag ich nun, allein in meinem Zelt, um mich herum war alles stockfinster, nur durchbrochen von diesen bedrohlichen Blitzen, deren Helligkeit sich durch die Zeltwand bohrte, der Sturm zog und riss an meinem Zelt wie an einem Spielzeug. Nach kurzer Zeit flatterte eine Ecke in der Luft, ein Hering hatte sich scheinbar gelöst. Es rächte sich nun, dass ich noch nicht gelernt hatte, wie man ein Zelt sturmsicher aufstellt.

Plötzlich schoss mir durch den Kopf, dass ich mein Zelt fast direkt unter einem Baum aufgebaut hatte. „Meide die Weide, suche die Buche". Diesen Spruch kannte ich noch von der Bundeswehr bei Gewitterwarnung. Doch jetzt war sowieso alles zu spät. Egal welcher Baum es ist – ich konnte nichts weiter tun, als zu liegen und abzuwarten. Ich war den Umständen und den Naturgewalten ausgeliefert. Dieser Gedanke erhöhte meine Zitterfrequenz noch einmal enorm.

Nach etwa dreißig Minuten geschah jedoch etwas ganz Erstaunliches. Ich wurde mit einem Mal völlig ruhig. Das Zittern ließ nach, mein Puls beruhigte sich, der Kopf entspannte sich, ich lag im Zelt – und war bereit zu sterben. Draußen tobte das Unwetter nach wie vor mit voller Kraft, doch ich wurde immer ruhiger. Ich machte mir keine Gedanken mehr, ich fühlte nur noch meinen Körper und konzentrierte mich auf das Schlagen meines Herzens. Dieser Zustand war erhebend, fast so, als ob ich mir plötzlich selbst als Beobachter zuschaute und gut zuredete: „Hey, du brauchst nichts mehr zu tun, nichts mehr zu sagen, nichts mehr zu sein".

Ich fand in diesem seltsamen Augenblick zum ersten Mal in meinem Leben wirklich Kontakt zu mir selbst. Es ist möglicherweise schwer nachzuvollziehen, aber ich nahm dann aus dieser Stimmung heraus ein kurzes Video auf meinem Handy auf. „Für die Nachwelt", hatte ich mir gedacht, falls ich das alles nicht überleben sollte.

Nach zwei endlosen Stunden war der Spuk ziemlich genau um Mitternacht vorüber. Die Gespenster des Unwetters verzogen sich und der Regenguss ließ langsam nach.

Erst jetzt konnte ich im Übrigen wahrnehmen, dass meine Blase bis zum Anschlag gefüllt war und es Zeit wurde, einen Baum aufzusuchen. Ich kroch also aus meinem Schlafsack, um mich auch noch im See kurz zu waschen.

Danach stärkte ich mich mit etwas Brot, Käse und Wurst. Ich war jetzt unendlich froh, über meine Errungenschaften von vorhin und aß mit unbändiger Freude. Selten hat mir etwas so gut geschmeckt, wie dieses seltsam einfache Mahl. Ich glaube, ich lächelte sogar kurz beim Gedanken daran, wie ich diese Lebensmittelt ein paar Stunden vorher besorgt hatte.

Mein Zelt am Morgen nach dem Sturm vor einer Birke.

Später entdeckte ich, dass mein Zelt tatsächlich vom Sturm an zwei Ecken aus der Verankerung der Heringe gerissen worden war. Ich fixierte diese wieder und legte mich hinein. Es war eins, als ich das letzte Mal auf die Uhr schaute. Danach schlief ich ein, völlig erschöpft, aber um einige erstaunliche Erfahrungen reicher.

Impuls: VERÄNDERUNG

Sei du selbst die Veränderung, die du dir wünschst für diese Welt.
Mahatma Gandhi

Dieser erste Wandertag stellte den Beginn eines intensiven Prozesses dar, der mich aus meinen liebgewonnenen Gewohnheiten und der vermeintlichen Sicherheit gerissen hat. Er ließ mich „mich" spüren. Es ist die ausgewogene Mischung aus Veränderung und Sicherheit. Das Wegfallen meiner bekannten Umgebung, meiner Gewohnheiten und meiner Sicherheit haben mich oft verzweifeln aber schließlich auch tatsächlich wachsen lassen.

Ich lade dich ein, dir folgende Fragen zu stellen: Wo stehst du gerade? Bist du wirklich glücklich? Lebst du ein erfülltes Leben? Vernimmst du manchmal eine leise Stimme in dir, die nach Veränderung und dem Kribbeln deiner Lebensenergie ruft? Kennst du die Haltung: „Ich würde es ja tun, aber …?" Du kannst diesen Satz gerne ergänzen, um dir etwas weiter auf die Schliche zu kommen.

Ich kenne dieses „ja, aber" auch sehr gut aus meinem eigenen Leben. Daher möchte ich gerne meine Sichtweise dazu mit dir in dem folgenden Impuls teilen.

Das Leben zeigt sich in ständigen Veränderungen – ein unendlicher Fluss von Momenten, die uns fordern und uns wachsen lassen. Letztendlich liegt die Magie des Lebens in genau diesen Veränderungen verborgen, denn sie sorgen dafür, uns entfalten und immer wieder neu entdecken zu können. Und doch ist es oft schwer und auch beängstigend, sich von der gemütlichen Couch der Gewohnheiten zu erheben und das Spielfeld des lebendigen Lebens[5] zu betreten.

Der Hirnforscher Prof. Gerald Hüther gibt eine erstaunliche Erklärung zu diesem Phänomen. Unser Gehirn verbraucht enorm viel Energie, vor allem bei komplexen Denkaufgaben. Um Energie zu sparen, hat es im Laufe der Evolution die Fähigkeit entwickelt, sich wiederholende Abläufe als Automatismen abzuspeichern, sodass wir nicht ständig über jeden einzelnen Handlungsschritt nachdenken müssen. Denk beispielsweise an deine ersten Fahrstunden: Zu Beginn war es anstrengend, jede einzelne Handlung bewusst zu

---

[5] Vergleiche einmal die Situation im Fußballstadium. Es gibt die Spieler, die den vollen energetischen und emotionalen Einsatz bringen und es gibt die Zuschauer, die mit einem Bier in der Hand zuschauen und kommentieren. Der lebendige, aktive Teil passiert auf dem Spielfeld, dort bestimmst du das Spiel mit.

koordinieren, doch schon mit etwas Übung wurde der Ablauf zunehmend automatisiert. Dieser Automatismus ist dann in unserem Unterbewusstsein als Routine gespeichert und wir brauchen nicht mehr nachzudenken.

Genial, oder? Doch es gibt auch einen Haken dabei: Unser „Energiesparsystem" ist zunächst einmal gegenüber allen Veränderungen kritisch eingestellt und prüft, ob wir es wirklich ernst meinen.

Vielleicht stehst du jetzt selbst gerade vor einer Entscheidung, die große Veränderungen nach sich ziehen könnte. Stell dir vor, du würdest mit offenem Herzen und ganzer Kraft auf diese Veränderungen zugehen, als wärt ihr gute Freunde. Anstatt dich gegen den Strom zu stemmen, könntest du dich mitziehen lassen und das Prickeln des Lebens und die Freiheit spüren, welche die Veränderungen mit sich bringen. Wenn du dich dem Fluss dieser Veränderungen öffnest, entdeckst du möglicherweise eine neue, vorher verborgene Lebendigkeit und Lebensfreude in dir.

Und doch spürst du natürlich auch die Angst vor möglichen Veränderungen. Denn jede Veränderung bedeutet auch Unsicherheit. Und Sicherheit ist schließlich ein natürliches Bedürfnis in uns Menschen. Dieser Umstand ist völlig normal und lässt dich prüfen, ob diese Transformationsprozesse tatsächlich sinnvoll für dein Leben sind. Ohne diesen Schutz könntest du möglicherweise einen Anker im Leben verlieren und von jeder neuen Welle mitgerissen werden.

Fühle und wertschätze diese Angst, doch lass sie nicht vollends über dein Leben bestimmen. Natürlich ist es leichter, als Zuschauer zu schimpfen, als sich aktiv auf dem Spielfeld des Lebens den Gefahren des Scheiterns auszusetzen und dadurch sichtbar und angreifbar zu werden. Wenn du jedoch bereit bist, dich auf dieses Spiel einzulassen, kannst du die Veränderungen als Möglichkeit nutzen, neue Erfahrungen zu machen und dein volles Potential auszuschöpfen. Du trägst bereits alles in dir, um deinen eigenen Weg zu gehen.

Hab Vertrauen in den Prozess der Veränderung und den Fluss des Lebens. Veränderung ist ein natürlicher Teil des Lebens. Sie gibt uns immer wieder aufs Neue die Chance, uns selbst zu erneuern und zu wachsen.

Der Prozess der Veränderung beinhaltet verschiedene Phasen, die oft als „Veränderungskurve" oder „Veränderungszyklus" beschrieben werden.

Diese Phasen zeigen auf, wie wir auf Veränderungen reagieren.

Unbewusstheit oder Vorbereitung

In dieser Phase sind wir uns möglicher Veränderungen noch nicht bewusst oder nehmen nur eine vage Unzufriedenheit mit der aktuellen Situation wahr. Es entsteht in uns jedoch ein allmähliches Erwachen und eine wachsende Bereitschaft, die Notwendigkeit nach Veränderung anzuerkennen.

Widerstand

Sobald notwendige Veränderungen deutlicher werden, empfinden wir eine Art inneren Widerstand. Widerstand kann in Form von Ablehnung, Ärger, Zweifel oder Angst auftreten. In der Folge fühlen wir uns unsicher, haben Angst vor dem Unbekannten und halten zunächst hartnäckig an unseren gewohnten Haltungen und Gewohnheiten fest. Alle Menschen streben auch nach Sicherheit. Gewohnheiten und Muster suggerieren eben dieses Gefühl.

Exploration und Anpassung

In dieser Phase beginnen wir, uns aktiv mit den Veränderungen auseinanderzusetzen. Wir erkunden neue Möglichkeiten, setzen uns mit den Herausforderungen auseinander und nehmen neue Denk- und Verhaltensweisen an. Es ist eine Zeit des Lernens, Experimentierens und Anpassens. Die Angst weicht langsam der inspirierenden Vorstellung des neuen Zustands.

Akzeptanz und Integration

Mit fortschreitender Anpassung und Integration der Veränderungen in unseren Lebensalltag kommen wir allmählich in einen Zustand der Akzeptanz. Wir beginnen, uns in der neuen Realität wohlzufühlen und finden zunehmend Wege, alles Neue in unser Leben zu integrieren. Wir akzeptieren, dass die Veränderungen notwendig waren und beginnen, sie positiv zu bewerten.

Konsolidierung und Neuausrichtung

In der letzten Phase stabilisieren und etablieren sich die Veränderungen. Wir haben uns erfolgreich an die neue Situation angepasst und können nun Energien darauf konzentrieren, unsere Ziele in der neuen Realität zu verfolgen. Es ist eine Zeit des Wachstums, der Konsolidierung und der Weiterentwicklung. Damit werden gleichzeitig die Voraussetzungen für erneute Veränderungsprozesse geschaffen. Mit der Zeit wird dann dieser neue Zustand auch wieder Teil unserer Komfortzone.

TAG 2
Mittwoch, 8. Juli 2015: Von Ullitz nach Hirschberg (ca. 30 km)

Wow, was für eine Nacht! Am Morgen war ich echt froh, dass ich diesen „Weltuntergang" überlebt hatte. Ich streckte meinen Kopf vorsichtig aus dem Zelteingang und blinzelte in eine kurz hinter dicken Wolken aufblitzende Sonne. Auf den ersten Blick war das Unwetter nur noch ein ferner Albtraum, doch dann sah ich, dass um mich herum alles voller vom Sturm abgerissener Äste und Unrat war, den der Wind in alle Ecken geweht hatte. Das Gewitter hatte deutliche Spuren hinterlassen.

Ich kochte mir etwas Wasser als Kaffeeersatz und machte mir zum ersten Mal ein Frühstück aus den gesammelten Lebensmitteln, welches aus den Resten von Brot, Käse und Salami bestand. Von der Begeisterung, die ich noch beim Mitternachtsmahls empfunden hatte, war nur noch wenig vorhanden. Genau genommen fühlte ich an diesem Morgen sowieso vor allem eine große Leere. Ein wenig trotzig beschäftigte ich mich darüber hinaus eigentlich nur noch mit der großen Frage nach dem „Warum?". Warum saß ich völlig allein mitten im Nirgendwo, die Habseligkeiten größtenteils nass, das Frühstück so karg? Eine befriedigende Antwort fand ich darauf nicht, außer dass ich mir genau das nun einmal vorgenommen hatte. Allerdings hatte ich in der Planung eine romantischere Vorstellung gehabt, wahrscheinlich eher in Anlehnung an die Wildwestfilme, in denen der Cowboy am Lagerfeuer sitzt. Doch diese Realität würde mich von nun an ständig begleiten, so viel war klar. Die Aussichten waren also trübe, aber ich war trotzdem überzeugt, dass ich nicht gleich am ersten Morgen aufgeben würde, auch wenn ich am liebsten ohne Umschweife wieder zurück ins kuschelige Heim gekrochen wäre.

Ich versuchte also die Sorgen beiseitezuschieben und packte ein wenig mürrisch meine Siebensachen für die heutige Etappe. Die Gedanken lenkten sich dabei wie von selbst langsam in Richtung dessen, was mich heute wohl erwarten würde. Ich blickte zwischendurch immer wieder skeptisch in den Himmel. Nach wie vor blies der immer noch stürmische Wind dicke Wolken über mich hinweg, es würde mit Sicherheit hin und wieder regnen. „So weit, so gut, ich bin bestens vorbereitet und ausgerüstet", dachte ich, „vielleicht ist das sowieso besser als die gleißende Sonne."

Ich hatte mir vor der Tour noch extra eine leichte Ausrüstung gekauft und ebensolche Leder-Wanderstiefel.

Leider stellte sich vor allem die Schuhwahl im Laufe der Zeit als schwerer Fehler heraus. Im beratenden Outdoor-Fachgeschäft hatte mir der Verkäufer zu einem Modell geraten, das bei dem unebenen Weg und dem zu erwartenden trockenen und heißen Sommerwetter eine gute Wahl sei, nämlich Lederstiefel. Leider hatte Petrus andere Pläne: nach der Gewitternacht schlug das heiße und sonnige Wetter um, es wurde deutlich kühler und regnerischer. Und schon bald zeigte sich, dass ich mich auf meinem Plattenweg immer wieder durch hohes, nasses Gras und Gestrüpp schlagen musste. Die Natur holt sich ihren Raum wieder zurück. Als Ergebnis saugten meine Lederschuhe nach und nach die Feuchtigkeit auf, wurden selbst immer nasser und schwerer. Und schon nach wenigen Kilometern wurde mir immer deutlicher, dass es heute vor allem darauf ankommen würde, körperlich alle Strapazen zu überstehen. In den nassen Stiefeln bekam ich nämlich schnell Blasen, der erste Muskelkater meldete sich, ich hatte Rückenschmerzen vom schweren Rucksack. Blasen, Muskelkater, Rückenschmerzen sind bei dem, was ich hier tat, zu erwarten, aber musste denn gleich alles auf einmal auf mich hereinstürzen?

In diesen Stunden konnte ich kaum, die Lust oder Begeisterung nachempfinden, die ich beim Planen der Reise verspürt hatte. Ich musste lachen, als ich daran dachte, wie ich es im Vorfeld genossen hatte, Anerkennung und Bewunderung für meine geplante Tour zu bekommen. Die Schulterklopfer taten mir gut. Ich hatte mich ehrlich gesagt richtig ins Zeug gelegt, sie von manchen Menschen zu erhalten. Ich hatte mir sogar heimlich ausgemalt, dass ich als der Held dieser Reise „reich und berühmt" werden würde. Ich sah in manchen Tagträumen ein Heer aus Fernsehkameras auf mich gerichtet: der wagemutige Held beim Zieleinlauf. Berühmte Stars, Personen aus Politik, Wirtschaft, Funk und Fernsehen warten gebannt auf mich und feiern meinen Triumph. Angela Merkel[6] verleiht mir das Bundesverdienstkreuz ...

... und jetzt soll ich wegen ein paar Blasen aufgeben? Niemals! Die Sache mit dem heldenhaften Empfang hatte ich zum Glück niemandem erzählt – ich sprach meistens eher über Themen wie „Selbsterfahrung" und „Persönlichkeitsentwicklung". Für mich war es dennoch ein wichtiges Glied meiner inneren Motivationskette. Ich brauchte dieses Ego-Kitzeln, um wirklich loszugehen.

---

[6] Angela Merkel war zu dieser Zeit deutsche Bundeskanzlerin.

Motivation war ein gutes Thema. Der Tag entwickelte sich diesbezüglich wieder nach einem mir altbekannten Muster: Ich startete, wenn auch nicht gerade euphorisch, aber durchaus voller Tatendrang, und kaum traten die ersten Schwierigkeiten zu Tage, begann ich alles anzuzweifeln. Ich zweifelte an mir selbst, meinen Fähigkeiten, den Erfolgsaussichten und am Ende auch an der Gerechtigkeit der Welt. Trotzdem war es heute irgendwie auch das Bild der auf mich wartenden Kameras vor einer applaudierenden Menge, das mich die Schmerzen überwinden ließ und mir die Kraft gab, irgendwie weiter zu marschieren.

Der Weg war sehr mühsam, es ging über viele Hügel und das bei sehr starkem Wind und Regen. Immer wieder musste ich mir die nassen Wanderschuhe ausziehen und meine beginnenden Blasen an den Füßen versorgen. Die Schmerzen wurden immer größer. Ich weiß noch genau, dass ich mich einmal hinsetzte und dachte: „So das war's jetzt. Ich habe keine Lust und keine Kraft mehr. Ich gebe auf.". Mir blies der kalte Wind ins Gesicht und ich fühlte mich unendlich einsam. Keine Menschenseele auf dem Weg, dazu diese Ungewissheit, ob ich heute Abend etwas zu essen bekomme. Außerdem hatte ich keine Ahnung, wie weit ich heute wandern und wo ich schlafen würde. In dieser Einsamkeit kam ich der Verzweiflung nahe, war jedoch froh, dass mich eine innere Kraft irgendwie weiterlaufen ließ.

Etwa drei Stunden später gelangte ich an den Ort „Mödlareuth". Ich war froh, endlich etwas Abwechslung zu bekommen, da ich vorher eine ziemlich öde Landschaft durchwandert war. Dieses Dorf ist ein besonderes Stückchen Erde. Einundvierzig Jahre lang verlief die innerdeutsche Grenze mitten hindurch, als sei der begrenzende Tannbach eine natürliche Barriere zwischen zwei Welten. Mödlareuth ging in die Geschichte ein als „das geteilte Dorf" oder auch „Little-Berlin". Noch heute gehören einige Häuser des Dorfes zu Bayern, die anderen zu Thüringen. Im Unterschied zu früher können sich die Nachbarn aus den zwei unterschiedlichen Bundesländern heute aber gegenseitig zuwinken und besuchen. Jetzt verstellt keine drei Meter hohe Mauer mehr den Blick. Nur diese alte Tafel ist noch ein Zeugnis dieser Zeit.

Es waren einige Besucher dort, die das Dorf und die erhaltenen Grenzanlagen erkundeten. Auch ich selbst spürte, wie meine Lebensgeister zurückkamen und nahm mir in dieser einladenden Stimmung viel Zeit, die Anlagen und das Museum in Ruhe zu erforschen.

Der netten Kassiererin hatte ich von meiner Wanderung erzählt und sie ließ mich ins Museum, ohne dafür Eintrittsgeld zu verlangen.

Hier konnte ich nun hautnah erleben, was eine Teilung und Spaltung von Gesellschaften anrichtet. Wenn man sich die Zeit nimmt, diese Grenze mit den installierten Schussanlagen auf sich wirken zu lassen, wird einem klar, was Hass und Misstrauen für perfide Auswirkungen haben können. Besonders auf dem begehbaren Wachturm konnte ich deutlich den Schrecken und die Spaltung wahrnehmen.

Neben dem Museum gab es ein kleines Imbiss-Restaurant. Dort wurden Brat-

Spuren der Teilung sind auch heute noch zu sehen.

wurst und Fritten angeboten. Das war leider nichts für mich, trotz des verführerischen Duftes fehlte mir der Mut danach zu fragen. Also bin ich ohne Mittagessen weitergegangen, ich hatte immerhin noch etwas Obst und Brot als Proviant bei mir.

Nachdem ich das Dorf verlassen hatte, kam ich wieder auf den endlos erscheinenden Plattenweg. Die Eindrücke aus Mödlareuth begleiteten mich noch eine ganze Weile.

Irgendwann fiel mir auf, dass ich mich immer mehr von mir bekannten Gedankenmustern entfernte je weiter ich lief. Ich fühlte mich zunehmend intensiver im Hier und Jetzt, war ganz bei meinem Wandern und mir selbst – trotz der elenden Schmerzen. Das Wandern wurde mir nach und nach vertrauter, ich fühlte mich zunehmend heimisch auf meinem Weg. Mein Geist war ganz fokussiert auf die kommenden Schritte. Ich überlegte, wie lange ich noch laufen konnte, bevor ich vor Einbruch der Dunkelheit meine Nahrung beschaffen und mein Zelt aufbauen musste. Das Laufen war für mich noch lange kein Genuss, aber ich nahm es als Aufgabe an, versuchte das Beste daraus zu machen.

Je später es wurde, desto stärker begleitete mich die Frage, wo ich wohl heute Nacht einen guten und sicheren Schlafplatz finden würde? Beim Gedanken daran wurde mir allerdings auch wieder ein wenig mulmig zumute. Die Schrecken der letzten Nacht saßen mir noch immer im Nacken. Offengestanden bin ich an den ersten Tagen gerne immer etwas länger gewandert, nur um nicht so viel Zeit allein im Zelt verbringen zu müssen.

Gegen 21 Uhr jedoch wurde es langsam dämmrig, und ich kam nicht umhin, mir nun endlich einen Schlafplatz und Verpflegung zu suchen. Der Gedanke daran machte mir Sorge: wieder Essen erbitten, wieder die Angst vor Ablehnung fühlen und mir wieder wertlos vorkommen. Ich muss sagen, dass ich diese Ängste sogar als noch schlimmer empfand als meine schmerzenden Füße.

Nach einiger Zeit kam ich zu einem der wenigen Dörfer, die direkt an der Grenze lagen. Der kleine Ort heißt „Hirschberg an der Saale“ und befand sich zur Zeit der Trennung im Sperrgebiet der DDR, direkt an der Grenze zu Bayern.

Das Örtchen wirkte irgendwie einladend auf mich, als ob es auf mich warten würde. Ich beschloss deshalb, hier zu verweilen und irgendwo in der Nähe einen geeigneten Schlafplatz zu finden. Ich war unsicher, ob ich außerhalb des Dorfes im Wald oder an einem versteckten Platz im Ort selbst zelten sollte. Die Sorge vor Einsamkeit nahm mich nach wie vor so stark ein, dass ich beschloss, irgendwo in der Nähe von anderen Menschen zu nächtigen. Ich fand schließlich eine Schrebergartenanlage, in der ich am Rand der Gärten eine Wiese zum Zelten ausmachte. Dieser Platz hatte einen Blick auf zwei etwas abseitsstehende Häuser, und allein dadurch fühlte ich mich weniger einsam.

Ich baute schnell mein Zelt auf und ging los, um mir mein Abendessen zu besorgen. Zuerst irrte ich kreuz und quer entlang der Kleingärten, aber um die späte Uhrzeit war niemand mehr dort, mit dem ich hätte sprechen können. Schließlich kam ich zu einem kleinen Hotel, dem „Kleeblatt". Ich fasste meinen ganzen Mut zusammen und ging hinein.

Eine junge Dame am Empfang musterte mich zunächst etwas skeptisch, als ich verschwitzt und wohl auch ziemlich zerzaust im Eingang erschien. Auf ihre Frage, was sie für mich tun könnte, habe ich Sie gefragt, ob sie ein paar Lebensmittel für mich übrig hätte. Sie holte ihren Chef dazu und zusammen übergaben sie mir tatsächlich ausreichend Vorräte für den Abend und den kommenden Tag: zwei Brötchen, abgepackten Schinken, einen abgepackten Käse, eine Zucchini, eine Packung Nudelterrine, einige Mentholbonbons und drei Liter Leitungswasser. Wow, das war ein reicher Fang! Das Personal in dem Hotel war wirklich ausgesprochen freundlich, sie unterstützten meine Wanderung anscheinend sehr gerne. Als zusätzliches Geschenk bekam ich noch einen Kleeblatt-Schlüsselanhänger.

Mit Vorfreude auf mein Abendmahl und darauf, bald meine Beine ausstrecken zu können, ging ich zügig zurück in Richtung meines Zeltes. Auf dem Weg dorthin sammelte ich noch ein paar Äste und Zweige auf, um später ein Feuer in meinem Hobo-Kocher[7] entfachen zu können. Am Zelt angekommen konnte ich endlich meine Füße von den Wanderstiefeln befreien und die wunden Stellen behandeln. Besonders an den Fersen hatte sich die Haut schon abgelöst, die Stellen darunter waren wund und sahen genauso schlimm aus, wie sie sich anfühlten.

Ich machte ein Feuer und kochte Wasser mit etwas Wurst, Brot, Zucchini und der Nudelterrine zu einer Suppe, die ich mit etwas Giersch verfeinerte, den ich unterwegs gesammelt hatte. Ich genoss mein Mahl in vollen Zügen.

---

[7] Der Begriff „Hobo" stammt aus dem Amerikanischen und beschreibt eine Gruppe nordamerikanischer Obdachloser, die als Schwarzfahrer mit der Eisenbahn, vor allem auf Güterzügen, durchs Land reisen. Ein Hobo-Kocher ähnelt einer löchrigen Konservendose. Dieser Kocher ist klein, leicht und kann mit kleinen Ästen und Zweigen befeuert werden, um Wasser und Suppen darin zu kochen.

Und während ich frisch gesättigt und gewärmt draußen vor meinem Zelt saß, in die weite Natur schaute und auch meine Füße nicht mehr schmerzten, kam tatsächlich ein wenig romantische Stimmung und auch Zufriedenheit in mir auf. Ich empfand Stolz auf mich selbst, schließlich hatte ich nicht aufgegeben und war trotz aller Strapazen weitergegangen. Auch die positiven Erlebnisse des Tages ließ ich noch einmal Revue passieren und war erstaunt darüber, wie lebendig sich alles anfühlte.

Gegen 23 Uhr kroch ich dann schließlich in mein kleines Zelt und schlief vor lauter Erschöpfung sofort ein. Heute riss kein Sturm an meinem Zelt und meinen Nerven, und trotz der dünnen und harten Luftmatratze schlief ich tief und fest.

Impuls: LOSLASSEN

Wenn ich loslasse, was ich bin, werde ich, was ich sein könnte.
Wenn ich loslasse, was ich habe, bekomme ich, was ich brauche.
Laotse

Meine Wanderung war ein Ausbruch aus der Gewohnheit, ein Loslassen des Etablierten, und ich bin noch heute davon beeindruckt, wie stark sich mein Verstand und mein Körper anfangs dagegen gewehrt haben. Das ging sogar so weit, dass ich körperliche Krankheitssymptome wie beispielsweise Fieber entwickelt habe. Es dauerte einige Zeit, bis sich mein ganzes System auf diese neue Situation eingestellt hatte und die Gegenstimmen in meinem Kopf verstummten, die mich zur Rückkehr zu den alten Routinen bewegen wollten.

Vielleicht stehst du auch gerade vor Veränderungen und der Notwendigkeit des Loslassens. Worauf müsstest du verzichten, um deinen neuen Weg zu gehen? Erlaubst du dir selbst, andere Wege zu beschreiten als andere? Was würde dies für dich bedeuten? Welche Ängste tauchen bei diesen Gedanken auf?

Loslassen ist ein Akt der Befreiung, der uns erlaubt, alten Ballast loszuwerden, um Platz für Neues zu schaffen. In unserem Leben halten wir oft aus Gewohnheit an Dingen, Beziehungen, Gedanken und Gefühlen fest, die uns nicht guttun. Wir klammern uns an Etabliertes, haben Angst, es zu verlieren, und verschließen uns damit vor Möglichkeiten, die eigentlich nur darauf warten, von uns genutzt zu werden. Doch das Loslassen ist der Schlüssel, um notwendige und hilfreiche Veränderungen in unser Leben zu lassen.

Stell dir vor, dein Leben ist ein Kleiderschrank. Im Laufe deines Lebens hast du viele Kleidungsstücke gekauft und dort eingelagert. Der Schrank füllte sich nach und nach und bietet nun kaum mehr Platz für Neues. Viele der alten Stücke trägst du aber gar nicht mehr, vielleicht riechen sie auch schon nach der langen Lagerung. Möglicherweise bist du aus einigen Größen herausgewachsen oder manches passt auch einfach nicht mehr zu deinem heutigen Stil. Aber es fällt dir schwer, dich davon zu trennen, denn jedes Teil erfüllte einmal einen Zweck in deinem Leben.

Auf irgendeine Weise hängst du noch an jedem einzelnen Stück. Außerdem hast du viel Geld für alles bezahlt. Du redest dir deshalb gerne ein, dass die Sachen schließlich noch gut wären, obwohl du in Wahrheit spürst, dass du sie eigentlich gar nicht mehr brauchst oder kaum noch wirklich magst. Ohne Platz kannst du aber nun einmal keine neuen Kleidungsstücke hier lagern. Du behältst womöglich also deine alten und unpassenden Klamotten, obwohl du in Wahrheit eine Sehnsucht nach einer Veränderung deines Outfits verspürst.

Der Prozess des Loslassens kann manchmal schmerzhaft sein, und es erfordert Überwindung, manchmal auch Kraft und Mut, das Gewohnte aufzugeben und sich auf unbekanntes Terrain zu begeben.

Du kannst dich von Menschen und Beziehungen lösen, die dir nicht guttun, und Raum schaffen für neue Verbindungen, die dich bereichern und stärken. Du kannst dich von vergangenen Enttäuschungen und Verletzungen befreien, indem du anderen und auch dir selbst vergibst und dir erlaubst, vorwärtszugehen. Natürlich wirst du auch immer wieder auf Widerstand und Gegenwind stoßen – von außen und auch in dir selbst – letztendlich geht es aber um dein Leben, und das sollte dir die Mühe wert sein. Das Loslassen ist ein Akt des Vertrauens und der Zuversicht in den Fluss des Lebens, der uns auf eine gewisse Weise immer genau dahin führt, wo wir sein sollten.

Dahinter steckt allerdings oft ein intensiver Prozess. Nimm dir deshalb ausreichend Zeit und Raum, um deine Gefühle wahrzunehmen und dich richtig zu entscheiden. Etwas Sinnvolles und Wertvolles loszulassen, nur weil es möglicherweise in einer speziellen Situation unbequem ist, wird dir auch keine Erfüllung bringen.

In deinem eigenen Tempo kannst du in dich hineinfühlen und erkennen, welche Dinge, Gedanken oder Beziehungen du tatsächlich loslassen möchtest und warum dies notwendig ist. Spüre in dein Herz und frage dich, was dich befreien würde und was dich an deinem Wachstum hindert. Erlaube dir dabei, wohlwollend und liebevoll mit dir umzugehen. Es ist deine Freiheit, Dinge und Personen loszulassen, die für deinen Lebensweg nicht unterstützend und konstruktiv sind.

Die zweite Nacht verlief also deutlich ruhiger als die Vorherige: kein Sturm weit und breit, keine Blitze, kein Donnergrollen. Vielmehr waren es diesmal die leisen, unaufhörlichen Geräusche, die mich in den Morgenstunden um den Schlaf brachten. Das vorsichtige Knistern der Mäuse im Laub, summende Insekten, singende Vögel, der Wind in den Bäumen. Die Töne der Natur, das Grundrauschen des Waldes. Ich brauchte einige Zeit, um mich daran zu gewöhnen und fühlte mich von Zeit zu Zeit fast beruhigt, ein Auto in der Ferne zu hören, diesen mir so vertrauten Klang.

Trotz dieser Tücken des Schlafens in der freien Natur, fühlte ich mich am Morgen recht gut erholt. Es ist womöglich ein positiver Nebeneffekt der Anstrengungen des tagelangen Wanderns, dass sich der Körper nachts seine benötigte Erholung sucht und nimmt.

Morgens brauchte ich allerdings immer einige Minuten, um meinen steifen Rücken nach den Nächten auf dem harten Untergrund wieder biegen zu können. Es muss wohl ein gebrechlicher Anblick gewesen sein, wenn ich morgens ziemlich ungelenk aus dem kleinen Zelt gekrabbelt bin.

Ich habe mir dann im morgendlichen Sonnenschein etwas Wasser gekocht und mich über meine Nahrungsvorräte hergemacht. Das wurde mein Trick: morgens gut zu essen, damit ich nicht so viel Gewicht an Nahrungsmitteln im Rucksack tragen musste. Man spürt beim Wandern jedes einzelne Gramm, insofern war es allemal besser, ein Stück Brot im Bauch als Energievorrat zu haben, als es auf den Schultern zu tragen. Zumal es immer enorm wichtig war, genug Wasser dabei zu haben. Üblicherweise lief ich morgens immer mit zwei bis drei Litern Wasser im Gepäck los, hatte also auch drei Kilogramm zusätzlich auf dem Rücken.

Nach dem Frühstück widmete ich mich meiner morgendlichen Toilette. Auch wenn das Thema möglicherweise ein wenig unappetitlich ist, für mich war es natürlich notwendig, mich damit auseinanderzusetzen, zumal ich mich bei meinen Vorbereitungen vor den Details dazu ein wenig gedrückt hatte.

Das ging jetzt nicht mehr, man kann ja seinen Stuhlgang schließlich nicht einfach unterdrücken, obwohl ich das sogar anfangs versuchte. Glücklicherweise war oft kein Mensch weit und breit zu sehen, ich hatte also meine Ruhe. Dennoch habe ich mich nicht selten nach einer richtigen Toilette gesehnt. Ein

Stück biologisch abbaubare Seife hatte ich wenigstens dabei, so konnte ich zumindest diese Hygiene gewährleisten.

So wurde auch dieser scheinbar so nebensächliche Vorgang zu einer Lektion für mich, eine wichtige Erkenntnis und sogar eine Art Highlight der Wanderung. Ich lernte einen achtsamen, bewussten und sogar dankbaren Umgang damit. Es kostete mich schließlich viel Mut und Energie, um an Nahrungsmittel zu gelangen. Mit meinen Vorräten bin ich immer enorm achtsam umgegangen und habe sie mit großer Dankbarkeit gegessen. Durch diesen bewussten Umgang beim Essen empfand ich auch beim Stuhlgang so etwas wie Dankbarkeit. Ich war dankbar dafür, dass ich so viel zu essen bekommen habe, dass ich überhaupt etwas zum „Verstoffwechseln" hatte. Und es ging nach einiger Zeit erstaunlich gut, das „Geschäft" in der Hocke mitten im Wald zu machen. Zur Reinigung hatte ich Wasser und Blätter. Alles eine Sache der Gewohnheit.

Auch gewöhnte ich mir an, mir immer genügend Zeit dafür zu nehmen. Ohne Stress, ohne Termindruck, völlig entspannt. Zusammenfassend möchte ich sagen, dass ich gelernt habe, meinen Toilettengang zu ehren und mich auch dafür dankbar zu zeigen. Alles in allem machte ich also aus diesem für viele so „ekelhaften" Vorgang für mich ein positives Ritual.

Ich packte danach meine Sachen zusammen und machte mich zunächst guter Dinge auf meinen Weg zum Ziel des dritten Tages. Das Wetter konnte sich leider nicht festlegen, Sonne und Regen zeigten sich im Wechsel und sorgten auch dafür, dass ich meine Kleidung immer wieder wechseln musste, Regenponcho an, Regenponcho aus. Ich hatte durch meinen Wasservorrat ca. fünfzehn Kilo auf dem Rücken. Noch dazu wogen die feuchten Sachen deutlich mehr als die trockenen.

Der Grenzweg in Thüringen ist sehr hügelig. Es ging den ganzen Tag rauf und runter. Das Laufen war extrem anstrengend, zumal ich noch nicht richtig im Lauffluss war.

Die bereits am Vortag erlaufenen Blasen an den Füßen schmerzten schon beim Aufwachen, und es war bereits eine Qual, an diesem Morgen überhaupt wieder in die nassen Wanderschuhe zu steigen. Ich hatte zwar ein paar Pflaster und etwas Tape dabei, aber ich hatte beides anscheinend zu spät angewendet. Nun schmerzte jeder Schritt, und ich spürte die bereits bekannten Zweifel wieder in mir aufsteigen. Das Wandern bereitete mir keinerlei Freude, und ich spielte in Gedanken immer wieder mit dem Aufgeben oder dem Schummeln. Ich dachte daran, heimlich Geld bei der Bank zu holen und mit dem Taxi weiterzufahren. Merken würde das doch niemand …

Aber ich hatte mir vor der Reise geschworen, dass ich mich selbst nicht betrügen würde. Wenn es so weit kommen sollte, dass ich aufgeben oder wieder Geld in die Hand nehmen müsste, dann würde ich das mit Anstand und Würde tun und es auch entsprechend kommunizieren. Ich bin außerordentlich froh und auch stolz, dieses Versprechen nie gebrochen zu haben.

Ich hinterfragte trotzdem einmal mehr den ganzen Sinn meines Projekts – und fand vorerst keine befriedigende Antwort. Es war gegen Mittag, ich muss vielleicht drei Stunden gelaufen sein, da löste sich meine Vision des „Berühmt-Werdens" quasi in Luft auf. Diese törichte Idee, dachte ich, ist mir doch sowas von egal. Das soll mich motivieren, diese Strapazen und Schmerzen auf mich zu nehmen, und das auch noch freiwillig? Nein! Wenn mir wenigstens eine Art Erleuchtung käme, wünschte ich mir, wie bei Buddha unter einem Baum am Wegesrand. Aber nichts dergleichen! Kein Buddha-Baum, keine Erleuchtung und nun auch keine Vision mehr – es war alles einfach nur noch deprimierend.

Doch während ich so missmutig vor mich hin stapfte, entstand ganz langsam, tief in meinem Inneren etwas ganz Wunderbares: eine neue Vision. Ich sah mich selbst auch wieder am Ziel auf dem Priwall ankommen, aber dieses Mal war alles anders. Meine Frau Christine steht allein dort und empfängt mich – mit Kartoffelsalat und Frikadellen! Auch wenn dies albern klingen mag, für mich war das ein Ideal, eine perfekte Wunschvorstellung, meine neue Motivation! Ich bin für meine Frau der Held, der nach einer langen erfolgreichen Wanderung nach Hause kommt.

Ein inneres Bild, das mich tatsächlich bis zum Schluss getragen hat und das stark genug war, mich über viele Hindernisse und Prüfungen zu ziehen. Eine Vision, die aus dem Herzen kam. Und dieses Bild war so konkret, so präsent, ich konnte selbst in schwierigen Phasen meiner Wanderung meine Frau fühlen und die Frikadellen schmecken. Und der Gedanke ließ in dem Moment, in dem er auftauchte, meine Beine plötzlich ein kleines bisschen stärker, das Gepäck ein wenig leichter und mein Herz einen Hauch mutiger werden. Ich ging damit nicht mehr für die Anerkennung der anderen, sondern für den Menschen, der mir am wichtigsten war. So wanderte ich also weiter. Zwar immer noch nicht glücklich mit der Gesamtsituation, aber mit einer neuen, tief im Herzen motivierenden Vision.

Da mein aktuelles Wandergebiet, wie bereits oben erwähnt, sehr hügelig war und die Vegetation einige Stellen des Grenzweges so sehr zugewuchert hatte, dass ich einen Umweg suchen musste, kam ich nur langsam und mühselig weiter. Und während ich mich durch den „Dschungel" schlug, kamen gegen Nachmittag die alltäglichen Fragen auf, wie ich heute wohl an Nahrung kommen und einen guten Schlafplatz finden würde. Auf diesem Teil des Grenzwegs gibt es kaum Zivilisation, keine Häuser, keine Dörfer. Hier ist man wirklich allein und einsam, inmitten der Natur. Diese Tatsache machte meine offenen Fragen aber im Moment nicht unbedingt leichter für mich. Also begann ich gegen 15 Uhr nach Dörfern oder auch einzelnen Häusern Ausschau zu halten. Wenn man die Umgebung immer gut beobachtet, sieht man immer mal wieder in einigen Kilometern Entfernung kleine Ortschaften und manchmal auch nur einzelne Häuser. Nach einigem Suchen entdeckte ich einen offensichtlich etwas größeren Ort, den ich auch direkt ansteuerte.

Beim Gedanken an die Herausforderung, nun gleich wieder fremde Menschen um Nahrungsmittel bitten zu müssen, rutschte mir allerdings auch wie immer das Herz in die Hose. Ich verspürte wieder ein starkes Schamgefühl, kam mir klein und minderwertig vor. Ich dachte in dem Moment aber auch an mein „anderes" Selbstbild: Ich, hinter dem Lenkrad meines Benz, selbstbewusst, stolz. Es ist sonderbar, wie unterschiedlich der Mensch doch sein kann in unterschiedlichen Umgebungen und verschiedenen Situationen.

Das eigene Wertgefühl hängt, zumindest bei mir, stark von den äußeren Gegebenheiten und dem Wohlwollen der anderen ab. Ist doch irgendwie schräg, oder?

Ich war froh, einen kleinen „Mini-Markt" am Ortsrand zu entdecken. Hier fiel es mir weniger schwer zu fragen, ob sie vielleicht Nahrungsmittel für mich hätten, die möglicherweise nicht mehr gebraucht würden. Die Verkäuferin war sehr freundlich und schenkte mir einige Nahrungsmittel aus dem Korb mit den reduzierten Artikeln, die nahe dem Mindesthaltbarkeitsdatum waren. Ich zeigte mich zwar sehr dankbar, bin dann aber trotzdem schnell wieder aus dem Laden gegangen. Ich wollte meine eigene Scham nicht länger spüren, und hier im direkten Gegenüber mit der netten Verkäuferin war dieses Gefühl besonders präsent.

Meine heutige „Beute“.

Ein wenig später begutachtete ich meine „Beute“: drei Äpfel, ein Kohlrabi, eine Tüte Fruchtgummis, ein Glas Thüringer Wurst und eine Packung Knäckebrot. Was für eine Freude! Ich empfand ein so großes Glück darüber, wie ich es mir vor meiner Wanderung niemals hätte denken können. Vielleicht eine ähnliche Freude, die ich als Kind gehabt hatte, wenn ich von meinem Vater etwas Schokolade geschenkt bekam. Und ich konnte in diesem Moment gut nachvollziehen, wie wertvoll Nahrungsmittel für Menschen sind, die nicht wie wir im Überfluss leben.

Ich habe die Sachen wie einen wertvollen Schatz in meinem Rucksack verstaut. Allerdings erschien mir das Essen dennoch für den heutigen Abend und den kommenden Morgen noch nicht ausreichend.

Durch die intensive Bewegung braucht der Körper auch viel Energie und weil ich in der Nacht oder am Morgen definitiv nicht hungrig sein wollte, musste ich mein Glück wohl oder übel noch woanders probieren. Mit der guten Erfahrung von eben als Motivationsstütze im Rücken suchte ich eine Gaststätte auf.

Vielleicht sind ja vom Mittag Reste übrig, hoffte ich. Das bekam ich allerdings nicht heraus, denn der Besuch hier erwies sich als volle Breitseite. Schon bei der Begrüßung musterte mich der Wirt auf ziemlich geringschätzende Art und Weise. Als ich ihn dann noch kleinlaut um Lebensmittel gebeten habe, ist er ziemlich laut geworden und hat mich schimpfend herausgeworfen, bezeichnete mich als „asozial“ und „Abschaum“.

Tief getroffen machte ich auf der Stelle kehrt, ging nach draußen und musste sofort anfangen zu weinen. Die Tränen liefen einfach so, aus Wut und tiefer Traurigkeit. Die Reaktion des Wirts traf mich genau an meiner empfindlichsten Stelle, nämlich meiner Angst wertlos zu sein. Kurz kam auch wieder der wütende Impuls in mir auf, wieder zurückzugehen und dem Mann zu erzählen,

wer ich eigentlich bin und wie erfolgreich und gut ich in meinem „echte Leben" bin. Das kannte ich bereits. Ich bin heute froh, diesem Impuls nicht wieder gefolgt zu sein. Ich habe mich dem schmerzhaften Gefühl hingegeben und
geweint.

Heute verstehe ich, dass dieses Gefühl der Wertlosigkeit sowieso nichts mit
dem Wirt zu tun hatte, es ist ein viel älterer und tieferer Schmerz gewesen.
Diese Reise würde mich noch öfter in die Knie zwingen, spürte ich. Diesem
Schmerz würde ich noch mehrmals begegnen. Genau das würde im Nachhinein gesehen ein riesiges Geschenk sein. Aber das konnte ich in diesem Moment natürlich noch nicht einmal erahnen. So weinte ich für mich allein, an
einem stillen, abseits gelegenen Platz.

Aber ich musste weiter gehen und einen geeigneten Schafplatz für mein Zelt
finden. Und wenn möglich, doch noch ein paar Lebensmittel irgendwo sammeln. Also raffte ich mich auf und schlich auf leisen Sohlen durchs Dorf, immer darauf achtend, ob ich etwas finden würde. Auf der anderen Seite der
Straße sah ich eine kleine Bäckerei mit ein paar Cafétischen davor.

Ich fand, das war möglicherweise eine gute Gelegenheit, um an etwas Brot,
vielleicht vom Vortag, zu gelangen, es bleibt doch meistens etwas übrig.
Trotzdem habe ich drei Anläufe gebraucht, um hineinzugehen. Immer wieder
trieb es mich von der gegenüberliegenden Straßenseite in Richtung Café, nur
um dann doch kurz vorher wieder umzudrehen. Nach meiner Erfahrung mit
dem Wirt von eben saß mir die Angst vor erneuter Ablehnung noch fest im
Nacken.

Beim dritten Versuch habe ich es dann doch geschafft. Vorher habe ich extra
noch gewartet, bis keine anderen Gäste mehr drin waren. So würden nicht so
viele Menschen meinen peinlichen Auftritt verfolgen können.

Im Café traf ich nach dem Eintreten auf einen Mann und zwei Frauen, die
sich später als das Besitzerpaar und eine angestellte Dame herausstellten. Auf
ihre fragenden Blicke hin sagte ich, dass ich auf Wanderung sei und fragte, ob
sie vielleicht ein paar Lebensmittel für mich hätten. Es zeigte sich, dass ich
nun auf sehr offene und freundliche Menschen gestoßen war. Sie waren tatsächlich sehr interessiert an mir und begeistert von meiner Geschichte, wollten Genaueres über meine Pläne und die Wanderroute wissen, wir kamen rich-
tiggehend ins Plauschen.

Sie wollten wissen, ob ich heute schon etwas Handfestes gegessen hätte, und als ich dies verneinte, verfrachteten sie mich in den Biergarten und ließen es sich nicht nehmen, mich dort richtig zu bewirten. Ich bekam einen Teller Kartoffelsalat vorgesetzt, obenauf lagen drei Spiegeleier, und der Chef des Hauses servierte mir höchstpersönlich eine Flasche Bier.

Ich fühlte mich wie ein König! Ich war so glücklich, so erfüllt von Dankbarkeit und Freude. Selten habe ich ein Mahl mit so viel Dankbarkeit gegessen und dabei bewusst jeden einzelnen Bissen genossen. Ich kann auch sagen, dass ich an diesem Platz zum ersten Mal auf meiner Reise das Gefühl von echtem Glück erlebte. Dieses Hochgefühl erwuchs dabei nicht nur aus dem Umstand eines leckeren Essens, es waren vor allem auch die offene Freundlichkeit und die liebevolle Gastfreundschaft der mich bewirtenden Menschen, die dieses schöne Gefühl entstehen ließen.

Ich blieb an diesem guten Ort für gut eine Stunde, ausgekostet habe ich jede einzelne Sekunde. Danach bedankte ich mich herzlich und machte mich mit einem gut gefüllten Bauch und viel Wärme im Herzen wieder auf den Weg. Es war mittlerweile 18 Uhr, also Zeit, mir einen Schlafplatz zu suchen. Dieser Ort schien mir dafür allerdings nicht passend zu sein, also lief ich weiter. Gegen 19 Uhr kam ich an einem anderen kleinen Dorf vorbei.

Zwischendurch hatte ich bemerkt, dass es ratsam sei, noch meine Wasservorräte zu erneuern. Deshalb entschied ich, einen Abstecher zu den Häusern zu machen, um dort mein Glück zu versuchen. Ich lief also guten Mutes zum erstbesten Haus, noch ganz beseelt von meinem letzten Erlebnis, und klingelte diesmal ohne großes Zögern. Ich hätte es natürlich ahnen können, jedenfalls wurde ich erneut auf dramatische Weise emotional durcheinandergewirbelt.

Der Hausherr kam heraus und fing sofort an, mich wüst zu beschimpfen, obwohl ich von ihm nur ein wenig Leitungswasser erfragt hatte. Zum zweiten Mal an diesem Tag wurde ich als „asozial" tituliert, nun war ich in seinen Augen auch noch ein „Penner". Mein tiefes Mitgefühl für obdachlose Mitmenschen, die auf solche Spenden angewiesen sind, stieg an diesem Tag und mit dieser Erfahrung enorm.

Doch diesmal trafen mich die wüsten Beschimpfungen tatsächlich deutlich weniger. Mir tat der Mann eher leid, ich empfand ihn als versteinert und frustriert. Ich drehte mich einfach um, ging ein Haus weiter, wo ich auch ohne Probleme meine leeren Flaschen mit frischem Leitungswasser gefüllt bekam.

Danach machte ich mich weiter auf die Suche nach einem Schlafplatz und kam dabei durch ein dicht bewachsenes Waldgebiet. Es war bereits gegen 20 Uhr und mir war klar, dass nicht mehr viel Zeit blieb, um vor dem Einbruch der Nacht einen Unterschlupf zu finden. Ich wäre eigentlich gerne am Waldrand oder noch lieber auf einer kleinen Lichtung zum Schlafen gelandet, aber hier gab es nur den Wald. Mir blieb also nichts anderes übrig, ich würde mitten zwischen den Bäumen übernachten müssen. Die riesigen Bäume, die Schatten, der plötzlich auftauchende Dunst, die ungewohnten Geräusche – all das nahm mich plötzlich ein und übermannte mich, ich bekam es mit der Angst zu tun.

Doch ich hatte trotzdem keine Wahl, ich musste mein Zelt zur Nacht aufbauen. Ich tat es dann in der Nähe eines kleinen Baches, mitten im Dickicht. Ich traute mich nicht einmal, mir noch ein warmes Wasser zu kochen, kroch in den Schlafsack und schlief trotz der gespenstischen Stimmung recht schnell ein.

Immer wieder wurde ich von aufgeregten inneren Fantasien und Träumen aufgewühlt. Bei jedem Knistern sah ich vor meinem inneren Auge eine Horde Wildschweine, jeder Schatten an meiner Zeltwand war ein Mörder[8], bereit, sich auf mich armes hilfloses Opfer zu stürzen. Immer wieder sprang ich aus meinem kleinen Zelt, kampfbereit die Stirnlampe auf dem Kopf, mein Taschenmesser krampfhaft in der Faust.

Draußen war aber nie etwas zu sehen. Natürlich nicht, ich war schließlich allein. Allein nur mit mir selbst und meinen inneren Dämonen in einem großen Wald.

---

[8] Ich finde es erstaunlich, wie der Konsum von Krimis im Fernsehen Bilder und Ängsten erzeugen kann.
Rational gesehen ist es natürlich höchst unwahrscheinlich, dass genau zu diesem Zeitpunkt an diesem einsamen Ort jemand auf mich warten würde.

Impuls: WIDERSTAND

Wenn der Wind der Veränderung weht,
bauen die einen Mauern und die anderen Windmühlen.
Chinesisches Sprichwort

Auf meiner Wanderung (und in meinem Leben davor) hielt ich über weite Strecken an einer Haltung des Widerstands gegenüber jeglichen Veränderungen fest. Die vermeintliche Sicherheit meiner liebgewonnenen Komfortzone war einfach zu verführerisch.

Wenn auch du diese Formen des Widerstands kennst, lade ich dich ein, dich von diesem Impuls zum Umgang mit Widerständen inspirieren zu lassen.

Zunächst einmal sollten wir anerkennen, dass es völlig normal ist, wenn ein Widerstand gegenüber Veränderungen auftritt. Es geht schließlich um echte Transformation und möglicherweise eine komplett neue Ausrichtung des eigenen Lebens. Wenn es dabei um entsprechend tief verankerte Gewohnheiten geht, wird man sich im Veränderungsprozess auf Reibungsverluste und auch schmerzhafte Momente einstellen müssen.

Im Leben erfahren wir immer wieder Momente des inneren Widerstands. Situationen, in denen wir uns gegen notwendige Veränderungen sträuben, uns vor dem Unbekannten fürchten und uns deshalb in alten Gewohnheiten verfangen. Dieser innere Widerstand ist ein Spiegelbild unserer Ängste und Unsicherheiten und doch gleichzeitig ein wichtiger Teil unserer persönlichen Entwicklung.

Der innere Widerstand zeigt sich besonders stark, wenn wir uns im Leben in einem Ungleichgewicht befinden. Wenn wir beispielweise das Gefühl haben, auf der Stelle zu treten, uns aber das Selbstwertgefühl fehlt, mutige Entscheidungen zu treffen und wir somit in alten Mustern verharren. Wir spüren, dass da noch mehr möglich ist, dass irgendwo noch unentdeckte Potenziale schlummern, aber etwas hält uns davor zurück, die entscheidenden Schritte weiterzugehen. Es ist, als ob ein Teil von uns sich gegen das Neue wehrt, aus Angst vor dem Unbekannten, vor Verletzungen, Ablehnung oder Versagen.

Wenn du bereit bist, dich deinen Widerständen zu nähern, sie zu fühlen, kannst du die darin verborgenen Ängste und Sorgen erkennen. Sie sind der Schlüssel zur Auflösung der Blockierungen. Du solltest dabei liebevoll und behutsam mit dir selbst umgehen. Manchmal wird es so sein, dass die Zeit noch nicht reif ist, die Widerstände aufzulösen, weil du noch nicht für diese

Prozesse bereit bist oder diese Veränderung nicht zu deinem Lebensweg passt. Dann ist es wichtig, dir die notwendige Zeit und Ausrichtung zu erlauben. Du kannst dich auch fragen, welche alten Glaubenssätze und Überzeugungen dich blockieren und welche Muster sich in deinem Leben auf ungute Weise wiederholen. Folgende Frage solltest du dir ebenfalls stellen und ehrlich beantworten: „Kommt diese Veränderung wirklich aus meinem Herzen oder sind es äußere Einflüsse, die mich antreiben?" Große Veränderungen sollten immer aus deinem Herzen kommen.

Der innere Widerstand ist wie ein Tor zu unserem tiefsten Inneren, zu den verletzlichen und versteckten Anteilen unseres Wesens. Wenn wir uns dem Widerstand mit Offenheit und Mitgefühl nähern, haben wir die Möglichkeit, alte Wunden zu heilen und uns von den Fesseln der Vergangenheit zu befreien. Diese Verarbeitung kann wie ein Tanz[9] mit unserem inneren Selbst sein, bei dem wir uns den Ängsten stellen und uns selbst mit allen dazugehörigen Gefühlen umarmen und lieben.

Ich lade auch dich ein, diesen Tanz mit deinen Widerständen anzunehmen. Öffne dich für die Hinweise, die er dir gibt und sei mutig genug, dich den Ängsten und Unsicherheiten zu stellen, die möglicherweise dabei auf dich warten. Erkenne, dass der innere Widerstand eine Einladung zur Transformation ist, und dass du die Kraft hast, dich selbst zu entfalten.

Vielleicht ist dieser Widerstand aber auch eine Warnung vor einem „Holzweg", auf dem du dich befindest. Das zu unterscheiden, ist die große Herausforderung.

---

[9] Mit Tanz meine ich die eher leichte und spielerische Bewegung mit den Ängsten und Widerständen.
Es geht darum, in Beziehung zu treten und in Bewegung zu kommen. Wer führt – du oder dein Widerstand?

Heute Morgen bin ich sehr früh aufgewacht. Schon gegen 5.30 Uhr haben mich die Vogelstimmen des Waldes aus dem Schlaf geholt. Als ich meinen noch müden Kopf vorsichtig aus dem Zelt streckte, stellte ich fest, dass alles um mich herum nebelig, kalt und nass war. Ich beschloss deshalb, einfach noch eine Weile liegen zu bleiben, kuschelte mich wieder in meinen warmen Schlafsack und lauschte den Stimmen des Waldes.

Ganz im Gegenteil zu gestern Abend empfand ich die Geräuschkulisse nun aber gar nicht mehr als bedrohlich. Vielmehr brachte mich der wohlige Singsang der Natur in eine wunderschön friedliche und beruhigende Stimmung. Ich vergaß sogar die Blase an den Füßen, und auch mein Muskelkater hatte sich verzogen. Mir ging es einfach richtig gut, ich hätte ewig so verweilen können.

Etwa eine Stunde später beschloss ich trotzdem, aufzustehen und in die „Gänge" zu kommen – ich hatte schließlich auch heute wieder einiges vor mir. Schon drei Tage war ich nun unterwegs, und mir fiel bei diesem Gedanken auf, dass ich wirklich unangenehm roch. Ich hatte bisher keine Möglichkeit gehabt, mich einmal gründlich zu waschen, und inzwischen war es so schlimm geworden, dass ich mich tatsächlich selbst nicht mehr riechen mochte. Die Körperhygiene gehört neben der Ernährung, der physischen Unversehrtheit und einem sicheren Platz zum Schlafen zu den grundlegenden Aspekten des Wohlgefühls – mehr noch: es ist sogar ein Grundbedürfnis. Auch wenn mir das vorher schon klar war, bekam ich es jetzt quasi am eigenen Leibe zu spüren. In diesem Zustand merkte ich sehr deutlich, wie meine eigene Würde verschwand.

Diese Wahrnehmung ließ mich trotz der Kälte voller Motivation in den benachbarten Bach springen, in dem ich mich ausgiebig wusch. Das Wasser war eiskalt, ich musste keuchen und prusten, aber es war auch eine Wohltat, den ganzen Schweiß abzuwaschen. Den Wald als Badezimmerkulisse zu haben, war auch etwas Besonderes, allerdings musste ich unter Schmerzen feststellen, dass es keine gute Idee gewesen war, keine Flipflops oder Badelatschen mitgenommen zu haben.

Dass ich an dieser Stelle Gewicht hatte sparen wollen, stellte sich nun als Fehler heraus, wobei ich auch sagen muss, dass ich im Laufe der Zeit immer besser barfuß zurechtkam. Meine Fußsohlen entwickelten nach und nach eine immer dickere Hornhaut, der auch Steine und Gestrüpp immer weniger anhaben konnten. Ich wusch auch noch gleich das getragene Shirt und die Unterhose, zog mir frische Sachen an und fühlte mich prompt wie ein neuer Mensch. Zumindest fast, denn jetzt war die Kälte tief in mich hineingekrochen und ich hatte einen Bärenhunger.

Weil hier mitten im Wald aber keine Sonne durchdringen konnte und der feuchte Morgennebel sehr ungemütlich war, beschloss ich, schnell alles zusammenzupacken und mir ein wärmeres Plätzchen zum Frühstücken zu suchen. Also schlüpfte ich unter einigen Seufzern in meine „Blutschuhe" (so nannte ich ab jetzt liebevoll meine Wanderstiefel) und verpackte mein feuchtes Zelt und die gewaschenen Sachen notdürftig im Rucksack.

Bevor ich mich jedoch endgültig auf meinen Weg machte, initiierte ich an diesem Morgen ein neues Ritual, das ich als sehr wertvoll und kraftspendend empfand, und das ich deshalb auch bis zum Ende der Reise vor jedem Aufbruch abhielt. Weil ich in der letzten Nacht so viel Angst vor wilden Tieren und Massenmördern gehabt hatte und ich froh war, an diesem Morgen gesund und heil aufgewacht zu sein, war es von nun an mein tägliches Ritual, jeden Schlafplatz nach dem Zusammenpacken aller Sachen zu segnen und mich für die sichere Nacht zu bedanken. Dazu legte ich meinen Regenponcho auf den Boden, setzte mich darauf und atmete ein paar Mal tief ein und aus. Dann meditierte ich ungefähr fünf Minuten mit geschlossenen Augen und bedankte mich für den sicheren Schlafplatz, mein Leben in diesem sicheren Land und für die Bequemlichkeiten und den Luxus meines normalen Alltags.
Nachdem ich an diesem Morgen die Meditation beendete, hatte ich vor Dankbarkeit, Stolz und Glück Tränen in den Augen. Danach habe ich mich kurz verbeugt, darauf geachtet, dass ich keinen Müll zurücklasse und bin gegen 8 Uhr mit viel positiver Energie aufgebrochen. Nach ungefähr zwei Stunden kam ich an einer hübschen Lichtung vorbei, auf der sich ein kleiner Hochsitz befand. Die Sonne schien herrlich, und ich fand, dass dies der ideale Platz zum Frühstücken sei. Ich habe also meine Sachen zum Trocknen ausgebreitet, mir etwas Wasser gekocht und die Reste meiner Nahrungsvorräte zu mir genommen.

Und während ich so gemütlich in der Sonne saß und heißes Wasser trank, freute ich mich über die tolle Erfindung des Hobo-Kochers. Man muss nur ein wenig Holz und etwas Laub oder trockenes Gras zum Anzünden sammeln. Sobald der Hobo-Kocher einmal richtig brennt, kann man sich im Nu ein wärmendes Wasser oder eine Suppe damit zubereiten.

Kochen auf dem HoBo-Kocher.

Fast zwei Stunden habe ich an dem schönen Platz mit Faulenzen und Dösen verbracht, bevor ich meine mittlerweile getrockneten Sachen wieder in den Rucksack packte und den Platz reinigte. Ganz penibel achtete ich jetzt und in anderen ähnlichen Situationen darauf, bloß nichts zu vergessen oder zu verlieren. Jedes einzelne Teil meiner Ausrüstung war äußerst wertvoll für mich. Auch war es mir immer wichtig, keinen Müll irgendwo liegen zu lassen. Ein letzter prüfender Blick zurück und dann ging ich wieder los. Bisher war ich auf dem Grenzweg immer allein gewesen. Ich dachte in diesem Moment, wie unglaublich es doch ist, mitten im Sommer über einen so langen Zeitraum keinen Menschen zu treffen. Mit anderen Menschen trat ich ausschließlich bei meinen Abstechern in die Dörfer in Kontakt. Diesen Umstand empfand ich als sehr ungewohnt, ich war in meinem Leben nur selten allein und ohne Ablenkung gewesen.

TV, Internet, Freunde, Handy, Arbeit, Lebenspartnerin oder auch einfach nur etwas Essen oder Rotwein trinken. Das „normale" Leben bietet so viele Möglichkeiten, sich abzulenken oder der gefühlten Einsamkeit entgegenzuwirken. Aber hier gab es nichts von alledem. Die Sehnsucht nach diesen Dingen wuchs stetig, und es fiel mir immer schwerer, zu unterdrücken, was dadurch auch unaufhörlich in mir aufstieg: Traurigkeit und Wut. Während ich weitermarschierte, grübelte ich darüber nach, woher diese Empfindungen kamen und wie ich damit umgehen sollte.

Ich war mein Leben lang nicht gut darin gewesen, Gefühle zuzulassen, im Gegenteil: ich habe mich über viele Jahre zu einem Meister der Verdrängung entwickelt. Rückblickend betrachtet, war es sogar so, dass mir bis zu einem Alter von etwa vierzig Jahren gar kein „normales" Fühlen möglich war. Ich wusste, welches Gesicht und welche Gesten und Geräusche ich machen musste, um in Kompatibilität zu meinem jeweiligen Umfeld gefühlsähnliche Regungen wie Freude oder Traurigkeit auszudrücken. Ich konnte sogar mental Tränen erzeugen. Aber ich fühlte diese nicht wirklich im Körper. In der Psychologie spricht man von einer Kopf-Körper-Spaltung. Mein ganzes Leben spielte sich in einer Art totaler Rationalität im Kopf ab, die anderen Intelligenzzentren wie Herz und Bauch waren weitestgehend abgeschnitten. Dies bedeutete nicht, dass ich rücksichtslos oder kalt war. Nein, ich konnte durchaus Mitgefühl und Empathie aufbringen, dies aber eben nur aus einer sehr rationalen Perspektive heraus.

Als ich ungefähr vierzig Jahre alt war, habe ich mich auf den Weg gemacht, diese mir fehlenden Welten zugänglich zu machen. Auslöser war der Kommentar einer Kollegin von mir, mit der ich sehr eng verbunden war, und die eines Tages zu mir sagte: „Eckhard, du bist ein echt toller Mann. Ich habe aber das Gefühl, dass du dich nicht an den Blumen am Wegesrand erfreuen kannst. Ich verstehe das nicht."

Sie hatte Recht. Ich war damals ein Mann auf dem Weg des typischen und von meinem Umfeld erwarteten Erfolgs. Angekommen im mittleren Management mit einer Sechzig-Stunden-Woche, geprägt von der Gier nach immer mehr Macht und Geld, gefangen in einer unglücklichen und unerfüllten Beziehung, mit eigenem Haus, teurem Auto … und vergessenen Träumen.

Nach diesem Gespräch mit der Kollegin begann ich, an meiner Persönlichkeitsentwicklung zu arbeiten. Ich las entsprechende Bücher und besuchte Seminare.

Mit diesen sentimentalen Gedanken als stille Begleiter ging ich nun weiter meinen Weg. Ich spürte, dass auch sie Teil meiner Wanderung sind. Ein Teil dessen, was ich unterwegs erfahren würde. Trotzdem konnte und wollte ich die dadurch aufkommende Traurigkeit und den damit verbundenen tiefsitzenden Schmerz in diesem Moment nicht wirklich erfühlen. Also musste ich mich davor schützen.

Ich fand eine Lösung. Ich konzentrierte mich auf einen anderen Schmerz: auf die Blasen und Schmerzen an den Füßen. Ich brauchte mir keine große Mühe geben, diesen Schmerz anzuvisieren und mich somit von meinen so bedrohlichen Gefühlen abzulenken. Zugegeben, Alkohol oder TV klingen in diesem Zusammenhang verlockender, dennoch bin ich heute davon überzeugt, dass genau diese körperlichen Schmerzen zu eben diesem Zeitpunkt ein reines Geschenk für mich waren.

Gleichzeitig ahnte ich bereits, dass ich diese Gefühle nicht mehr lange beiseiteschieben könnte. Ich würde mich ihnen stellen müssen, wenn ich diese Wanderung weiterhin mache. Mit getrübter Stimmung erreichte ich den Rennsteig. Eine schier unendliche Steigung lag vor mir, viele Höhenmeter waren zu erklimmen. Ich quälte mich die staubige Forststraße hinauf, bei hohen Temperaturen ohne viel Schatten. Zu allem Überfluss fuhren hier ab und zu einige Forstfahrzeuge an mir vorbei. Wenigstens mal Menschen, dachte ich zwar, schaute dabei aber auch mit Missgunst auf die Geländewagen, mit denen die Menschen ganz leicht den Berg hinaufkamen, während mir vor Schmerzen und Verzweiflung fast die Tränen kamen.

Dann dachte ich daran, was unsere Eltern, unsere Großeltern und die heutigen Flüchtlinge und Vertriebenen erst erleiden mussten. Ich riss mich also zusammen und ging stur weiter.

Nachdem ich diesen Teil des Rennsteigs endlich überwunden hatte, wurde meine Freude darüber noch verstärkt, als ich an einem dort gelegenen Bauernhof von einem älteren Ehepaar Wasser, eine Wurst und eine Banane zur Stärkung erhielt. Ich fand es immer wieder sehr rührend, wenn mich Menschen mit Lebensmitteln unterstützten. Besonders schön war es, wenn ich darüber hinaus auch ein wenig mit ihnen plaudern konnte. Durch mein einsames Wander- und Nomadenleben fehlte es mir, regelmäßig mit anderen Menschen in Verbindung zu treten.

Viele Menschen haben mir auf meiner Reise etwas zu Essen gegeben, oft waren sie aber auch froh, wenn ich mich schnell wieder aus dem Staub machte. Vermutlich sorgte ich schon allein aufgrund meiner Erscheinung (die Wanderung hinterlässt sowohl einen eigenen Geruch wie auch durch fehlende Haarpflege einen wilden Eindruck) für einen nicht allzu seriösen und vertrauenerweckenden Eindruck.

Das Ehepaar nahm sich jedoch trotz meines Auftretens die Zeit, sich ein paar Minuten mit mir zu unterhalten, was mich in diesem Moment auch wirklich erfreute. Sie erzählten mir, dass sie immer sehr offenherzig waren, in der letzten Zeit allerdings auch oft ausgenutzt wurden. Das hat sie vorsichtiger und misstrauischer werden lassen.

Am frühen Abend erreichte ich den Schieferpark in Lehesten. Der Park befindet sich in einem ehemaligen Schieferabbaugebiet und ist wunderschön gelegen. Umgeben von hügeligen Wäldern liegt im Zentrum des Parks der „Schiefersee". An seinem felsigen Rand befinden sich die verlassenen Gebäude der Abbauanlage und auch ein neu erschaffenes Seminarzentrum.

Der Betreiber des Seminarrestaurants war sehr freundlich und versorgte mich mit ein paar Lebensmitteln (Tomaten, Weißbrot, Griebenschmalz, Thüringer Wurst und frischem Wasser). Ich packte sie mit Vorfreude ein und fand danach auch noch einen sehr schönen Schlafplatz hinter den verlassenen Produktionsgebäuden mit Blick auf den weiter unten liegenden See.

Ich dachte kurz daran, noch einmal ins Wasser zu springen und mich dort frisch zu machen, aber ich fühlte mich zu erschöpft, um jetzt noch einmal die zwei Kilometer hinunterzulaufen. Außerdem war ich einfach froh darüber, endlich die elenden Blutschuhe von meinen schmerzenden Füßen streifen zu können

Ich baute also schnell mein Zelt auf, kochte mir eine heiße Suppe mit den erbeuteten Zutaten, ergänzte mein Festessen mit etwas am Wegesrand gesammeltem Giersch und genoss mein wohlverdientes Mahl in der herrlichen Abendsonne, die Füße weit von mir gestreckt.

Ich war an diesem Abend sehr glücklich, hatte wieder einen herausfordernden Tag „überlebt" und fühlte mich richtig frei. Danach kroch ich mit gutem Gefühl in meinen Schlafsack und ließ mich selbst von dem Summen der Mücken, die sich wie fast jede Nacht in großer Zahl zwischen dem Innenzelt (Mückennetz) und Außenzelt sammelten, nicht stören.

Die Nacht wurde sehr kalt, ich musste mir meine komplette Kleidung im Schlafsack anziehen, schlief aber dennoch glücklich wieder ein, umgeben von den Naturgeräuschen, die nach und nach zu einer vertrauten Nachtmusik für mich wurden.

Impuls: RITUALE
*In den einfachen Dingen des Lebens finden wir oft die kraftvollsten
Rituale, die unser Herz berühren und unsere Seele nähren.*
Unbekannte Quelle

Auf meiner Reise war mein Alltag komplett verschieden zu meinem „normalen" Leben. Nichts war wie vorher. Deshalb benötigte ich eine Gewohnheit, etwas Konstantes. Etwas, das mir Sicherheit, Ausrichtung und Normalität in dieser herausfordernden Zeit gab. Kurzum: ich brauchte ein Ritual. Ich fand das Ritual der morgendlichen Dankbarkeit für den Schlafplatz.

Wahrscheinlich nutzen die meisten Menschen bereits bewusst oder unbewusst Rituale und Gewohnheiten. Zum Beispiel kann das tägliche morgendliche Kaffeetrinken für einige Menschen zu einer simplen Gewohnheit werden, während es für andere ein ritualisiertes und bedeutungsvolles Erlebnis darstellt.

Ein Ritual muss nicht besonders aufwändig oder gar spektakulär sein. Es kommt darauf an, wie bewusst und ausgerichtet es vollzogen wird und ob damit eine tiefere Bedeutung verbunden ist.

Mein morgentliches Dankbarkeitsritual hat mich dabei unterstützt, trotz meiner Ängste und inneren Widerstände die benötigte Kraft und Ausrichtung für den Tag zu erlangen. In den Minuten der Konzentration konnte ich alle Probleme, Ängste und Anspannungen aus meinem Fokus nehmen und mich vollkommen auf das Gefühl der Dankbarkeit einlassen.

Vielleicht befindest du dich gerade in einer Phase, in der du das Gefühl hast, nur noch zu funktionieren und du dich überfordert und fremdbestimmt fühlst? Meine Erfahrung hat mir gezeigt, dass Rituale in solchen Fällen dabei helfen können, kurz das Hamsterrad zu verlassen, um sich wieder bewusst zu spüren und sich auf die eigentlichen Ziele auszurichten.

Rituale können uns auf unseren Wegen begleiten und uns Halt und Trost in stürmischen Zeiten schenken. In unserer schnelllebigen und hektischen Welt sehnen wir uns oft nach einem Anker, der uns im Alltag eine Form von Sicherheit gibt. Rituale können diese Anker sein.

TAG 5

Samstag, 11. Juli 2015: Von Lehesten nach Schauberg (ca. 25 km)

Wow, das war eine wirklich kalte Nacht in Lehesten! Ich hatte mir extra einen leichten, dünnen Sommerschlafsack gekauft. Der war angeblich auf bis zu sechs Grad Kälte ausgelegt und sollte somit eigentlich im Hochsommer ausreichend sein. Aber dieser Sommer hatte sich nicht an meine Planung gehalten und zeigte sich nach der langen Hitzeperiode nass und auch sehr kalt. Die Nächte erreichten tatsächlich einstellige Celsius-Bereiche und meiner Erfahrung nach war es in dem „Schlafsäckchen" dann nur mit mehreren zusätzlichen Schichten an Kleidung auszuhalten.

Aber ich will nicht meckern. An diesem schönen Platz, nach dem wunderbaren Abend, habe ich schließlich trotzdem auch eine sehr geruhsame Nacht verbracht.

Morgens, nach dem Aufstehen stellte ich fest, dass mein Zelt völlig klamm vom Morgentau war. Ich beschloss deshalb, ganz in Ruhe in den Tag zu starten. Ich meditierte zunächst ausgiebig, während meine Sachen zum Trocknen in der aufgehenden Sonne hingen und mein Handy mithilfe des Solarpanels aufgeladen wurde.

Handy aufladen mit Sonnenenergie.

In dem nahegelegenen Hotel wollte ich mir später etwas heißes Wasser zum Frühstück holen. Der Rezeptionist vor Ort machte mir allerdings sofort klar, was er von meiner Aktion hielt. Nämlich nichts!

Dies sei nichts anderes als ein Egotrip von einem Menschen, der es wohl nicht nötig hätte, für seinen Lebensunterhalt arbeiten zu gehen. Er selbst müsse immer sehr hart schaffen und überhaupt sei sein Leben ach so schwer. Ich wollte eigentlich nur etwas heißes Wasser, musste mir aber nun für meine gefüllte Thermoskanne eine viertel Stunde seines ganzen Leids und Klagens über mich ergehen lassen.

Ich verspürte den Impuls, mich verteidigen zu wollen und ihm meine guten Absichten zu erklären. Ich kam aber gar nicht zu Wort, was vermutlich auch gut so war. Schließlich bekam ich zwar heißes Wasser, aber die gute Laune von heute Morgen war erst einmal wieder verschwunden.

Hatte er vielleicht sogar recht gehabt? Ich ließ mich zu dieser Zeit durch die Meinungen und Ansichten von Anderen noch recht schnell beeinflussen. Ehrlich gesagt, hat er mich an einem wunden Punkt getroffen, in meinem Gefühl des „Falsch-Seins". War das also alles falsch, was ich hier tat? Sogar heute noch ist Kritik immer wieder ein Impuls, der mich aus meiner Mitte stoßen und von meinem Weg leicht abbringen kann. Selbst in Situationen, in denen ich genau weiß, was ich möchte und was gut für mich ist, komme ich schnell ins Grübeln und zweifle an mir, sobald jemand daherkommt und mich kritisiert.

Mittlerweile übe ich mich darin, auch den positiven Aspekt immer mehr zu sehen. Ich öffne mich zunehmend gegenüber Kritik und versuche, diese als Hilfe zu verstehen, meine Ernsthaftigkeit zu überprüfen. Denn in Wahrheit bin ich oft selbst derjenige, der die Zweifel in sich trägt. Erst wenn ich wirklich von mir und meinem Weg innerlich überzeugt bin, kann mich diese, von außen an mich herangetragene, Kritik nicht mehr in meinem Inneren erschüttern.

Nachdem ich schließlich die Reste meiner gestern gesammelten Nahrungsmittel gefrühstückt und die inzwischen getrockneten Sachen verstaut hatte, bin ich noch ein wenig über das verlassene Gelände gegangen und habe mich in Ruhe umgeschaut. Hier standen die verlassenen Gebäude, die mit Pflanzen überwucherten Gleisanlagen und die mit Rost überzogenen Züge. Ich empfand das alles als sehr beeindruckend. Danach habe ich mich gegen 10 Uhr wieder auf den Weg gemacht.

Es sollte erneut ein sehr abwechslungsreicher und herausfordernder Tag werden. Ich hatte mir vorgenommen, die Tour etwas abzukürzen und eine der vielen Grenzschleifen nicht komplett abzulaufen. Ich wollte lieber den direkten Weg zum nächsten Grenzpunkt nehmen und habe daher eine alternative Route geplant. Leider musste ich feststellen, dass die Planänderung nicht zu dem gewünschten Ergebnis führte. Der Weg sollte dadurch kürzer werden, aber ich verlief mich ein ums andere Mal.

Irgendwann kam ich an eine Stelle, die ich bereits kannte. Ich war also im Kreis gelaufen. Diese Erkenntnis traf mich heftig, Verzweiflung und Wut – vor allem auf mich selbst – stiegen in mir auf.

Ich fühlte mich plötzlich körperlich vollkommen erschöpft, meine Moral fiel in den Keller. Und weil ich mir nicht anders zu helfen wusste, setzte ich mich auf den Waldboden, weinte einfach drauflos und wollte nicht mehr weiterlaufen. Ich konnte schlichtweg nicht mehr. Mir taten die Füße weh, ich fühlte mich schrecklich einsam und war noch immer von Selbstzweifeln zermürbt, ausgelöst durch meine morgendliche Begegnung.

„Ich gehe keinen einzigen Schritt mehr, lieber sterbe ich!", habe ich wirklich gedacht. Mit meiner Verzweiflung und Wut saß ich bestimmt eine ganze Stunde dort, unfähig, mich weiter zu bewegen. Ich war in diesem Moment an meine Leistungsgrenze gekommen.

Dann begann ich auf einmal, tief in mich hineinzuhören, meinen Körper zu erfühlen. Hatte ich nicht Fieber, vielleicht war ich dabei, eine Grippe auszubrüten? War da nicht etwas mit meinem Bauch, vielleicht hatte ich eine Magenverstimmung?

Krankheiten und ihre Symptome spielten in meinem Leben immer eine etwas außergewöhnliche Rolle. Ich kenne den Umstand, dass ich beispielsweise tatsächlich eindeutige Anzeichen von Fieber und Asthma entwickle, wenn mir eine Situation zu übermächtig erscheint. Das ist bei mir schon seit frühester Kindheit so.

Wenn ich krank war, gab es von meiner Mutter viel Aufmerksamkeit und Liebe. Ich bekam eine Entschuldigung für die Schule, und brauchte mich möglichen Herausforderungen nicht zu stellen. Also habe ich nach und nach dieses Muster entwickelt, um unangenehme und herausfordernde Situationen zu vermeiden. Sogar innerhalb meiner Beziehungen waren Symptome von Krankheit immer eine funktionierende Methode, um der möglichen Verantwortung zu entgehen.

Auch jetzt, an diesem Tiefpunkt meiner Wanderung kamen diese Impulse zum Vorschein. Nun war es aber so, dass ich bereits vor meiner Wanderung dieses Muster erkannt hatte, und längst bereit war, es zu ändern. Also bin ich dieser alten Gewohnheit nicht wieder gefolgt, sondern habe mich irgendwie „zusammengerissen". Ich ignorierte die sich nach Krankheit anfühlenden Symptome einfach, stand trotzig auf und ging weinend und zeternd wieder los.

Ein so tiefsitzendes Muster zu ändern, ist eine äußerst anstrengende und herausfordernde Grenzerfahrung. Es ist fast wie ein Entzug von Suchtmitteln.

Das innere System wehrt sich gegen die Änderung und besteht auf die Fortsetzung der quasi funktionierenden Programme und Methoden.

Aber ich war zum Entzug bereit, ich wollte mich und mein Leben nicht mehr länger von diesen Mustern meiner kindlichen Erfahrungen abhängig machen. Ich verspürte trotz des Frustes auch ein positives Signal durch mein Handeln, fühlte mich ein Stück „gewachsen".

Nach ungefähr fünf weiteren Stunden des Gehens kam ich aus dem Wald heraus an eine Straße. Es war bereits gegen 19 Uhr, der Abend brach langsam herein. Ich wusste anhand meiner Karte und des GPS, dass ich zumindest in die richtige Richtung gelaufen war. Trotzdem war ich unschlüssig, wohin ich mich jetzt wenden sollte, ohne mich erneut zu verirren. Eine weitere „Extra-Runde" hätte ich kaum verkraften können. Die Blasen brannten wie Hölle, und ich war körperlich total erschöpft.

Plötzlich kam mir ein Auto entgegen und hielt neben mir. Die Fahrerin hieß Paula, wie sich herausstellte, kam aus der Nähe und hatte mich über die Straße humpeln sehen. Wohl auch ein wenig aus Mitleid fragte sie mich nun, ob sie mir irgendwie helfen könne. Ich fragte zaghaft, ob sie mich wohl ein Stück Richtung Grenze mitnehmen könne, und sie war sofort einverstanden. Auf dem Weg erzählte sie, dass sie nach Schauberg, einem kleinen Ort in Grenznähe, zu einem Ortsfest fährt und mich bis dahin mitnehmen könne. Das war endlich einmal ein positives Signal und eine wirklich hilfreiche Wendung.

Wir fuhren zu dem kleinen Ort und zum Fest des FC-Nürnberg-Fanclubs der Feuerwehr Schauberg. Dort angekommen, erwartete mich ein Zusammenkommen des ganzen Dorfes. Die Mitglieder des Fanclubs grillten ein Wildschwein über einem großen Feuer, dazu gab es Bier, Musik und eine ausgesprochen gesellige Stimmung.

Ich fragte in die Runde, ob ich wohl etwas Wasser für meine weitere Wanderung haben könnte. Daraufhin lachten die Männer und sagten, dass sie hier in Schauberg das Wasser lieber zum Spülen nutzen und daher Bier trinken würden, und ob ich nicht ein solches Getränk haben möchte. Ich erzählte ihnen, dass ich auf einer Grenzwanderung ohne Geld unterwegs sei, woraufhin ich ohne Zögern eingeladen wurde, hier zu verweilen und mit ihnen zu feiern. Geld sollte dabei keine Rolle spielen.

Es wurde ein wundervoller Abend. Ich trank vor lauter Euphorie drei Bier, deren Wirkung ich nach all meiner kargen Mahlzeiten der letzten Tage ziemlich deutlich zu spüren bekam. Ich aß ausgiebig Wildschwein und Kartoffelsalat, und während des Schlemmens tauschte ich mich intensiv mit diesen lieben Menschen aus. Ich genoss es sehr, unter ihnen zu verweilen, kann sogar sagen, dass ich mich auf eine Weise richtig mit den Leuten anfreundete.

Die Männer schlugen mir vor, dass ich mein Zelt hier aufschlagen und die Nacht auf ihrem Clubgelände verbringen könne. Nun war ich voller Glück, fühlte mich ganz beseelt von den gemeinsamen verbrachten Stunden. Was ich besonders beeindruckend fand, war die Tatsache, dass dort Menschen aus allen Gesellschaftsschichten miteinander feierten und sich in großem Respekt begegneten. Mir fiel ein Mann auf, der immer mal wieder leicht anzüglich und grenzüberschreitend die dort anwesenden Frauen ansprach. Ich hätte erwartet, dass man ihn rauswerfen oder maßregeln würde. Aber man erklärte mir, dass der Mann aus dem Dorf sei, bei seiner Geburt unter Sauerstoffmangel litt und seitdem geistig etwas beeinträchtigt sei. Aber er sei auch ein Teil der Gemeinschaft wie alle anderen und daher herzlich willkommen. So viel Toleranz und Mitgefühl haben mich tief berührt. Im Nachhinein fühlte ich Scham über meine zunächst abwertenden Gedanken.
Gegen 23 Uhr kroch ich in mein Zelt und schlief sofort überglücklich ein.

Impuls: SELBSTBESTIMMUNG

Die Grenzen, die du in deinem Kopf hast,
sind die einzigen Grenzen, die es gibt.
Rumi

Gerade in den Tagen, in denen ich mich wertlos, einsam oder traurig fühlte, war ich sehr empfänglich für die Beeinflussung und Manipulation von außen.

Vielleicht kennst auch du diese Situation? Du fühlst dich eigentlich gut und bist überzeugt von dem Weg, den du gehst. Doch dann treten andere Menschen zu dir und lassen dich zweifeln. Sie kritisieren dein Handeln oder deine Haltung. Die Reaktion der Anderen verunsichert dich. Du verlässt den bereits eingeschlagenen Weg, um weiterhin respektiert und anerkannt zu werden. Wenn dies geschieht, hast du dich in Wahrheit ein Stück weit selbst aufgegeben und dich in eine fremdbestimmte Richtung manipulieren lassen.

Natürlich ist es wichtig und sinnvoll, sich mit anderen Meinungen und Ansichten auseinanderzusetzen und sich selbst dadurch immer wieder zu überprüfen. Die Verantwortung für dein Leben und deine Entscheidungen trägst du allerdings immer selbst.

Selbstbestimmung ist somit ein kraftvolles Konzept, das die Fähigkeit eines Menschen beschreibt, bewusste Entscheidungen zu treffen und sein eigenes Schicksal zu gestalten, unabhängig von äußeren Einflüssen und Manipulationen.

In einer Welt, in der wir oft von den Meinungen anderer und den ständigen Einflüssen der Medien geprägt sind, ist es wichtig, einen klaren und sinnvollen Weg zu finden, um die eigene Selbstbestimmung zu bewahren.

Die täglichen, bewussten und unbewussten, Manipulationen der Medien und anderer Menschen können dazu führen, dass wir uns von unseren eigenen Werten und Überzeugungen entfremden und uns zu stark von äußeren Einflüssen leiten lassen. Es ist daher wichtig, bewusste Entscheidungen zu treffen, sich kritisch mit den Informationen auseinanderzusetzen, die uns präsentiert werden, und unsere eigene Wahrheit zu finden, die mit unseren innersten Überzeugungen und Werten übereinstimmt.

Die Abhängigkeit von den Meinungen anderer kann oft auf einem tief verwurzelten Bedürfnis nach Akzeptanz und Zugehörigkeit beruhen.

Wir sehnen uns nach Anerkennung und Bestätigung und manchmal sind wir bereit, unsere eigenen Überzeugungen zu opfern, um das Gefühl der Zugehörigkeit nicht zu gefährden. Es ist wichtig, sich dieser Kräfte bewusst zu werden und eine tiefe Selbstreflexion zu pflegen, um die Quellen dieser Abhängigkeit zu verstehen und zu überwinden.

Selbstbestimmung bedeutet letztendlich, die Fähigkeit zu besitzen, bewusste Entscheidungen zu treffen, die mit den eigenen Werten, Bedürfnissen und Überzeugungen im Einklang stehen. Es bedeutet, die Regie und die Verantwortung für deine Handlungen und Entscheidungen zu übernehmen, unabhängig von äußeren Einflüssen. Selbstbestimmung erlaubt es dir, dein eigenes Schicksal zu gestalten und ein erfülltes und authentisches Leben zu führen, das mit deinen innersten Werten und Zielen übereinstimmt.

Sich liebevoll und doch klar von Menschen abzugrenzen, die einer konstruktiven Lebensausrichtung im Wege stehen, erfordert ein hohes Maß an Selbstreflexion und emotionaler Stärke. Es ist wichtig, klare Grenzen zu setzen und die Beziehungen zu pflegen, die dich unterstützen und stärken, während du dich von Beziehungen lösen kannst, die dich von deinem Wachstum abhalten. Es erfordert auch die Fähigkeit, Mitgefühl und Verständnis für die Perspektiven anderer zu entwickeln, während du dir dennoch treu bleibst und deine eigenen Werte im Fokus behältst.

Ein selbstbestimmtes Leben zu führen, ohne egoistisch zu werden, erfordert ein Gleichgewicht zwischen Selbstachtung und Empathie für andere. Indem du deine eigenen Bedürfnisse und Werte achtest und gleichzeitig anderen mit Respekt und Mitgefühl begegnest, kannst du eine harmonische Balance zwischen Selbstbestimmung und sozialer Verantwortung erreichen, die es dir ermöglicht, ein erfülltes und authentisches Leben zu führen.

Aufgrund der Kälte bin schon gegen 5.30 Uhr wieder aufgewacht und habe mich in einem nahen Gebirgsbach gewaschen.

Im Verlauf des Morgens bekam ich dann den einen oder anderen Besuch. Hubert brachte mir eine Plastiktüte mit Wildschweinfleisch. Die Aussicht auf zwei kommende Tage mit Wildschweinsuppe ließen mich innerlich jubeln. Gegen 9 Uhr kam Detlef und lud mich zum Frühstück bei sich zu Hause ein. Widerspruch wäre zwecklos, sagte er entgegenkommend. Seine Frau hätte bereits alles vorbereitet und dulde keine Widerrede. Ich war von der Herzlichkeit, Wärme und Freundlichkeit wirklich überwältigt.

Ich nahm mir vor, von diesen Menschen zu lernen und mir an ihnen ein gutes Beispiel zu nehmen. Hier konnte ich sehen, spüren und nicht zuletzt sogar schmecken, was es mit einer Gemeinschaft macht, wenn sie es schafft, einen solchen Reichtum an Herzlichkeit und Zufriedenheit zu kultivieren. Der letzte Abend und alles, was ich hier erlebte, haben mich außerordentlich stark und nachhaltig beeindruckt.

Und einmal mehr stellte ich rückblickend fest, wie stark sich die Gefühlslage allein an einem einzigen Tage doch verändern kann. Morgens fröhlich, nach dem Gespräch mit dem Wirt innerlich zweifelnd, im Wald am Boden zerstört und voller vermeintlicher Krankheitssymptome und am Abend schließlich in Hochstimmung und voller Glück, von Krankheit nichts mehr zu spüren. „So ist das im Leben", dachte ich mir. Alles ist ein ständiger Wechsel. Auch die düsteren Phasen gehören dazu, nur damit ist das Leben vollständig und wirklich lebendig! Der Versuch, die negativen Gefühle zu verdrängen, ist wie das Warten auf den Tod.

Der Abschied von dem Dorf fiel mir natürlich schwer. Die Menschen hatten mein starkes Bedürfnis nach Gesellschaft und Zugehörigkeit erfüllt, welches ich in den letzten Tagen so sehr vermisst hatte. Und jetzt sollte ich wieder hinaus in die kalte Einsamkeit? Alles in mir wehrte sich dagegen!

Aber ich hatte schließlich meine Vision, meine Superkraft. Diese hatte ich so stark visualisiert, sie war so tief verankert, dass sie mir auch an diesem Morgen des Abschieds aus Schauberg die Kraft gab, mich losgehen zu lassen. Dank ihr fand ich meinen Mut zurück und lief dann doch recht gut gelaunt los. Ich dachte: „Jetzt läuft es gut. Die schwierige Phase ist vorbei, jetzt wird es easy …". Es kam aber anders.

Kurz nach dem Start hatte ich an einem erhaltenen Grenzstück noch drei junge Fahrradfahrer getroffen, die von den Schilderungen meiner Wanderung richtig begeistert waren und mir je fünf Euro schenkten. Fünfzehn Euro, wow, so viel Geld. Ich fühlte mich wie ein reicher Mann, als ob mir die halbe Welt gehörte. Ich beschloss, mir davon später ein Vollkornbrot und Nutella zu kaufen.

Euphorisch machte ich mich also zunächst wieder auf den Wanderweg. Aber erneut fand ich mich hier vollkommen allein wieder. Den ganzen Tag traf ich keine einzige Menschenseele. Die ständige Einsamkeit lullte mich ein und frustrierte mich zunehmend, vielleicht weil die Freude von gestern Abend als Erinnerung noch so nachhallte.

Nur Natur, unzählige Bäume, Staub, endlose Hügel. Auf und ab ging es, Berge hoch und Berge wieder herunter. Die ursprüngliche Euphorie wandelte sich zu kalter Ernüchterung und dann zu purer Traurigkeit. Nicht einmal meine elenden Schmerzen konnten mich diesmal ablenken, das merkte ich schnell. Hilfe war auf diesem Wege auch nicht zu erwarten.

Ich brach dann mental vollkommen zusammen, konnte meine Tränen nicht mehr aufhalten. Es gab kein Halten mehr. Ich weinte stundenlang. In diesem Wald gab es nur noch mein einsames Ich und die endlose Traurigkeit. Und auch das Gefühl der totalen Wertlosigkeit überkam mich wieder. „Wenn ich hier sterben würde, es würde keinen Menschen interessieren", dachte ich.

Vielleicht graben mich dann Menschen in einigen Tausend Jahren aus und wundern sich über meine primitive Ausrüstung. Ich hatte mittlerweile sogar meine Liebste aus dem Kopf verloren, die daheim auf mich wartete. Meine Vision hatte mich irgendwo auf den letzten Kilometern verlassen. Ich dachte an gar nichts mehr.

Aber hatten diese Gefühle wirklich etwas mit meiner aktuellen Situation zu tun? Nein, diese Gefühle waren viel älter, schoss es mir durch den Kopf. Ich vermutete, sie waren sogar zum Teil ein Erbe meiner Ahnen. Klingt vielleicht verrückt, aber es gab ja eigentlich keinen wirklich rational nachvollziehbaren Grund für diesen heftigen Ausbruch meiner Gefühle.

Ich war an einem Punkt, an dem mein Verstand vollkommen ausgeschaltet war. Ich lief wie aus einem Automatismus heraus. Und so verfiel ich in einen für mich völlig unbekannten Zustand. Einen Zustand, in dem ich nicht mehr denken und mich selbst kontrollieren konnte, sondern von meinen Gefühlen vollkommen eingenommen war.

Natürlich kenne ich diese Art Gefühle auch schon aus Momenten vor meiner Wanderung, aber mein Verstand hat diese immer nach kurzer Zeit wieder abgeschwächt oder sogar komplett unterdrückt. Mir kamen früher immer Gedanken wie „Das ist albern, reiß dich zusammen. Ein echter Mann weint nicht." Ich konnte mich auf diese Weise auch tatsächlich „zusammenreißen". Aber heute war mein Kontrollzentrum völlig „out of order". Ich habe nicht einmal meine Füße gespürt, lief einfach vor mich hin, wie in Trance. Die Tränen rollten dabei unaufhörlich an mir herunter.

Ich muss ein ziemlich erbärmliches Bild abgegeben haben, ein Häufchen Elend mit Rucksack. Hätte ich mich früher selbst so sehen können, hätte ich mich zutiefst verachtet. Aber hier und heute, allein unterwegs auf meiner großen Reise, konnte und wollte ich zum ersten Mal in meinem Leben wirklich all meinen Gefühlen freien Lauf lassen.

Was dabei passierte, war für mich äußerst beängstigend aber eben auch wirklich befreiend. Es fühlte sich gut an, diese falsch verstandene Männlichkeit hinter mich zu bringen und als Kopfmensch meine tief begrabene Traurigkeit herauszulassen und wirklich zu fühlen. Im Nachhinein betrachtet, war diese emotionale Befreiung ein echtes, wenn auch schmerzhaftes Geschenk.

Nach einigen Stunden ließ dieser Ausbruch meiner Gefühle nach. Mein Kopf übernahm erneut die Kontrolle und spulte wieder das Standardprogramm ab. „Wo tut's weh?", fragte ich mich. Aha, die Füße brennen und ich bin körperlich total müde. Klar, war auch eine enorm anstrengende Wanderung heute. Also deshalb liefen mir die Tränen: aus Schmerzen und Verzweiflung. Unangenehm, aber für den Verstand zumindest nachvollziehbar.

Als ich gegen 19 Uhr an einem Dorf in direkter Grenznähe vorbeikam, fasste ich den Entschluss, mir von meinem Geld noch wie geplant Brot und Nutella zu kaufen. Aber in dem Dorf gab es keinerlei Einkaufsmöglichkeit, sondern nur einige Wohnhäuser. Also blieb mir nichts anderes übrig, als wieder einmal um Lebensmittel zu „betteln". Wie leider so oft, erwies sich dieses Vorhaben auch heute zunächst als schwierig. Bei den ersten beiden Haushalten bekam ich jeweils eine kalte Abfuhr. Mir war schon fast nach aufgeben zumute, doch die nächsten beiden Versuche waren von Erfolg gekrönt. Von einem Ehepaar erhielt ich ein Stück Kuchen und von einem anderen etwas Käse, Wurst und Brot. Das war zwar nicht viel für den Abend und den kommenden Morgen, aber zusammen mit dem Wildschweinfleisch würde es reichen.

Tiefpunkt erreicht, mentale Kontrolle verloren.

Nun war es an der Zeit, mir einen Schlafplatz zu suchen. Doch ich zögerte, lief erst einmal weiter. Der Gedanke an die einsame Nacht in meinem Zelt machte mir Kummer. Ich hatte Angst vor der Einsamkeit und meiner traurigen Stimmung. Zu allem Überfluss überraschte mich dann auch noch ein kräftiger Regenschauer, sodass ich schnell mein Zelt am Rande eines Feldes aufbaute.

Ich fühlte mich nach wie vor überhaupt nicht wohl und der Regenguss tat sein Übriges. In dieser Stimmung malte ich mir auch wieder die schlimmsten Szenarien aus. Heute redete ich mir ein, dass ein Förster mich hier erwischen, mit seiner Flinte bedrohen und verjagen könnte. Ich war körperlich und mental einfach völlig am Ende.

Aufgrund der Anstrengungen des Tages aß ich deshalb auch nur noch einen kleinen Teil meiner Vorräte und kroch deprimiert und immer noch ein wenig hungrig in den Schlafsack.

Viele Gedanken rasten mir durch den Kopf, an Schlaf war überhaupt nicht zu denken. Ich grübelte darüber nach, wie sich unsere Eltern und Großeltern gefühlt haben mussten, die durch Krieg und Flucht ihre Heimat verloren haben. Auch an die Flüchtlinge von heute dachte ich. Ihre Entwurzelung und Einsamkeit in einer unbekannten Welt konnte ich in diesem Moment sehr gut nachfühlen. Ich bekam eine Ahnung davon, wie es ist, nicht gewollt zu sein, lediglich geduldet. Einsam und leise weinte ich wieder. Weil ich es nicht besser wusste, tröstete ich mich wenigstens damit, dass dies hoffentlich der echte Tiefpunkt meiner Wanderung sein würde. Der Regen prasselte gegen das Zelt, mir schauderte, trotzdem schlief ich irgendwann vor Erschöpfung ein.

Impuls: TRAURIGKEIT

Traurigkeit ist nicht ungesund – sie hindert uns, abzustumpfen.
George Sand

An diesem Tag verspürte ich eine intensive, ja erschütternde, tief in mir liegende Traurigkeit, die ich in solcher Intensität noch nie vorher erlebt hatte. Ich hatte in meinem Leben oft und immer wieder Traurigkeit verspürt, konnte sie aber erfolgreich durch Ablenkung und kompensierende Aktivitäten verdrängen. Doch an diesem und den folgenden Tagen baute ich eine Verbindung zu diesem sehr intensiven Gefühl auf. Ich durchlebte, durchlitt und fühlte dieses sehr schmerzhafte Gefühl und kam nach einer gewissen Zeit immer mehr in einen inneren Frieden und nahm danach echte Lebensfreude in mir wahr.

Heute, nach intensiver Arbeit mit meiner Traurigkeit, möchte ich zu diesem Thema den folgenden Impuls mit dir teilen.

In den Tiefen der menschlichen Seele existiert oft eine verborgene Traurigkeit, die als eine der schmerzvollsten und tiefgreifendsten Emotionen empfunden wird. Die Ursachen dieser tiefliegenden Traurigkeit können vielschichtig sein und reichen von frühkindlichen Erfahrungen, vernachlässigten Bedürfnissen bis hin zu traumatischen Erlebnissen, die ihre Spuren in unserer Psyche hinterlassen haben.

Gerade in den ersten sieben frühkindlichen Prägungsjahren können wir uns nicht wehren und sind vollkommen den vorherrschenden Bedingungen und Menschen ausgeliefert. Nicht selten können oder dürfen wir die daraus resultierenden Gefühle nicht frei ausdrücken und müssen sie verbergen. Dies gilt auch für das Gefühl der Traurigkeit.

Aus diesem Grund bleibt dieses Gefühl auch im späteren Leben oft unter der Oberfläche verborgen, da wir gelernt haben, es zu verstecken, zu verdrängen oder zu ignorieren, um mit den Anforderungen des täglichen Lebens oder der Gesellschaft zurechtzukommen.

Die starke Ablehnung gegenüber dem Gefühl der Traurigkeit entspringt oft aus der Angst vor Schmerz und Verletzlichkeit. Wir leben in einer Gesellschaft, die das Konzept der Stärke mit der Vermeidung von Schwäche und dem Zurückhalten von Emotionen verknüpft.

Wir fürchten, dass das Zulassen und Zeigen von Traurigkeit als ein Zeichen der Schwäche interpretiert werden könnte, weshalb wir versuchen, dies zu vermeiden oder zu unterdrücken, um diesbezüglich nicht angreifbar zu sein. Oftmals haben wir aber auch schlicht verlernt, unsere Gefühle zuzulassen und auszudrücken.

Die ständige Unterdrückung der Traurigkeit kann zu einem Teufelskreis führen, welcher einer tiefen Heilung und einem inneren Frieden entgegenwirkt. Sie kann zu einem Gefühl der emotionalen Taubheit, der Isolation und der Unfähigkeit führen, gesunde Beziehungen zu anderen Menschen aufzubauen. Sie kann auch zu Angstzuständen, Depressionen und anderen psychischen Erkrankungen führen, die unsere Lebensqualität enorm beeinträchtigen können.

Die Transformation der Traurigkeit in echte Lebensfreude erfordert Mut, Selbstreflexion und einen bewussten Prozess der Heilung. Indem wir uns erlauben, die verborgenen Schichten unserer Traurigkeit zu erkunden und zu fühlen, machen wir den ersten Schritt zur Heilung. Wir können uns mitfühlend mit unseren eigenen Emotionen auseinandersetzen und uns erlauben, verletzlich zu sein, ohne uns selbst abzulehnen. Indem wir uns mit unserem inneren Kind[10] verbinden und uns selbst bedingungslose Liebe und Annahme schenken, können wir eine tiefe innere Heilung und einen Weg zu einem erfüllten und authentischen Leben einschlagen. Dieser Weg erfordert Geduld, Zeit und einen Raum der Selbstakzeptanz, der es uns ermöglicht, uns selbst vollständig anzunehmen, mit all unseren Stärken und Schwächen.

Bitte achte in diesen Prozessen immer darauf, dass du diese Transformation in einem für dich geschützten Raum und möglichst mit professioneller und wohlwollender Unterstützung machst. Das Aufdecken und Verarbeiten dieser tief verborgenen Gefühle können sehr intensiv sein, sodass eine gute Begleitung immer sinnvoll ist.

---

[10] Das Konzept des inneren Kindes kommt aus der Psychologie. Es beschreibt, vereinfacht gesagt, den unbewussten kindlichen Anteil in uns Erwachsenen. Oft beinhaltet er auch die noch nicht geheilten Verletzungen aus der frühkindlichen Prägung.

TAG 7

Montag, 13. Juli 2015: Von Hönbach nach Rottenbach, Lautertal (ca. 32 km)

Nach der einsamen und tränenreichen Nacht bin ich am Morgen wieder sehr früh aufgewacht. Alles um mich herum war klamm und kalt. Aufgrund des nächtlichen Regens war mein Zelt triefnass. Auch meine Schuhe und Wanderkleidung waren noch immer feucht von gestern – die Sachen konnten über Nacht kein bisschen trocknen.

Ich packte meinen Kram zusammen, zog mir die von Schweiß und Feuchtigkeit klammen Wandersachen an, verstaute mein ebenso nasses Zelt und ging los. Obwohl ich hier schnellstmöglich wegwollte, vergaß ich natürlich nicht, auch diesen Platz zu segnen und mich für die sichere Nacht zu bedanken. Der Förster mit seiner Schrotflinte war netterweise bei dem ungemütlichen Wetter auch lieber zu Hause geblieben.

Ich war bei meinem Aufbruch dann sogar recht froh, wieder auf den Beinen zu sein, und dass es nun weiterging. Was mich in den ersten Tagen allerdings wirklich frustrierte, war die Tatsache, dass ich meist nur in westliche Richtung lief und nicht nach Norden, in direkter Richtung meines Ziels. Aber schließlich war ja auch der Weg das Ziel, selbst wenn ich es in diesem Moment für eine ziemlich blöde Idee hielt, dem Grenzweg so stur zu folgen. Querfeldein

Hindernisse durch umgestürzte Bäume.

wäre es deutlich schneller gegangen. Aber die Alliierten hatten sich bei der Grenzziehung wohl nicht mit meiner späteren Wanderung beschäftigt. Nach einiger Zeit wurde das Gelände wieder sehr hügelig und war immer wieder durch umgestürzte Bäume unpassierbar geworden. Das Gewitter und der Sturm hatten ganze Arbeit geleistet und die Herausforderungen für mich nochmals gesteigert. Das Wetter war die ganze Zeit über sehr wechselhaft, viel Regen und dazu ein stürmischer Wind. Leider war zudem die Luftfeuchtigkeit so hoch, dass ich meine Sachen auch im weiteren Verlauf des Tages nicht trocknen konnte. Das nasse Zelt fühlte sich zwei Kilo schwerer an, sodass ich nun noch mehr zu schleppen hatte. Wenigstens die Schmerzen an den Füßen ließen nach (oder ich gewöhnte mich langsam an sie).

Trotzdem kamen mir an diesem Tag immer wieder weitere Tränen. Ich fühlte mich verraten und alleingelassen, Wut stieg in mir auf. Wie konnten meine Frau, meine Freunde, meine Familie mich hier ganz allein durch diese Einöde wandern lassen? Hätten sie mich nicht zurückhalten müssen? Genaugenommen machte mich meine Gesamtsituation richtig sauer, ich verteufelte die ganze Welt. Ich musste meine Gefühle irgendwie kanalisieren, schulterte also meinen Rucksack ab, suchte mir einen geeigneten Stock und begann, wie wild geworden auf die armen Bäume um mich herum einzuschlagen. Ich habe noch nie meine innere Wut so gefühlt und herausgebrüllt wie in diesem Moment. Ich habe geschrien, getobt und bin herumgesprungen wie ein wilder Stier. In dieser Einsamkeit störte das sowieso keinen Menschen, es war ja keiner da. Und auch die Tiere haben sich nicht beschwert, zumindest nicht bei mir.

Diese Wutattacken übermannten mich an diesem Tag immer wieder, sie kamen wie aus dem Nichts über mich. Sobald ein umgestürzter Baum oder wuchernde Sträucher mir den Weg versperrten, stieg dieser Zorn in mir auf. Ich ließ ihm freien Lauf und freute mich darüber, dass dieses Herausschreien der Wut tatsächlich befreiend wirkte. Dabei wurde mir immer klarer, dass ich in meinem Leben diese Art Gefühle viel zu oft verdrängt und heruntergeschluckt hatte. Diese Taktik war bei mir über die Jahre so fest etabliert, dass ich meine Wut nicht einmal mehr spüren konnte. Ich war einer der guten, friedvollen und angepassten Menschen, ganz ohne Wut und Traurigkeit. Ich war der Nice-Guy, der Frauenversteher, der sanftmütige, der eingeschlafene Mann.

Manchmal braucht es aber auch ein gewisses Maß an Wut, oder zumindest eine Form von Aggressivität. Wir brauchen das alle hin und wieder zum Vorwärtskommen, als Motor und Energieschub. Das bedeutet keinesfalls, gewalttätig oder zerstörerisch zu agieren. Vielmehr geht es darum, sich mit all seinen drei Intelligenzzentren (Kopf, Herz, Bauch) zu verbinden, um wirklich sein volles Potential auf die Straße zu bringen.

Ich dachte darüber nach, warum mir vor allem die aus dem Bauch heraus entstehende Kraft bisher fehlte oder mir zumindest nicht zugänglich war. Ich erinnerte mich an das Zähmen von Elefanten. Sie werden als junge Kälber gefangen und mit einem Strick festgebunden. In den ersten Wochen und Monaten versuchen sie sich von den Fesseln zu befreien und reißen mit aller Macht an dem Seil. Sie kämpfen dagegen an, wollen zurück in die Freiheit. Natürlich kommen sie aber nicht frei, das Seil schneidet vielmehr in ihre Haut und führt zu Schmerzen.

Irgendwann geben sie auf. Sie passen sich an und wehren sich nicht länger, akzeptieren ihre Situation. Sie werden in Gefangenschaft älter und wachsen zu kräftigen Elefanten heran – immer noch mit dem gleichen Strick an ihren Beinen. Es wäre jetzt eigentlich für sie ein leichtes, diese Fessel zu zerreißen, aber sie versuchen es nicht mehr in tiefer Überzeugung, dass es sowieso nichts bringen würde.

Im Zoo dachte ich früher immer, wie dumm diese Elefanten seien, und freute mich, dass ich selbst als Mensch viel klüger sei. Je mehr ich mich auf meiner Wanderung jedoch mit mir selbst beschäftigte, je deutlicher ich meinen inneren Mustern und Überzeugungen auf die Schliche kam, desto klarer erkannte ich auch einen seit seiner Kindheit gefangenen und gezähmten Elefanten in mir.

Ich konnte und durfte als Kind meine natürliche Wut, Kraft und Aggression nicht ausleben. Das wäre für mich in meinem Abhängigkeitsverhältnis zu meinen Eltern problematisch gewesen. Ich hätte den Unmut meiner Eltern auf mich gezogen, verbunden mit der Gefahr eines Gefühls, nicht geliebt zu werden. Wir brauchen aber gerade im Kindesalter eine sichere und stabile Bindung zu unseren Eltern. Daran richten wir uns aus und passen uns an. Ich unterdrückte also meine Wut und meine Aggressionen, irgendwann sogar all meine Gefühle. So konnte ich unabhängig von meiner Gefühlslage immer angepasst reagieren.

Mit dieser Strategie wurde ich der „Goldene", das Lieblingskind.[11]

Mit dem Erwachsenwerden verschwand bei mir natürlich auch die Abhängigkeit von meinen Eltern nach und nach. Trotzdem blieben meine Muster bestehen, meine Strategie wurde auch in die Welt der Erwachsenen überführt – in meine Partnerschaften, in soziale Umfelder, in den beruflichen Kontext, in mein ganzes Leben. Ich war der nach außen nett wirkende und scheinbar

---

[11] Meine beiden Schwestern entwickelten interessanterweise andere Strategien und Abwehrmechanismen.

immer gut gelaunte Mann, Vater, Freund, Kollege – und blieb in Wahrheit damit der unterdrückte Junge, das Elefantenkind, gefangen in einer Welt der eingeschränkten Möglichkeiten. Die Fesseln gehörten zu mir, ich stellte sie nicht in Frage. Mir ging es schließlich auch nicht schlecht damit. Trotzdem bin ich heute davon überzeugt, dass ich auf diese Weise viele Potentiale vergeudet habe, mir dadurch viele Möglichkeiten verwehrt geblieben sind.

Hier auf dem einsamen, verregneten Grenzweg übermannten mich nun auf einmal diese unerwarteten Energien und Gefühle, die ich in dieser Intensität nicht kannte, oder eben einfach bisher nicht gewagt hatte zuzulassen.

An diesem Tag habe ich mich selbst für diese „schlechten" Gefühle gehasst. Ich verachtete mich für die Schatten, die auf einmal auftauchten, für meine Charakterzüge, die ich bei anderen Menschen doch so verabscheute.

Früher habe ich Menschen verachtet, die zu laut, zu dominant, zu aggressiv auftraten. Solche, die sich an der Kasse vordrängelten. Und doch waren dies auch Dimensionen meiner eigenen Persönlichkeit, die ich tief verdrängt hatte. Heute ist es fast umgekehrt: Menschen, die nur immer nett und freundlich sind, die nie schimpfen und nie wütend werden, machen mir Angst.

Auch wenn es sich gut anfühlte, jede meiner Wutexplosionen kostete mich auch einiges an Energie. Die sowieso schon enormen körperlichen Anstrengungen des mühsamen Weges wurden nun durch die emotionalen Eruptionen noch gesteigert und brachten mich an den Rand meiner Belastungsgrenze. Wieder eine echte Grenzerfahrung. Und trotzdem auch eine wichtige und entscheidende Phase meiner Wanderung. Nie war ich dem Aufgeben so nahe wie in diesem Stadium der Wut und des Grolls. Um weitergehen zu können, benötigte ich meine komplette Energie und einen sehr starken Willen. Und ich hatte immer wieder mein Ziel vor Augen: Meine Frau Christine, den Kartoffelsalat und die Frikadellen.

An diesem Tag bin ich trotz der widrigen Wetterverhältnisse und des schwer zu bewältigenden Wegs sehr lange gelaufen. Durch meine Wutbearbeitung, die umgestürzten Bäume und die damit verbundenen Umwege erreichte ich erst nach Einbruch der Dunkelheit die Nähe des Dorfes Rottenbach. Es regnete seit Stunden unaufhörlich und ich war vollkommen durchgefroren.

In Rottenbach habe ich zunächst vor einigen verschlossenen Türen gestanden, bevor mir eine nette Dame zwei Brötchen, Wasser und einen Becher Joghurt schenkte.

Ich durfte kurz auf ihrer kleinen Veranda ausruhen und aß die Sachen dort, unterhielt mich ein wenig mit der Frau, bevor ich wieder losging. Sie schien ein wenig erleichtert, als ich wieder ging.

Als ich weiter durch Rottenbach zog, blickte ich voller Sehnsucht durch die Fenster hinein in die Wohnungen, wo Menschen in Gemeinschaft zusammensaßen, wo geredet wurde, wo es warm und gemütlich war. Mir fehlten der soziale Kontakt und die Verbindung zu anderen Menschen wirklich sehr. Ich verspürte eine starke Sehnsucht nach etwas Aufmerksamkeit, nach Herzenswärme, nach ein paar warmen Worten, nach dem Gefühl des „Dazugehörens". Aber ich stand hier draußen, hungrig und frierend und vor allem ohne auch nur den kleinsten Hauch von Selbstwert.

Ich baute mein Zelt am Rande des örtlichen Sportplatzes auf, mitten im Dorf. Irgendwie hatte ich an diesem Abend das Bedürfnis nach etwas menschlicher Nähe – und wenn es nur im Kreise dieses unbekannten Dorfes war. Ich hoffte, es würde sich niemand an meiner Anwesenheit stören.

Es regnete die ganze Nacht, alles wurde immer nasser und kälter. Ich war aber zu müde, um mich darüber zu ärgern und schlief völlig erschöpft ein.

Albträume begleiteten meinen unruhigen Schlaf. Ich erinnere mich noch daran, dass Bilder in mir aufkamen, wie ich die Hölle betrat.

Impuls: WUT

Wut ist ein mächtiges Werkzeug, um die Welt zu verändern,
aber es liegt an uns, ob wir damit zerstören oder erschaffen wollen.
Unbekannte Quelle

Ich habe Wut lange Zeit meines Lebens unterdrückt. Ärger und Wut wurden in meiner Erziehung als etwas Böses, Falsches und Zerstörerisches angesehen. „Gute Menschen haben keine Wut!" war lange mein Glaubenssatz. Auf meiner Wanderung bekam ich allerdings die enorme Kraft meiner Wut zu spüren. Ich musste und durfte sie fühlen und erleben.

Wie zeigt sich deine Wut? Erlaubst du dir, auf dich selbst und andere wütend zu sein? Wie gehst du mit diesem Gefühl um? Ich habe mich lange mit diesem Thema beschäftigt und möchte gerne meine Sichtweise in diesem Impuls mit dir teilen.

Zunächst einmal ist Wut ein Ausdruck unserer Energie, die dadurch ausgelöst wird, dass wir in unserem inneren Wertesystem getroffen werden. Dies kann durch Worte, Taten oder Erwartungshaltungen von außen geschehen. Oft entsteht Wut aber vor allem durch uns selbst, wenn wir unseren eigenen Ansprüchen nicht genügen oder wir unsere Bedürfnisse unterdrücken müssen.

Wir haben grundsätzlich drei Möglichkeiten, mit der Energie unserer Wut umzugehen: unterdrücken, zerstören oder konstruktiv etwas erschaffen.

Wenn wir unsere Wut unterdrücken und ablehnen, können wir unsere Lebensenergie und Schaffenskraft nicht optimal nutzen. Vielleicht kennst du Menschen in deinem Umfeld, die fast immer lächeln und sich stets beherrscht zeigen? Dennoch spürst du, dass nicht selten dahinter Wut, Zorn und Ärger herrschen. Meistens haben diese Menschen durch jahrelange Konditionierung und durch übernommene Glaubenssätze verlernt, ihrer Wut einen adäquaten Ausdruck zu verleihen. Durch diese Unterdrückung kann die Energie nicht auf natürliche Weise abfließen und ausgedrückt werden. Somit wirkt sie nach innen, was zu Verspannungen, Resignation und Krankheiten führen kann. Wut ist ein natürlicher Impuls, der – wie alle anderen Gefühle auch – gefühlt und ausgedrückt werden muss. Wut ist Energie.

Die zerstörerische Form der Wut ist jene, die uns übermannt und jegliche Kontrollmechanismen funktionsuntüchtig macht. Sie ist wie ein tobendes Feuer, das alles niederbrennt und Asche, Schmerz und Zerstörung hinterlässt. Wenn wir uns auf diese Weise von unserer Wut leiten lassen, richten wir

Schaden an – in unseren Beziehungen, bei unserer Arbeit und vor allem in uns selbst. Das destruktive Wesen der Wut vergiftet uns und lässt uns den klaren Blick für Lösungen und Harmonie verlieren. Durch Achtsamkeit und Training kann diese Form der Wut allerdings in konstruktive Ausdrucksformen transformiert werden.

Damit komme ich zu dem konstruktiven Weg, die kraftvolle Energie der Wut zu nutzen. Ihre schöpferische Kraft rüttelt uns auf und bringt uns dazu, für unsere Werte und Überzeugungen einzustehen. Dann ist die Wut wie ein stürmisches Gewitter, das die Luft klärt und fruchtbaren Regen bringt. Das zeigt uns, was wirklich wichtig ist und ermutigt uns, die Stimme zu erheben und aktiv für Veränderungen einzutreten. Sie ist der Motor, der uns antreibt, unsere Grenzen zu überwinden und über uns selbst hinauszuwachsen. Die konstruktive Form der Wut stellt uns die Energie für herzverbundene und wertschöpfende Prozesse zur Verfügung. Die Energie richtet sich dann nicht gegen etwas, sondern wird für kreative und konstruktive Prozesse genutzt.

Die entscheidende Frage ist: Wie kannst du deine Wut transformieren, von einem Zerstörer zu einem schöpferischen Kraftwerk?

Durch gezielte und bewusste körperliche Ableitung der Wut, zum Beispiel mittels kraftvoller Hiebe gegen einen Boxsack, kann zunächst die mit der Wut verbundene Energie zugelassen und abgeleitet werden. Anfangs ist das vielleicht noch ungewohnt und fühlt sich aufgesetzt an.

Indem wir uns zudem mitfühlend mit uns selbst verbinden, können wir die tieferen Schichten unserer Wut entdecken und sie bewusst lenken. Anstatt sie im Dunkeln zu halten oder zu verdrängen, können wir sie ans Licht bringen und sie in konstruktive Bahnen lenken. Vielleicht erkennen wir, dass unsere Wut auf eine ungerechte Situation hinweist, die wir ändern möchten, oder dass wir unsere eigenen Bedürfnisse nicht ausreichend wahrnehmen.

Die Transformation der Wut erfordert auch ein gewisses Maß an Mut, denn dieser Schritt verlangt danach, Verantwortung für unsere Gefühle zu übernehmen und uns bewusst für den konstruktiven Weg zu entscheiden. Es ist ein Akt der Selbstbeherrschung und Selbstliebe, der dich zu einem Gestalter deines Lebens macht.

Indem du deine Wut in schöpferische Energie umwandelst, kannst du sie nutzen, um dich für das Gute einzusetzen – für dich selbst und für andere.

TAG 8
Dienstag, 14. Juli 2015: Von Rottenbach nach Rudelsdorf (ca. 28 km)

Die ganze Nacht hindurch hat es stark geregnet. Nun war inzwischen sogar der Daunenschlafsack klamm geworden und wärmte nicht mehr richtig. Mürrisch und ziemlich durchgefroren kroch ich also sehr früh wieder aus meinem Nachtlager.

Alles war nass, mir war kalt, und der Himmel zeigte ein einziges dunkles Grau. Meine Stimmung war auf dem Nullpunkt, ich war völlig frustriert. Ein Tag zum Aufgeben, zum Verkriechen oder um sich einfach nur zu betrinken. Alles in mir wollte nur noch nach Hause.

Ich konnte mir nicht einmal ein heißes Wasser kochen, da alles Holz um mich herum viel zu feucht war. Ich überlegte noch kurz, ob ich die nette Dame von gestern um etwas heißes Wasser bitten könnte, aber um 5 Uhr morgens würde das wahrscheinlich nicht so gut ankommen. Also blieb mir nichts anderes übrig, als mich mit etwas kaltem Wasser und kargen Essensresten notdürftig zu stärken.

Regen, Regen, Regen.

Trotz der deprimierenden Umstände beschloss ich, diesen Tag auf Teufel komm raus durchzuhalten, es zumindest zu versuchen. Also packte ich alles zusammen, verstaute auch das nasse Zelt und zog mir unter Gemaule die nassen Stiefel wieder an. Ich stülpte noch den ungeliebten Regenponcho über, segnete den Platz, und ging los.

Nun war ich also wieder auf dem einsamen Grenzweg. Wieder mit meiner ganzen verzweifelten Traurigkeit und meiner Wut auf alles und jeden. Die irgendwann einmal erwartete Freude und erst recht eine Art Erleuchtung waren ganz weit weg, erschienen mir im Moment unendlich fern.

Ich hatte zu diesem Zeitpunkt vor allem auf mich selbst und meine törichte Wanderidee eine riesige Wut, stellte das ganze Unternehmen komplett in Frage.

Also lief ich niedergeschlagen durch den Regen, der Rucksack erschien mir noch schwerer als gestern. Während ich monoton und mit hängendem Kopf weitermarschierte, wurde meine Laune kaum besser. Es gab einfach nichts, was mich hätte aufmuntern können.

Dann fiel mir aber ein, dass ich dieses Abenteuer freiwillig machte, mir sogar extra dafür Urlaub genommen hatte. Ich erkannte, dass ich eigentlich nur zwei Möglichkeiten hatte: entweder ich würde nun aufgeben und alles abbrechen oder ich würde alles annehmen, auch den Frust, die Wut, die Schmerzen und weiter mit vollem Bewusstsein durch dieses Tal wandern. Als mir das klar wurde, begann ich, wieder handlungsfähig zu werden. Ich richtete mich auf, streckte den Rücken durch und beschloss, den Tag anzunehmen, mit allem, was da kommen möge. Das half. In dem Moment, als ich die hängende Haltung überwand und mich körperlich aufrichtete, ging es mir prompt besser. „Der Geist folgt dem Körper und umgekehrt", dachte ich.

Um die Umstände meiner Reise zudem auch konkret zu verbessern, traf ich die Entscheidung, dass ich nicht noch eine weitere Nacht in dem nassen Schlafsack übernachten würde. Wenn ich den Schlafsack nicht trocknen könnte, würde ich notfalls meine Kreditkarte für eine Unterkunft einsetzen müssen. Ich hatte auch noch die Fünfzehn Euro von den Radfahrern, vielleicht würde das ja sogar für ein trockenes Plätzchen ausreichen. Diese Aussichten ließen mich gleich noch entspannter weiterziehen.

Gegen Nachmittag ließ dann auch endlich der elende Regen nach und die Sonne kam sogar heraus. Was für eine Wohltat! Ich freute mich darüber wie ein Kind und nutzte diesen Umstand sofort für eine Pause und zum Aufhängen meiner ganzen Sachen. Nach einer Stunde war tatsächlich alles wieder trocken und ich fühlte mich erleichtert.

Mit deutlich besserer Laune ging es nun für mich weiter. In den letzten Tagen hatte ich viel geweint und gewütet, resümierte ich. Nun fühlte es sich unglaublich gut an, als diese starken Gefühlswallungen nach und nach verschwanden. Ein Rest davon blieb natürlich, die Umstände blieben schwierig, aber ich empfand weniger Angst und konnte für den Moment alles besser annehmen.

Nach einer Weile kam ich zum Ort Bad Rodach, wo ich am Döner- und Pizzeria-Imbiss „Istanbul" vorbeikam. An einer Tafel war als Tagesangebot ein Nudelgericht für 4,50 Euro ausgeschrieben. Ich hatte schon länger keine warme Mahlzeit mehr genossen und entschied, mir das Tagesgericht zu gönnen. Dem Verkäufer erzählte ich von meiner Wanderung, was er zum Anlass nahm, mich zu dem Essen und einer Apfelschorle einzuladen.

Mit vollem Bauch und guter Laune machte ich mich danach wieder auf meinen Weg, kaufte mir im Überschwang unterwegs noch ein Glas Nutella und etwas Brot, ich hatte schließlich das Geld für das warme Essen gespart. Gegen 18 Uhr kam ich dann in dem kleinen Grenzort Rudelsdorf an, welcher von Landwirtschaft geprägt war.

In einem Garten am Wegesrand waren eine ältere Frau und ein Mann mittleren Alters mit der Pflege der Felder und der Ernte beschäftigt. Ich fragte sie, ob ich hier irgendwo mein Zelt aufschlagen könnte, woraufhin mich die beiden anschauten, als sei ich ein Außerirdischer.

Sie kommentierten meine kurzen Erklärungen dazu mit einer Mischung aus Unverständnis und Belustigung. Dass ich freiwillig und ohne Not solch eine Wanderung machte, war für sie ziemlich befremdlich. Trotzdem boten sie mir auf ausgesprochen freundliche Weise an, auf ihrem Grundstück zu übernachten. Sie zeigten mir auch den Weg zum Dorfbrunnen, wo es Trinkwasser gab und ich mich waschen konnte.

Die ältere Dame hieß Magda und ist so etwas wie die gute Seele des Dorfes. Sie hatte bereits die Siebzig überschritten und berichtete von sechs Kindern, die sie nach dem frühen Tod ihres Mannes allein aufgezogen hat. Zusammen mit ihren Kindern betrieb sie den naheliegenden Bauernhof.

Mein Auftritt erschien ihr anscheinend so exotisch, dass mich Magda immer mehr in ein Gespräch verwickelte. Ich fand das großartig, es fühlte sich so ehrlich und echt an. Ich hatte das Gefühl, mich kein bisschen verstellen zu müssen, brauchte weder zu prahlen noch mich klein zu machen.

Magda erzählte, dass Rudelsdorf damals direkt auf der Westseite der Grenze gelegen hat und es hier wirklich so etwas wie das Ende der Welt gewesen sei. Sie haben alle Türen geöffnet lassen können, es hätten sich kaum Fremde hierher verirrt. Kriminalität sei völlig unbekannt gewesen. Sie hätten allerdings beim Bestellen der Felder aufpassen müssen, dass sie nicht über die Grenzmarkierungen fuhren. Dann seien die östlichen Grenzer gekommen und hätten mit Konsequenzen gedroht. Insgesamt sei das Leben hier aber immer sehr beschaulich gewesen, berichtete Magda.

Magda versorgte mich später noch mit Wurst, Gebäck und Keksen. Wahnsinn, welch großes Herz in ihr schlägt. Sie hat mir auch Jahre später noch zu Weihnachten Pakete mit Wurstkonserven geschickt.

Ich baute also mein Zelt am Feldrand auf, aß mit großem Appetit und streckte entspannt meine Beine aus. Dann kamen die Männer des Dorfes bei mir vorbei und luden mich zu ihrem täglichen Feierabendbier ein, zu dessen Zweck sie sich jeden Abend am Dorfplatz trafen.

Jeder brachte sein eigenes Bier mit (ich mein Wasser) und dann wurde über die wichtigsten Entwicklungen im Dorf und der ganzen Welt geredet. Die Männer waren denkbar unterschiedlich: Bauern, Unternehmer, Beamte, Angestellte. Trotzdem bildeten sie eine enge Dorfgemeinschaft, in der jeder jeden kennt und auch jeder jedem hilft.

Sie erzählten mir von einem einsamen alten Bauern, der seine Kühe nicht mehr versorgen kann, aber so sehr an ihnen hängt, dass er sich nicht von den Tieren trennen kann. Und obwohl der Mann mürrisch und starrsinnig wäre, entschieden die Männer und Frauen des Dorfes, seinen Hof täglich nach ihrem eigenen Feierabend zu versorgen und nach dem Rechten zu schauen. Das sei doch Ehrensache, stellten sie fast nebensächlich fest, und eine Selbstverständlichkeit. Ich war zutiefst berührt.

Irgendwann fiel einem der Bewohner auf, dass ich nur Wasser trank und keine fünf Sekunden später war ich mit zwei Flaschen Bier versorgt. Mit leckeren Getränken, interessanten Gesprächen und viel Wärme im Herzen wurde es ein richtig toller Abend für mich. Ich war prall gefüllt mit Glück.

Einmal mehr fiel mir auf, wie schnell sich alles im Leben ändern kann. Glücklich legte ich mich schlafen, ein wenig erstaunt darüber, dass ich meinen ganzen Frust schon fast komplett vergessen hatte.

Impuls: BEZIEHUNGEN

Beziehung ist ein Spiegel, in dem du dein Gesicht siehst.
Osho

Auf meiner Wanderung fühlte ich mich oft sehr einsam. Die Einsamkeit hatte aber auch etwas Gutes. Erst durch sie konnte ich erkennen, wie wichtig und wertvoll meine Beziehungen sind.

Deshalb möchte ich gerne den folgenden Impuls über die Entwicklung von Beziehungen mit dir teilen.

Unsere Beziehungen haben eine große Auswirkung auf unser Glück und Wohlbefinden. Ist es nicht seltsam, dass wir zwar viel Energie in die Weiterentwicklung und Renovierung von materiellen Dingen investieren, aber uns selbst und unsere Beziehungen oft vernachlässigen?

Ich beobachte in meinen Coachings mit Paaren immer wieder, dass viele Menschen sich mit Beziehungen zufriedengeben, in denen sie nicht wirklich aufblühen und glücklich sind. Aus meiner eigenen Erfahrung kann ich dir mitteilen, dass wirklich erfüllende Beziehungen ein ständiges Lernen und Arbeiten voraussetzen. Diese Entwicklung erfordert Mut und die Bereitschaft, dich deinen eigenen Schatten und Ängsten zu stellen. Das gilt nicht nur für Liebesbeziehungen, sondern auch für Freundschaften und im Beruf.

Ich möchte dir deshalb einmal 4 Ebenen (oder Entwicklungsstufen) von Beziehungen auf eine sehr oberflächliche Art vorstellen:

Auf der <u>untersten Entwicklungsebene</u> gibt es die abhängige Beziehung, in der ein Partner von dem anderen abhängig ist. Oft ist dies auch eine Form der Ausbeutung. In dieser, noch sehr unentwickelten, Beziehungsform geht es darum, dass einer die Macht besitzt und „gewinnt" und der Andere sich durch die Abhängigkeit unterordnet und „verliert".
Das ist eine sehr egozentrische Art der Beziehung, da der abhängige Partner als Objekt zur eigenen Bedürfnisbefriedigung benutzt wird. Empathie und Mitgefühl sind hier kaum vorhanden. Entwicklung findet hier kaum statt.

Die <u>zweite, etwas höher entwickelte Stufe</u> ist die konkurrierende Beziehung. Hier stehen beide Partner gleichberechtigt nebeneinander und es geht darum, wer denn nun in einer bestimmten Situation das etwas größere Stück vom Kuchen bekommt. Die eigenen Bedürfnisse stehen im Vordergrund: „ich zuerst" ist das Motto. Dadurch entstehen immer wieder Machtspiele und Kampf, wobei beide abwechselnd „gewinnen" können. Das bedeutet, einer ist der Gewinner und der Andere der Verlierer. In diesen Beziehungen sind immer Anspannung und Misstrauen zu spüren. Auch hier wird der Partner eher als Objekt angesehen. In diesem Stadium ist die Entwicklung ebenfalls noch sehr begrenzt.

Die <u>dritte Entwicklungsstufe</u> ist die kooperierende Beziehung.
Diese, schon sehr faire Partnerschaft, beruht darauf, dass sich beide gleichberechtigten Partner aufeinander verlassen können und sie zusammenhalten. Jeder Partner hat erkannt, dass er selbst davon profitiert, wenn es dem Anderen gut geht. Sie kompensieren gegenseitig ihre Schwächen und haben damit eine stabile und sichere Beziehung. Dadurch entsteht ein tiefes Zusammengehörigkeitsgefühl, welches durch Mitgefühl und Zuneigung gestärkt wird. In dieser Beziehung sind die Rollen oft klar verteilt. Es geht nach dem Motto: „Ich sehe dich und deine Bedürfnisse, aber ich möchte das du die Rolle einnimmst, auf die wir uns geeinigt haben." Diese gut entwickelte Beziehungsform birgt allerdings die Gefahr, dass sie stagniert. Alles ist schön eingefahren, die Rollen und Aufgaben sind verteilt und wir bleiben in unserer kuscheligen Wohlfühlzone. „Bloß keine Veränderung" ist die Grundlage dieser Beziehungsform.

Die <u>obere Stufe</u> ist die wachstumsorientierte Beziehung.
„Starkes ICH, starkes DU, starkes WIR" ist die Grundausrichtung dieser Partnerschaft. Ich sorge dafür, dass ich selbst unabhängig bin und in mein volles Potential komme. Ich entwickle eine gesunde Selbstliebe und bin voll in meiner Kraft. Gleichzeitig unterstütze ich dich darin ebenfalls in dein größtes Potential zu kommen. Damit können wir unsere Beziehung durch eine gemeinsame große Vision auf ein neues Level heben. Wir können gemeinsam etwas erreichen, was wir allein nie schaffen würden. Diese Ausrichtung erfordert den Mut, die Kontrolle über den Anderen abzulegen und völlig neue Erfahrungen zuzulassen. Was passiert, wenn mein Partner mich dann nicht mehr braucht? Dadurch, dass sich beide Partner ständig weiterentwickeln, erlebst du in diesen Beziehungen dauernd eine Überraschung.

Ich lade dich ein, dir folgende Frage zu stellen: „In welcher deiner Beziehungen bist du bereit, deine volle Energie und Zeit zu investieren?"

TAG 9

Als ich heute aufwachte, machte mich der Gedanke ein wenig sentimental, dass es für mich erneut hieß, Abschied zu nehmen. Abschied von einer wohlwollenden Umgebung, um dann wieder in Ungewissheit und Einsamkeit meinen Weg weiterzugehen.

Während ich packte, kam Magda vorbei und gab mir noch ein paar Äpfel mit auf den Weg. Jürgen lud mich auf einen Abschiedskaffee ein. So schön es hier auch war, all die positiven Erlebnisse weckten auch tiefe Sehnsüchte in mir. Ich sehnte mich nach Christine, nach Geborgenheit und Liebe.

Nachdem ich die ersten Kilometer meiner heutigen Etappe hinter mich brachte, berechnete ich die noch zu laufenden Etappen damit ich innerhalb der geplanten sieben Wochen mein Ziel erreiche. Ich kam zu dem Entschluss, an diesem Tag eine große Strecke zu laufen. „Je mehr ich schaffe, desto früher bin ich auch wieder daheim", machte ich mir Mut. Außerdem verlief mein Pfad heute endlich in nördlicher Richtung. Nun wanderte ich in Richtung Heimat – ein echter Meilenstein für mich.

Selfie: Endlich wieder die Sonne genießen.

Die Etappe würde aufgrund der Länge und der nun einsetzenden Hitze allerdings sehr anstrengend werden, sorgte ich mich kurz. Seltsamerweise machte mir das Laufen heute aber richtig Spaß, zum ersten Mal auf der Tour. Ich war wenig in Gedanken, genoss die Natur, alles war irgendwie okay und richtig. Ich habe mich sogar dabei erwischt, dass ich dachte: „Bald ist es bestimmt so weit. Jetzt kommt die Erleuchtung, wie bei Buddha." Diese kam aber nicht. Stattdessen tauchten gegen Nachmittag langsam die täglichen Fragen danach auf, wo ich einen guten Zeltplatz und etwas zu essen finden würde.

Mir fiel auf, dass diese Fragen immer dann ungemein sorgenvoll in mir arbeiteten, wenn der Abend vorher besonders positiv und schön gewesen ist.

Ich habe nämlich einen ziemlich nervigen Zweifler im Kopf sitzen, der mir immer dann, wenn ich etwas plane oder durchführe, die gleiche Frage stellt: „Wo ist der Haken?" Ich nenne ihn liebevoll „Oskar". Er findet immer irgendwelche Argumente oder Rahmenbedingungen, um einen Plan besonders schwierig erscheinen zu lassen. Wenn sich Oskar besonders viel Mühe gibt, bin ich durch seine Einwände davon überzeugt, dass mein Vorhaben überhaupt nicht durchführbar sein kann.

Jetzt war es nicht so schlimm, trotzdem sorgte Oskar dafür, dass mir mulmig wurde, die glückliche Zufriedenheit von vorhin war ein wenig verflogen. Ich versuche dennoch, einfach alles auf mich zukommen zu lassen und dem automatisch ablaufenden Sorgenprogramm nicht allzu viel Beachtung zu schenken. Ich erkannte, dass auf dieser Reise eine meiner Aufgaben war: „Annehmen, lernen, loslassen und vertrauen."

Und siehe da. Kaum erreichte ich etwas später am Nachmittag das nächste Dorf, wurde ich von einer sehr netten und gastfreundlichen Dame mit Wasser, Kuchen und Äpfeln beschenkt. Und als ich gegen 20 Uhr mein Etappenziel Irmelshausen erreichte, ergatterte ich als erstes von der dortigen Bio-Käserei ein Stück Ziegenkäse. Was für ein Genuss!

Ich ging daraufhin zum Dorfteich, der von den Gästen des angrenzenden Campingplatzes als Badeteich genutzt wird. Der dortige Pächter des Campingplatzes Erwin hörte sich in Ruhe meine Wanderidee an und sagte: „Spenden werde ich nicht, aber du kannst hier kostenlos schlafen".

Er zeigte mir einen Platz zum Zelten und schenkte mir außerdem noch zwei Duschmarken der Campinganlage. Die Aussicht auf warmes Wasser ließ mich sofort jubilieren. Wenn man etwas Gewohntes, scheinbar Selbstverständliches wie das Duschen lange nicht mehr genießen konnte, weiß man es wieder sehr zu schätzen. Es war wie im Paradies. Ich genoss es, mich endlich wieder richtig zu waschen und den Dreck und Gestank der letzten Tage mit dem heißen Wasser einfach wegfließen zu lassen.

Ich hätte früher niemals gedacht, dass Hygiene ein so wichtiger Faktor ist, habe sie immer eher als selbstverständliche Nebensächlichkeit erachtet.

Sie ist aber – ähnlich wie Essen und Schlafen – wirklich essenziell. Wenn ich mich selbst nicht mehr riechen mag, fällt der Respekt vor mir selbst ins Bodenlose. Auch beim einsamen Wandern hat dieser Umstand einen enorm starken Einfluss auf mein Selbstwertgefühl.

Insofern konnte etwas vermeintlich so Profanes wie die fehlende Körperhygiene durchaus dafür sorgen, dass ich mich unwohl und würdelos fühlte. Meine Selbstachtung und mein Selbstwert gingen dadurch immer mehr verloren. Umso mehr freute ich mich jetzt über mich selbst in neuer Frische.

Am Abend saß ich noch mit Erwin und einigen Männern aus dem Dorf zusammen. Erwin spendierte mir ein Bier und eine Pizza und wir tratschten bei guter Laune in die einbrechende Nacht hinein. Danach schlief ich entspannt und schnell in meinem Zelt ein.

Impuls: WÜRDE

Wer sich seiner eigenen Würde bewusst wird, ist nicht mehr verführbar.
Gerald Hüther

Gerade in den ersten Wochen nahm ich mich selbst oft als unwürdig war. Die Reaktionen der Mitmenschen auf meine Erscheinung ließen mich in meiner gefühlten Würde oft schrumpfen. Doch was bedeutet „Würde" überhaupt? In Wikipedia gibt es dazu die folgende kurze Definition: „Im allgemeinen Sprachverständnis bezeichnet Würde den Achtung gebietenden Wert eines Menschen und die ihm deswegen zukommende Bedeutung."[12]

Der Begriff der Würde kann in zwei Hauptkategorien unterteilt werden: intrinsisch und extrinsisch. Die intrinsische (innere) Würde bezieht sich auf den gefühlten inneren Wert und die wahrgenommene Autonomie, unabhängig von äußeren Umständen oder Bewertungen durch Andere. Sie ist inhärent[13] und universell und kommt jedem Menschen allein aufgrund seiner Existenz zu. Im Gegensatz dazu bezieht sich die extrinsische (äußere) Würde auf die äußere Anerkennung und Behandlung einer Person.

Die letztendlich gefühlte Würde ist ein Mix aus beiden Anteilen. Der extrinsische Anteil ist umso größer und notwendiger, je weniger wir in unserem intrinsischen Anteil gefestigt sind.

Um uns vor der äußeren Herabsetzung und Diskriminierung zu schützen, wurde in unserem Grundgesetz im Artikel 1 folgender Grundsatz festgeschrieben: „Die Würde des Menschen ist unantastbar. Sie zu achten und zu schützen ist Verpflichtung aller staatlichen Gewalt"

Die innere Würde wird somit primär durch das eigene Selbstbild und die Einhaltung der eigenen Wertevorstellungen definiert. Jeder Mensch trägt eine einzigartige natürliche Würde in sich, die ihn unverwechselbar macht.

Kennst auch du Menschen, die in einen Raum kommen und diese würdevolle Ausstrahlung haben, egal welches Auto sie fahren oder welche Klamotten sie tragen?

Ein würdevolles Verhalten zeichnet sich durch Respekt, integre Werte, Selbstachtung, Empathie und Ehrlichkeit aus. Es bedeutet, gegenüber sich selbst und anderen mit Anstand und Integrität zu handeln. Würdevolles

---

[12] Quelle: https://de.wikipedia.org/wiki/Würde
[13] Inhärent bedeutet in diesem Zusammenhang: ureigen und innewohnend.

Verhalten drückt sich in der Art und Weise aus, wie wir uns selbst authentisch präsentieren, mit anderen kommunizieren und interagieren.

Die innere Würde zu bewahren, erfordert Selbstreflexion, Selbstachtung und die Fähigkeit, sich selbst treu zu bleiben, auch in schwierigen Situationen. Sie entsteht aus einem tiefen Verständnis der eigenen Werte, Bedürfnisse und Grenzen sowie aus der Fähigkeit, diese zu kommunizieren und zu verteidigen. Der Erhalt der inneren Würde erfordert auch die Fähigkeit, Mitgefühl für sich selbst zu entwickeln und sich selbst zu vergeben.

Deine Würde ist der Maßstab für den Umgang mit dir selbst und anderen. Behandle dich selbst mit Respekt und Achtung, denn du verdienst es, in jedem Moment würdevoll behandelt zu werden. Wenn du deine Würde in dir wertschätzt, wirst du auch in der Lage sein, sie in anderen zu erkennen und zu respektieren. Du wirst dich für Empathie und Mitgefühl öffnen und eine tiefe Verbundenheit zu anderen Menschen spüren.

Deine Würde erinnert dich auch daran, dass du das Recht hast, deine Bedürfnisse auszudrücken und für sie einzustehen. Du musst dich nicht anbiedern oder deine Grenzen überschreiten, um die Anerkennung anderer zu gewinnen. Du bist wertvoll und bedeutsam, genauso wie du bist. Deine innere Würde schenkt dir die Freiheit, dein Leben selbstbestimmt zu gestalten. Lass sie nicht von äußeren Faktoren zu stark beeinflussen.

Ich habe in dieser Nacht richtig super geschlafen und auch herrlich geträumt. Mir ging es nach dem Aufstehen wirklich großartig. Ich fühlte mich nach wie vor sauber von der Dusche, und hatte auch meine Wäsche ausgewaschen und getrocknet. Die Sonne schien und für mein Frühstück hatte ich noch etwas Brot, Wurst und Käse vom Vortag. Danach habe ich kurz meditiert, meinen Platz gesegnet und bin gegen 10 Uhr sehr motiviert und gut gelaunt gestartet. Mein heutiges Ziel war der Ort Henneberg.

Es war warm an diesem Tag, sogar sehr warm. Schnell war somit das Ergebnis der Dusche nicht mehr zu spüren, ich war somit wieder vollkommen verschwitzt und ziemlich ausgelaugt.

Auf meiner Wanderung war es stets enorm wichtig, genug zu trinken. Meistens nahm ich morgens bis zu drei Liter Wasser mit, die an sehr heißen Tagen allerdings nicht selten bereits am frühen Nachmittag aufgebraucht waren. Das war auch heute so, und ich musste die schwere Entscheidung treffen, ob ich entweder zwischendurch noch ein Dorf aufsuchen sollte, um Wasser zu besorgen (was allerdings mindestens sechs Kilometer Umweg und somit fast zwei Stunden an Zeitverlust bedeutet hätte), oder ob ich es lieber in Kauf nehmen sollte, bis zum Abend mit dem auftauchenden Durst klarzukommen. Ich entschied mich dazu, den kürzesten Weg zu nehmen, zur Not auch durstig – ich wollte einfach keinen Umweg machen.

Im weiteren Verlauf tauchte darüber hinaus noch ein weiteres Problem auf. Und zwar muss mich in der letzten Nacht irgendein Insekt gestochen haben, jedenfalls war mein linkes Bein rot angeschwollen und schmerzte zunehmend. Ich hatte mich gerade erst darüber gefreut, dass meine Blasen an den Füßen langsam erträglich wurden, und dann das!

Bei mir lösen solche Umstände leider manchmal hypochondrische Gedankenketten aus. Ich betrachtete mein rotes Bein und dachte zunächst nur an den Insektenstich und von welchem Mistvieh dieser wohl stammte. Diesen Gedanken malte ich allerdings gleich als nächstes so weit aus, dass ich mir sicher war, ich könnte eine Blutvergiftung bekommen und schließlich an einer schweren Thrombose sterben.

Ich dachte ernsthaft darüber nach, via GPS-Notsender meine Rettung auszulösen. Klingt möglicherweise lächerlich und übertrieben, das wusste ich auch. Aber in dem Augenblick war die Angst so real, dass ich nach und nach wirklich panisch reagierte. Aber ich bekam mich Gott sei Dank wieder in den Griff und konnte die Angstspirale stoppen. Ich zwang mich selbst, erst einmal in Ruhe weiterzulaufen und im weiteren Verlauf des Tages zu schauen, wie sich die Entzündung entwickelt. Sterben würde ich selbst mit einer Blutvergiftung nicht sofort, davon konnte ich schließlich auch den inneren Hypochonder in mir überzeugen.

Das funktionierte, und ich schaffte es sogar, mich an den traumhaften Naturlandschaften zu erfreuen, die ich durchlief. Lediglich den Weg zu finden, war heute nicht immer ganz einfach. Durch die reiche Vegetation sieht man im Sommer den Plattenweg oftmals nicht mehr oder er ist sogar durch dichtes Gebüsch unpassierbar. Solche Situationen waren sehr frustrierend. Es bedeutete oft, einen Teil des mühsam gegangenen Weges wieder zurückzugehen und eine Ausweichroute zu suchen. Am heutigen Tag ist es mir zweimal so gegangen. Beim zweiten Hindernis stiegen wieder Wut und Resignation in mir auf. Ich schrie und weinte bevor ich nach einer Weile der innerlichen Starre den notwendigen Umweg wanderte. Ich hoffe, dass die umstehenden Bäume kein nachhaltiges Trauma durch meine Gefühlsausbrüche erlitten haben.

Fünf Kilometer vor Henneberg kam ich schließlich an dem großen Stausee bei Schwickershausen vorbei. Die Sonne schien und die ganze Szenerie zeigte sich in vollkommener Idylle. Daher beschloss ich, irgendwo hier in der Nähe des Sees zu übernachten.

Ich traf auf eine Gruppe Angler, die ich nach Wasser fragte. „Wasser haben wir nicht, du kannst aber ein Bier haben ...", war ihre erfreuliche Antwort. Bier schmeckt schließlich besser als Wasser, und die Männer versorgten mich zudem mit jeder Menge frisch Gegrilltem und guten Gesprächen. Ich genoss das alles sehr, aß und trank mit Genuss und erfreute mich an der offenen und lustigen Gesellschaft der Anglerfreunde.

Ein Festmahl bei den Anglern (aber kein Fisch).

Ich fühlte mich auch hier wieder innerhalb kürzester Zeit integriert und dazugehörig. Ich war unter Menschen, konnte mich unterhalten, wir lachten, bis wir uns die Bäuche halten mussten. Es war einfach ein richtig geiler Abend.

Es war schon lange dunkel, als ich in den herrlichen See sprang und mich vom Schweiß des Tages reinigen konnte. Während die Männer die ganze Nacht hindurch angelten, kroch ich gegen 1 Uhr in mein Zelt und schlief überglücklich ein.

Zwischendurch wurde ich immer mal wieder durch lautes Gegröle geweckt. Nämlich immer dann, wenn einer meiner neuen „Freunde" mal wieder einen kapitalen Fisch aus dem See gezogen hatte, flogen die Erfolgsschreie der Männer durch das ganze Tal. Ich muss aber dazu sagen, dass ich in Wahrheit davon ausgehe, dass keiner von ihnen in dieser Nacht auch nur ein einziges Fischlein aus dem Wasser holte. Das war wohl eher so ein Spiel unter ihnen. Den Männern ging es nämlich auch gar nicht um den Angelerfolg. Ihnen lag vielmehr an der Gemeinschaft. Es ging um das Zusammensein, um das gemeinsame Männer-auf-der-Jagd-Erlebnis.

Vielen Dank an Uwe, Ralf, Andre, Roland und Vitali für die großartige Gastfreundschaft. Ihr seid ein wunderbares Team!

Impuls: VISION

Deine Vision wird klar, wenn du in dein Herz schaust.

Wer nach außen schaut, träumt; wer nach innen schaut, erwacht.

Carl Gustav Jung

Ich landete während der Wanderung immer wieder an einem Punkt, an dem ich nur noch aufgeben wollte. Ich hatte dann nicht mehr die Energie, mich den widrigen Umständen, den elenden Schmerzen und meinen Ängsten hinzugeben.

Doch es gab auch eine – dem widerstehende – innere Kraft, etwas außerhalb meines Verstandes, was mich weitergehen ließ. Meine Motivation, nicht aufzugeben, speiste sich aus der Vision „Ich erreiche mein Ziel und dort erwartet mich meine Frau mit Kartoffelsalat und Frikadellen."

So banal diese Vision auch klingen mag, hat sie mich motiviert, im Herzen berührt und immer weiter angetrieben. Diesen inneren Antrieb nennt man auch intrinsische Motivation. Wenn du etwas tust, um Anerkennung von außen zu erhalten oder Ablehnung von anderen zu vermeiden, spricht man dagegen von extrinsischer (äußerer) Motivation.

Hast du auch eine innere Motivation, die aus deinem Herzen gespeist wird? Vielleicht eine große Lebensvision? Erlaubst du dir, dieses Ziel zu verkünden und in die Welt zu bringen?

Eine für dich stimmige Vision ist wie ein strahlendes Leuchtfeuer, das dir die Richtung zeigt. Du kennst sicherlich diese Momente, in denen du dich lebendig und inspiriert fühlst beim Gedanken daran, wie sich dein Leben durch das Erreichen deiner Herzensangelegenheit verändern könnte. In diesen Augenblicken spürst du, dass da etwas Größeres ist, das dich ruft, das dich antreibt und motiviert.

Deine Vision ist somit einzigartig und persönlich. Sie ist der Ausdruck deiner Sehnsüchte, Talente und Werte. Wenn du beginnst, dieser Ausrichtung mehr Aufmerksamkeit und Raum zu geben, wirst du feststellen, dass du immer mehr in ein Handeln kommst, um dieses Ziel zu erreichen.

Vielleicht erscheint deine visionäre Vorstellung deinem Umfeld verrückt oder utopisch. Daran solltest du dich nicht stören, denn es geht um dein Leben. Es gäbe heute keine Flugzeuge, wenn die Gebrüder Wright nicht ihrer verrückten Idee gefolgt wären.

Und auch beim Gedanken an deine Vision wirst du vielleicht ein inneres Kribbeln und eine emotionale Erregung spüren, wenn das Erreichen des Ziels vor deinem inneren Auge erscheint.

Dieses Gefühl lässt dich weitergehen und hält dich vom Aufgeben ab, auch wenn auf deinem Weg immer wieder Prüfungen auf dich warten sollten. Sie zeigen sich beispielsweise durch Hürden, Ängste, Zweifel und Kritik von Anderen.

Vielleicht wirst du am Ende das Ziel auch nicht erreichen, aber du hast es probiert. Stell dir vor, du liegst irgendwann auf deinem Sterbebett und denkst an deine Vision. In dem Moment wirst du trotz des Scheiterns mit Stolz sagen können, dass du alles dafür getan hast, um dein Ziel zu erreichen. Und das ist allemal besser, als niedergeschlagen festzustellen, dass du es nicht einmal versucht hast.

Ich lade dich ein, einen Moment innezuhalten und tief in dein Herz hineinzuspüren. Was fühlst du dort? Welche Vision wartet darauf, von dir entdeckt zu werden? Welche Träume und Ziele möchtest du verwirklichen? Egal wie groß oder scheinbar unerreichbar sie auch sein mögen, glaube daran, dass sie wahr werden können.

Lass dich nicht von äußeren Meinungen oder Hindernissen abhalten. Vertraue auf dein Herz und sei mutig.

Denk auch daran, dass es nicht darum geht, eine perfekte Reise zu haben, sondern eine bedeutungsvolle. Es geht darum, dich zu entfalten, zu wachsen und das Leben zu leben, von dem du immer geträumt hast.

Übrigens stelle ich mir selbst auch gerade vor, wie du dieses Buch liest. Meine Vision ist, dass ich damit etwas in dir berühre, was dich deinen nächsten Schritt gehen lässt.

TAG 11

Freitag, 17. Juli 2015: Von der Talsperre Schwickershausen nach Weimarschmieden (ca. 23 km)

Gleich nach dem Aufwachen kam mir heute Morgen der Gedanke, dass ich nun den gestern nicht geschafften Weg nach Henneberg aufholen müsste – zusätzlich zu meiner eigentlichen Tagesetappe. Ein vorsichtiger Blick aus dem Zelt bestätigte meinen Verdacht, dass ich eben diesen Weg im Regen beginnen würde.

Weil ich aber noch immer von dem Glück des gestrigen Abends zehren konnte, vom Gefühl der Zugehörigkeit und des sozialen Austausches mit den netten Anglern, ließ ich mir die Laune nicht von ein paar Regentropfen vermiesen. Ein wenig sentimental dachte ich zwar daran, dass ich während meiner Wanderung die schönen Begegnungen immer nur kurz genießen kann, machte mich aber dennoch mit guten Vorsätzen auf den Weg.

Nachdem ich mich von den freundlichen Anglern verabschiedet hatte, zog ich los und wanderte entlang der schönen Landschaft der Vorderrhön. Weil mir dabei aber der Regen beweisen wollte, dass er mehr sei als nur „ein paar Regentropfen", musste ich ihm die ganze Zeit meinen Regenponcho entgegenhalten – unter dem ich im Übrigen sehr schwitzte. Gegen Mittag konnte ich das ungeliebte Ding endlich ausziehen, denn die Wolken verzogen sich. Kurz freute ich mich darüber, genaugenommen so lange, bis es sehr schnell ziemlich heiß wurde. Aufgrund der brennenden Sonne, der Länge der geplanten Etappe und der vielen Anstiege würde diese Etappe eine äußerst schweißtreibende Angelegenheit werden, so viel war klar. Prompt schwoll auch mein Schienbein wieder an. Bereits nach wenigen Kilometern musste ich davon ausge-

Endloses auf und ab.

hen, dass mein Weg heute also insgesamt ziemlich schmerzhaft werden würde – aber das war ich ja bereits gewohnt.

Woran ich mich viel schwerer gewöhnen konnte, war die Einsamkeit. Wie so oft traf ich stundenlang keine einzige Menschenseele. Die Sache mit dem einsam sein ist schon ein sehr spezielles Phänomen. Auf der einen Seite ist es wirklich interessant und auch schön, ohne Ablenkung zu wandern und dabei in sich hineinzuhören. Ich nahm meinen Körper viel bewusster wahr als im Alltag. Andererseits bedeutete dies aber auch, die aufkommenden Gefühle viel intensiver wahrzunehmen. Negativ zeigte sich dieser Effekt vor allem bei Empfindungen wie Angst oder Traurigkeit. Letztere überkam mich auch heute wieder nach den endlosen Stunden ohne menschlichen Kontakt. So stark, dass mir erneut die Tränen kamen. Aber ich nahm sie an, ließ das Weinen zu – mir fehlte auch die Kraft, um weiter dagegen anzukämpfen.

Doch genau darum geht es im Leben und eben auch auf meiner Wanderung: die Gefühle, das ganze Leben im eigenen Körper zu spüren, und nicht alles, was mich bewegt, nur rational im Kopf zu verarbeiten.

Doch da war sie wieder – die bekannte Stimme meiner Angst: „Wo bekomme ich etwas zu essen und wie finde ich einen geeigneten Schlafplatz?" Es war inzwischen bereits früher Nachmittag, und ich hatte bisher ausschließlich ein Frühstück zu mir genommen und dabei alle Reste verbraucht.

Meine mulmige Stimmung wurde noch durch die Vielzahl der Schilder verstärkt, die auf diesem Stück aufgestellt waren. Sie erinnerten an die Teilung und die Trennung. Und auch an die Todesopfer derjenigen, die versuchten, die Trennung zu überwinden. Ich nahm auf diesem Stück des Weges eine sehr bedrückende Atmosphäre wahr. Ob sie in mir herrschte oder mich umgab, konnte ich kaum noch unterscheiden.

Zu meinem großen Glück traf ich etwas später am Nachmittag ein Wanderpaar. Kirsten, Olaf und ihre Hündin Kira waren auch dabei, einige Tage die alte Grenze entlangzuwandern. Diese kurze Begegnung lenkte mich schlagartig von meinen negativen Gedanken ab. Noch dazu spendete das Paar zehn Euro zum Auffüllen meiner Vorräte. Mein knurrender Magen hätte sich davon am liebsten sofort eine XXL-Currywurst gekauft. Leider gab es jedoch auf der ganzen Strecke kein einziges Dorf und schon gar keinen Imbiss oder Laden.

Als ich nach Weimarschmieden kam, dämmerte der Abend bereits. Ich selbst war ziemlich erschöpft und noch ein ganzes Stück hungriger. Die Nahrungsbeschaffung in dem kleinen Örtchen war allerdings zunächst von wenig Erfolg gekrönt. An zwei Haushalten wurde ich abgewiesen und bekam am dritten nichts weiter als eine Banane. Aber immerhin – besser als nichts, dachte ich.

Danach stand ich plötzlich vor einem beeindruckend schönen Holzblockhaus und überlegte wieder einmal hin und her, ob ich mich trauen sollte, hier zu klingeln. Aber ich überwand mich, und ein sehr freundlicher, aufgeschlossener, Mann öffnete die Tür. Er versorgte mich mit reichlich Lebensmitteln – genug für zwei Tage. Außerdem schenkte er mir noch einen Orangensaft und zwanzig Euro. Langsam wurde aus dem armen Wanderer ein reicher ...

Der Mann sagte: „Die Römer wussten es doch schon: Der beste Rat ist der Vorrat." Wenn es doch nur immer so einfach wäre, dachte ich im Stillen. Er zeigte mir schließlich auch noch einen idyllischen Platz für mein Zelt an einem nahegelegenen Teich am Waldesrand. Der Mann war heute mein wahrer Retter. Wie sich später herausstellte war er der hiesige Förster.

Als ich mich wieder von ihm verabschiedete, war ich zwar wieder allein, konnte aber beim Zusammenstellen meines Abendmahls aus dem Vollen schöpfen. Besonders erfreute ich mich an dem köstlichen Orangensaft. Endlich hatte ich mal einen anderen Geschmack als Wasser auf der Zunge. In der Nacht zog ein Gewitter über mich hinweg, sodass ich immer wieder mit etwas Angst im Bauch aufschreckte. Aber mittlerweile wusste ich, wie ich mein Zelt fest verzurren musste. Darüber hinaus hatte ich auch immer mehr Vertrauen in die Natur. Ich war inzwischen eine Zuversicht erlangt, die mir auch in großer Verzweiflung Mut machte.

Es taten sich immer und überall neue Möglichkeiten auf, um weiterzumachen. Trotz der Blitze und des Donners schlief ich mit dieser Gewissheit einigermaßen gut.

Impuls: SCHMERZEN
Deine Schmerzen sind Boten – höre auf sie.
Rumi

Körperliche und vor allem auch emotionale Schmerzen waren ständiger Begleiter der ersten Wochen, so auch an diesem Tag. Mit emotionalem Schmerz meine ich meine Ängste, tiefe Traurigkeit und die Einsamkeit. Viele dieser „negativen" Gefühle waren deshalb so schmerzhaft, weil ich sie in der Vergangenheit nie zugelassen habe und sie daher umso heftiger wirkten. Doch nach einer gewissen Zeit heilten diese Schmerzen dadurch, dass ich sie immer mehr annehmen konnte und sie somit wirklich körperlich fühlte.

Natürlich habe ich auch meine blutigen Füße mit Pflaster und Tape versorgt und passte die Intensität der Wanderung meinen Schmerzen an. In früheren Zeiten hätte ich jedoch Schmerztabletten genommen und wäre über meine Grenze gegangen.

Wie gehst du mit körperlichen und psychischen Schmerzen um? Nimmst du bei körperlichen Schmerzen schnell eine Tablette? Verdrängst du deine seelischen Schmerzen mit Ablenkung, Medikamenten oder Rauschmitteln?

Ich bin mir bewusst, dass dieser Impuls ein „heißes Eisen" ist und dich durchaus triggern kann. Es ist gut und wichtig, dass wir durch moderne Medizin die Schmerzen lindern können. Ich möchte dir hiermit dennoch einen alternativen Blickwinkel aufzeigen. Bleib aber immer in deiner Selbstverantwortung und fühl in dich hinein, was für dich stimmig ist.

In diesem Impuls geht es primär um emotionale Schmerzen, die gefühlt und geheilt werden wollen. Ich wage zu behaupten, dass auch viele körperliche Schmerzen und Krankheiten ihre Ursache in verdrängten emotionalen Verletzungen haben.

Im Leben machen wir oft schmerzhafte Erfahrungen, die uns zuweilen an unsere Belastungsgrenze bringen. Doch hinter diesen Schmerzen liegt auch eine tiefere Bedeutung verborgen, eine Möglichkeit der Transformation und Heilung. Denn Schmerz ist oft symptomatisch für tieferliegende Ursachen. Jeder Schmerz zeigt uns, dass etwas nicht stimmt. Er funktioniert wie eine Kontrollleuchte im Auto. Es ist natürlich sinnlos und falsch, diese Leuchte einfach abzuschalten und sich selbst einzureden, dass damit alles okay ist. Vielmehr muss es darum gehen, die eigentlichen Ursachen zu erkennen und zu behandeln.

In unserer Gesellschaft geht es oft darum, Schmerzen möglichst schnell loszuwerden. Dazu nutzen wir Medikamente, Alkohol, Drogen, das Fernsehprogramm und sonstige Ablenkungen. Wir sind es schlichtweg nicht mehr gewohnt, unsere Schmerzen wirklich zu fühlen und nach tieferen Ursachen zu fragen. Wir müssen schnellstmöglich wieder funktionieren und Leistung erbringen.

Selbstverständlich ist es sinnvoll, starke Schmerzen zu lindern, um überhaupt in der Lage zu sein, die tiefere Ursache aufzuspüren, weshalb ich ausdrücklich die medizinische und pharmakologische Unterstützung wertschätzen möchte.

Dennoch will ich dich ermutigen, deinen Schmerz anzunehmen und dich zu fragen: „Wo handle ich unbewusst gegen mein Wesen, meine Ziele, meine Vorstellungen? Gehe ich möglicherweise über meine Grenzen? Verbiege ich mich und laufe falschen Idealen hinterher? Lebe ich wirklich MEIN Leben?“

Schmerzen spiegeln unsere ungeheilten Anteile wider und zwingen uns in eine Auseinandersetzung mit den inneren Schatten. In diesen düsteren und schweren Momenten mögen wir uns fragen, warum wir diesen Schmerz durchleben müssen und was der tiefere Sinn dessen sein soll. Und genau in diesen Fragen liegt der Ursprung der Transformation. Sie zeigen uns, dass wir etwas loslassen oder in unserem Leben ändern müssen, um in Heilung zu kommen.

Der Tag nach dem nächtlichen Gewitter begann wieder sehr heiß und schwül. Vor mir lag die Hochrhön mit ihren schweißtreibenden Anstiegen. Ich hatte mich dazu entschieden, den ursprünglichen Grenzweg hier zu verlassen, um eine große Schleife abzukürzen. Das Ziel der geplanten Etappe, der „Ellenbogen", ist einer der höchsten Punkte des Mittelgebirges, über achthundert Meter über dem Meeresspiegel und somit eine echte Bergankunft, wie die Rennradfahrer das Ziel betiteln würden.

Diese Aussicht motivierte mich durchaus, dennoch war es insgesamt wieder ein eher frustrierender und trauriger Tag. Die körperliche Anstrengung, der immer wieder aufkommende Regen und die Einsamkeit machten mir wieder einmal zu schaffen. Natürlich gab es zwischendurch auch Momente des Glücks. Vor allem dann, wenn ich mit anderen Menschen in Verbindung treten und soziale Kontakte wahrnehmen konnte.

Auch frustrierte mich, dass ich nur selten eine warme Mahlzeit einnehmen konnte.[14] Meistens aß ich nur Brot mit etwas Wurst oder Käse. Ein echtes kulinarisches Highlight waren da schon die Waldhimbeeren, die ich zu dieser Jahreszeit pflücken konnte, wobei es schon einen großen zeitlichen Aufwand bedeutet, eine Handvoll zu ernten.

Ich spürte nach wie vor einen innerlichen Widerstand, mich ganz auf die Wanderung einzulassen, was es mir schwermachte, Freude und Freiheit zu empfinden. Selbst wenn ich durch besonders schöne Abschnitte kam, und davon gab es auf meiner Route nicht wenige, kam zwar ein Glücksgefühl auf, das ich (oder vielmehr mein innerer Skeptiker Oskar) jedoch auch gleich wieder mit einem „Ja, aber ..." zunichtemachte. Ich nahm mir deshalb vor, während der Tour zu lernen, das „ja, aber" durch ein „und" zu ersetzen. Das sähe dann so aus: „Ich freue mich UND ich brauche heute noch einen Zeltplatz ..." In meiner Theorie sollte mir das helfen, diese Wanderung zu genießen und mich darüber zu freuen. An der Umsetzung würde ich allerdings noch arbeiten müssen, dies war überdeutlich.

---

[14] Weil das Kochen mit dem Hobo immer mit einigem zeitlichem Aufwand verbunden war und die Zutaten oft nur aus Wasser, Giersch und gesammelten Lebensmitteln bestanden.

So verging der Tag weiter in Einsamkeit und im Grübeln. Als es dann bereits Nachmittag war, nahmen die Regenfälle wieder zu. Es gab teilweise heftige Schauer und schwere Entladungen des schwülen Wetters. Ich lief trotzdem stoisch bis zum Ellenbogen weiter – einmal mehr stetig angetrieben von einer diffusen Angst vor der kommenden Nacht.

Oben am Gipfel machte ich mich daran, mein Zelt im Regen etwas abseits des Pfades aufzubauen. Ein stürmischer Wind fegte dabei um mich, aber mittlerweile hatte ich gelernt, mein Zelt auch im Sturm sicher aufzustellen. Der Zeltaufbau bei diesen Bedingungen war ziemlich herausfordernd, da das Innenteil und die Ausrüstung (Schlafsack, Luftmatratze, Rucksack-Inhalt) nicht nass werden durfte. Also zuerst die Außenhülle ausrollen und die Zeltstange fixieren. Dann die vier Heringe an den Ecken setzen, um das Zelt zu befestigen. Nun konnte das Innerzelt eingesetzt werden, danach Luftmatratze aufblasen, Schlafsack ausrollen und die Ausrüstung regensicher verstauen. Zum Schluss noch zusätzliche Heringe zum sturmsicheren Verzurren setzen. Das alles bei Wind und Wetter erfordert einige Übung, was ich immer wieder feststellen durfte.

Am Ellenbogen steht das „Eisenacher-Haus", ein wirklich schönes Berghotel.

Ein kurzer trockener Augenblick mit romantischem Sonnenuntergang.

Viele Gruppen von Ausflüglern und Rhönliebhabern hatten das Hotel „okkupiert". Ich plante, hier nach einer warmen Suppe zu fragen, da ich von Regen und Wind ganz verfroren war. Aber wie so oft brauchte ich auch hier aus Angst und Scham wieder mehrere Anläufe. Scham aufgrund meines „wilden" Äußeren. Außerdem hatte ich auch an diesem Tag wieder panische Angst davor, abgewiesen zu werden und mich somit wertlos zu fühlen.

Ein Mann mit Rucksack in schmutzigen Wanderklamotten, nach Schweiß riechend und unrasiert, fragt nach einer Suppe. Ich fühlte mich nicht wie ich selbst, eher wie ein Aussätziger. Das ging mir öfters so, besonders, wenn ich an Orte wie diesen kam. Schöne und gepflegte Orte, wo ich meiner Einschätzung nach mit meiner Erscheinung einfach nicht hingehörte. „Bin ich denn nur etwas wert, wenn ich in meinem Benz sitze?", fragte ich mich. Dabei war ich doch ein und derselbe Mensch …, nur im Moment in einem etwas anderen Outfit.

Nach einigem Überlegen hatte ich mir eine neue Strategie ausgedacht, um in dieser Situation mein Gesicht zu wahren. Ich plante, zuerst nur zu fragen, ob ich meinen Akku und mein Handy über Nacht aufladen kann, um dann ganz beiläufig auch um etwas Brot zu bitten. Also habe ich von außen die Rezeption beobachtet, dabei ganz unbeteiligt getan, und als kein Gast mehr dort zu sehen war, ging ich auf vorsichtigen Sohlen hinein. Wenn es schlecht laufen würde, sollten es wenigstens nicht so viele Menschen mitbekommen.

Die Rezeption war durch den Geschäftsführer des Hauses besetzt, einem sehr stattlichen und auch selbstsicheren Menschen, vermutete ich gleich. Ich muss zugeben, ich hatte aufgrund seiner Erscheinung weiche Knie, aber ich sprach ihn trotzdem an und fragte, ob ich mein Handy aufladen könne … und ob er möglicherweise ein paar Nahrungsmittel für mich hätte. Zu meinem Erstaunen reagierte er ungemein freundlich und fragte mich sogar sehr interessiert nach meiner Wanderung.

Nachdem er aufmerksam zugehört hatte, sagte er ohne Umschweife: „Nehmen Sie sich bitte vom Buffet, was Sie möchten, und suchen Sie sich gerne einen Platz in unserem Restaurant."

Alles schien plötzlich völlig unkompliziert, was mich noch zwei Minuten vorher in schreckliche Panik geraten ließ. Ich nahm die Einladung selbstverständlich dankbar und mit großem Enthusiasmus an und genoss es sehr, wieder eine warme Mahlzeit zu mir nehmen zu können. Es rührte mich noch während des Essens, wie herzlich und gastfreundlich dieser Mann mich bewirtete. Mit einem wohl gefüllten Magen schlief ich ein.

Impuls: ANGST

Das Leben beginnt dort, wo die Angst endet.
Osho

Ängste haben mir in den ersten Wochen meiner Wanderung sehr zu schaffen gemacht. Ich hatte Angst vor den einsamen Nächten im Wald, wo Massenmörder oder gefährliche Wildschweine auf mich warten könnten. Ich hatte Angst vor Ablehnung, vor der notwendigen Nahrungsbeschaffung, vor der anbrechenden einsamen Nacht. Ich hatte wenig Vertrauen in meine eigenen Gefühle und Fähigkeiten. Die größte Angst hatte ich allerdings davor zu scheitern und was in diesem Fall andere Menschen über mich denken würden.

Wovor hast du Angst und wie gehst du mit ihr um? Hast du ausreichend Zeit zur Regeneration oder kommt ein Angstimpuls nach dem nächsten?

Zunächst einmal ist das Gefühl der Angst ein natürlicher Bestandteil der Überlebensstrategie vieler Lebewesen, einschließlich des Menschen. Es dient als eine Art Alarmsystem, das uns auf potenzielle und tatsächliche Gefahren in unserer Umgebung aufmerksam macht. Die Angst ermöglicht es uns, angemessen auf bedrohliche oder riskante Situationen zu reagieren, indem sie unseren Körper auf eine Kampf- oder Fluchtreaktion vorbereitet.

Wenn wir Angst empfinden, setzt unser Körper eine komplexe Kette von Reaktionen in Gang, die mit der Freisetzung von Stresshormonen wie Adrenalin und Cortisol beginnen. Diese Reaktionskette wird oft auch als „Kampf- oder Fluchtreaktion" bezeichnet.

Unser Körper spannt sich an und geht in Alarmbereitschaft. In passenden Mengen und angemessenen Situationen kann Angst somit als Schutzmechanismus dienen. Sie hilft uns dann, Gefahren zu erkennen und darauf zu reagieren. Allerdings kann chronische oder übermäßige Angst zu erheblichen Belastungen führen und die Lebensqualität massiv beeinträchtigen.

Ständige Krisenmeldungen der Medien und unser belastendes, leistungsorientiertes Leben übermitteln uns immer wieder „Angst-Trigger", ohne dass wir uns die Zeit nehmen, diese vernünftig zu verarbeiten und uns anschließend wieder zu entspannen. Das kann auf Dauer zu Krankheiten und Panikstörungen führen.

Natürlich gibt es akute Bedrohungen, bei denen du deiner Angst folgen und sofort handeln musst. Ich beschreibe hier jedoch diejenigen Angstgefühle, die oft durch negative Nachrichten und unseren eigenen Leistungsansprüchen ausgelöst werden.

Du kannst dich in diesen Situationen selbst fragen, was dir deine Angst mitteilen möchte. Welche Botschaft verbirgt sich hinter ihr? Wie konkret und wahrscheinlich ist der Umstand, vor dem du Angst hast. Was und wer macht dir Angst? Oftmals liegen unter den Ängsten tief verwurzelte Sorgen, unerfüllte Wünsche oder vergangene Verletzungen.

Es ist wirklich wichtig, zu versuchen, die Angst nicht zu verdrängen. Vielmehr geht es darum, die Angst anzunehmen, sie zu fühlen, sie nüchtern zu bewerten (wie real ist die Gefahr tatsächlich?) und sie somit zu überwinden.

Ein bewusstes und tiefes Atmen in den Bauch unterstützt dich darin, die Angst nüchterner zu fühlen. Oft kommen Menschen in Angstzuständen in ein flaches, schnelles Brustatmen, das das oft Angstgefühl noch verstärkt.

Vielleicht ist es dir möglich, dich von denjenigen Quellen zu entfernen, die dich in ständige Angst versetzen. Oft hilft es schon, weniger negative Nachrichten zu schauen.

Wichtig ist aber auch, dass du dir nach der durchfühlten Angstphase die notwendige Zeit zur Regeneration und Entspannung nimmst.[15]

TAG 13

Sonntag, 19. Juli 2015: Vom Ellenbogen nach Tann (ca. 20 km)

Die heutige Etappe sollte mich zum Luftkurort Tann führen. Auf dem Ellenbogen, vor meinem Zelt sitzend, nahm ich ein paar Reste als Frühstück zu mir und beschloss dabei, mit bestem Blick auf die schöne Landschaft, gleich noch einmal zur Aussichtsplattform zu gehen. Vorher besuchte ich aber noch einmal das Hotel, um mich zu bedanken und mir heißes Wasser zu besorgen.

An der Plattform traf ich auf ein älteres Ehepaar, beide Mitte Siebzig. Der Mann erzählte mir, dass er auch leidenschaftlicher Wanderer sei, ihm inzwischen allerdings fünfzehn Kilo Gepäck auf dem Rücken zu schwer wären. Auf sehr rührende Weise sagte er auch, dass aus seiner Sicht die Natur alles bereitstellen würde, was ich für meine Wanderung bräuchte, und ich solle jeden Augenblick als Geschenk genießen. Die beiden gaben mir noch Fünfzehn Euro mit auf den Weg (für Dinge, die mir die Natur nicht bereitstellen könne) und wir verabschiedeten uns herzlich.

Mein Zelt und auch der Schlafsack waren in den letzten anderthalb Tagen ziemlich feucht geworden, und weil ich die Ausrüstung an diesem Morgen nicht trocknen konnte, musste sie deshalb wieder einmal im nassen Zustand verstaut werden. Nachdem ich damit fertig war, startete ich schließlich gegen 8 Uhr meine heutige Tour.

Ich dachte während des Gehens immer wieder an die Worte meiner morgendlichen Begegnung und stellte mit Stolz fest, dass ich diesen Tag auch tatsächlich genießen konnte. Sturm und Regen waren mir heute ziemlich egal. Ich freute mich sogar über meinen Poncho, und konnte mit allen Sinnen wahrnehmen, wie die Elemente der Natur ihre eigenwillige Schönheit in sich tragen.

Die Wege unserer Psyche sind schon sehr seltsam. Gestern Morgen war ich noch vollkommen frustriert, traurig und verzweifelt. Im Vergleich dazu ging es mir heute richtig gut. Ich konnte tiefe Freude an der Wanderung empfinden und die Natur genießen. Und das, obwohl sich auch diese Etappe wieder als körperlich sehr herausfordernd zeigte. Der Bergwelt der Rhön mit ihren unzähligen An- und Abstiegen würde ich mich noch einige Tage stellen müssen.

Das Wetter war auch wieder sehr unbeständig. Große Hitze und teilweise starke Regengüsse wechselten sich ständig ab und zwangen mich zum häufigen Wechseln meiner Bekleidung.

Aber das alles konnte ich heute gut annehmen. Ich merkte, dass ich seit längerer Zeit gut in den Bauch atmen konnte und keine Verspannungen mehr dort verspürte. Diese Verspannungen in der Bauchgegend begleiteten mich schon sehr lange in meinem Leben. So lange, dass sie fast zum Normalzustand geworden waren. Doch heute war nichts dergleichen zu spüren.

Lag es daran, dass ich endlich loslassen konnte und mich der Situation hingab? Lag es daran, dass ich meine Gefühle nicht mehr unterdrückte, sondern wirklich im sprichwörtlichen „Hier und Jetzt" angekommen war? Lag es daran, dass ich aufhörte, mich ständig zu verstellen, um zu gefallen? Komme ich langsam tatsächlich beim eigentlichen Sinn meiner Wanderung an? Es schien jedenfalls so zu sein, und diese Tatsache motivierte mich zusätzlich.

Am Nachmittag erreichte ich Tann, einen wunderschönen Ort in der hessischen Rhön, mit engen Gassen, Fachwerkhäusern, kleinen Geschäften und hübschen Restaurants.

Ich hatte keine Vorräte mehr, nicht einmal Brot, und obwohl ich inzwischen etwas Geld besaß, konnte ich damit nichts anfangen, weil Sonntag war und alle Geschäfte geschlossen hatten. Also musste ich wieder um Essen bitten.

Ich hatte gestern gute Erfahrungen in dem Hotel gemacht. Also wollte ich mein Glück auch heute in einem der Restaurants versuchen. Als erstes bin ich an einem Steakhouse vorbeigekommen, in dem auch einige Motorrad-Biker zu Gast waren. Der Chef wies mich allerdings sofort und unmissverständlich ab. Aber sogar diese Ablehnung empfand ich heute als nicht mehr so schlimm. Ich behielt trotz ihr meine Würde und Ausrichtung. Ich nahm sie einfach an, weder in mich selbstzerfleischender Unterwürfigkeit noch in arrogantem Trotz. Ich begegnete anderen Menschen, die ich um Unterstützung bat, immer mehr auf Augenhöhe.

So konnte ich auch besser mit Abweisungen umgehen. Ich fing an, diese nicht mehr persönlich zu nehmen. Was für ein Schritt für mich! Was für ein Erfolg! Nach dem Rauswurf im Steakhaus zog ich also einfach weiter.

Ich besuchte den Gasthof „Zur Rhön" gegenüber dem Rathaus und hatte dort mehr Glück. Die Chefin des Hauses bot mir einen Platz an und lud mich zum Essen ein. Es gab leckeren Kartoffelsalat und eine große Bratwurst. Sie setzte sich eine Weile zu mir an den Tisch, und ich erfreute mich daran, mit dieser herzlichen Dame etwas plauschen zu können. Auch ihr erzählte ich von meiner Wanderung, den Erfahrungen des Zeltens und meiner Absicht, den ganzen

Weg ohne eigenes Geld auszukommen. Sie hörte aufmerksam zu, nickte immer wieder aufmunternd und sagte schließlich mit etwas Sorge in der Stimme, dass für die kommende Nacht wieder schwere Gewitter vorhergesagt sein. Deswegen rate sie mir, für heute im Nachbarhotel nach einem Zimmer zu fragen. Ich muss zugeben, dass der Gedanke an ein Hotelzimmer mehr als reizvoll war. Aber konnte und wollte ich mir das leisten? Dann hätte sich wahrscheinlich

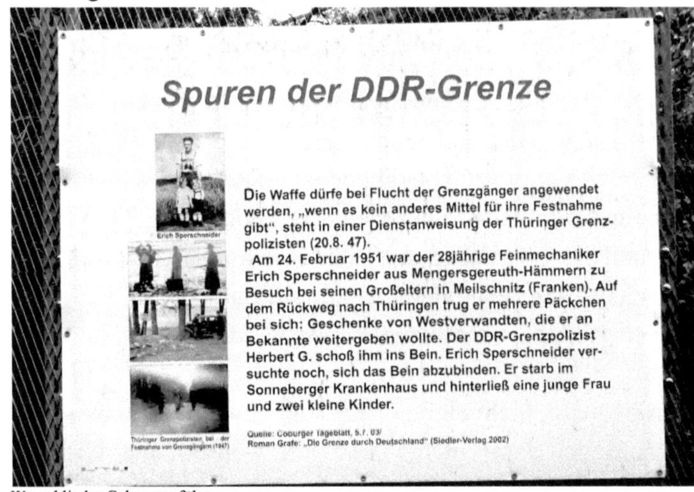

Wozu blinder Gehorsam führt.

mein ganzer Geldbesitz, der eigentlich als Notgroschen gedacht war, sozusagen im Schlaf in Luft aufgelöst. Not empfand ich eigentlich keine. „Ich nehme lieber das Gewitter in Kauf", beschloss ich also.

Ein Paar, welches unser Gespräch mitbekommen hatte, gab mir ein Bier aus. Auch mit einem weiteren Gast unterhielt ich mich eine Weile bei einem Kaffee auf seine Kosten. Der Chef schenkte mir zu guter Letzt auch noch eine lange Salami, genug Wurst für die nächsten Tage. „Was für ein wunderbarer Tag", ging es mir durch den Kopf, „was für herzliche Menschen!" Ich war glücklich und tief berührt.

Nachdem ich mich so hervorragend gestärkt hatte, verabschiedete ich mich herzlich und brach frohgelaunt und völlig erfüllt auf, um mir einen Schlafplatz zu suchen. Allerdings hatte mich eben die Wirtin zum Abschied noch einmal an die Seite genommen, um mir erneut die Übernachtungsmöglichkeit im nebenliegenden Hotel dringend ans Herz zu legen. Sie machte sich offensichtlich richtig Sorgen um mich, und so versprach ich ihr auch, ihrer Empfehlung nachzukommen.

Als ich wieder auf der Straße war, ging ich die wenigen Schritte zum Hotel „Zur Krone" und betrachtete die Aushänge. Die Übernachtungspreise überstiegen bei weitem mein Budget. Aber ich hatte der Wirtin versprochen zu fragen. Auch wenn ich wenig Hoffnung hatte, dass ich hier wirklich ein festes Dach über den Kopf bekommen würde, wollte ich mein Versprechen halten.

Also ging ich hinein und fragte zwei dort angestellte nette Damen, ob es für mich eine günstige Übernachtungsmöglichkeit geben könnte, für die mein knappes Budget reichen würde. Ich erzählte, dass ich auf einer Grenzwanderung durch Deutschland sei und ohne Geld wandern würde. Die Damen waren sehr freundlich und sagten mir, dass dies der Chef entscheiden müsse, der allerdings erst in einer Stunde wieder zurückerwartet wurde.

Ich ließ mein Anliegen dort, bedankte mich und zog wieder los. Ich ging davon aus, dass hier die Früchte zu hoch hängen würden. Stattdessen zog ich durch die kleine Stadt auf der Suche nach einem geeigneten Zeltplatz. Zunächst war meine Suche erfolglos, doch dann fand ich einen großen Parkplatz für Camper. Hier würde ich an der Seite mein Zelt aufbauen können. Zu meinem großen Unbehagen stellte ich allerdings fest, dass die heranziehenden Wolken immer dunkler und gefährlicher aussahen. Ein fernes Grollen war auch bereits zu vernehmen.

Deshalb nahm ich meinen ganzen Mut zusammen und beschloss, zumindest noch einmal im Hotel nachzufragen. „Das Zelt kann ich auch immer noch aufbauen", sagte ich zu mir selbst, „nachdem ich mir die Abfuhr abgeholt habe."

Ich ging also zurück zum Gasthof. Der Chef, ein sympathischer junger Mann, empfing mich mit einem wissenden Lächeln. „Ich weiß, worum es geht. Hier ist der Schlüssel zum Zimmer, wir sehen uns morgen zum Frühstück." Jetzt war ich platt. Mir kamen vor Überwältigung fast die Tränen.

Mein Zimmer war einfach, aber sehr gemütlich. Für mich würde es aber sowieso seit langem die erste Nacht wieder in einem richtigen Zimmer sein, mit einem festen Dach über dem Kopf, warm und trocken. Ein unbegreiflicher Luxus in meiner Situation.

Bevor ich mich jedoch auf das kuschelige Bett warf, duschte ich lang und heiß, wusch meine Sachen und hängte die Ausrüstung zum Trocknen auf. Ich schlief danach so fest wie ein Baby und bekam sogar von dem Gewitter fast nichts mit.

Impuls: MUT

Niemand weiß, was in ihm drinsteckt,
solange er nicht versucht, es herauszuholen.
Ernest Hemingway

Ich fühlte mich lange Zeit meines Lebens wie ein Feigling. Ich hatte Angst vor Auseinandersetzungen und habe lieber meine eigene Wahrheit unterdrückt, um nicht „anzuecken". Ich tat viel, um Anerkennung zu bekommen und Ablehnung zu vermeiden.

Auf der Wanderung war ich allein und musste mich all meinen Ängsten und Gefühlen als Einzelkämpfer stellen. Ich musste mutig sein, denn kein mir bekanntes Muster der Flucht, des Wegduckens oder der Ablenkung funktionierte hier. Für mich war dieser Prozess ein entscheidender Schritt zu mir selbst.

In diesem Impuls möchte ich mich deshalb mit dem Mut beschäftigen und dich inspirieren, ein Stück weit wild und gefährlich zu leben.

Mut ist keine Abwesenheit von Angst, sondern die Fähigkeit, trotz Angst voranzugehen. In unserem Leben gibt es Momente, in denen uns wir vor scheinbar unüberwindbaren Herausforderungen stehen und buchstäblich weiche Knie bekommen. Wir stehen dann an der Schwelle des Unbekannten und spüren das Kribbeln der Aufregung in unserem Herzen. Diese Mischung aus Abenteuerlust und Sicherheitsbedürfnis stellt uns vor die Wahl: „Weitergehen oder Rückzug?" Und beide Entscheidungen können richtig sein, wenn sie bewusst getroffen werden.

In diesen Momenten spürst du vielleicht deinen inneren Ruf nach Veränderung und nimmst Kontakt zu deinem Seelenplan[16] auf.

Wofür bist du hier, wofür brennst du, was möchtest du in deiner kostbaren Lebenszeit erfahren? Es ist wie ein Funke, der dich entzündet und dazu bringt, völlig neue Wege zu beschreiten, deine Komfortzone zu verlassen und auch den größten Herausforderungen des Lebens couragiert entgegenzutreten.

Mut ist somit der Schlüssel zur Selbstverwirklichung, der uns ermöglicht, unsere Potenziale zu entfalten und unsere Träume wahrwerden zu lassen. Mit

---

[16] Wenn du nicht an das Vorhandensein einer Seele glaubst, nimm dafür deinen Lebenssinn. Was möchtest du wirklich in diesem Leben erleben, was möchtest du erreichen, was möchtest du hinterlassen?

Mut im Herzen wachsen wir über uns heraus und treten aus der Komfortzone der Gewohnheiten aus.

In unserem Leben gelangen wir oft in Situationen, die uns Sorge und Angst bereiten – sei es eine neue berufliche Herausforderung, eine schwierige Entscheidung oder eine Veränderung, die uns aus der Bahn zu werfen droht. Dann erfordert es Mut, uns der Angst zu stellen, sie nüchtern zu fühlen und ihr nicht die Macht über uns zu geben.

Natürlich gibt es immer wieder Situationen, in denen wir auch erkennen, dass die Angst berechtigt ist, um nicht blindlings in Gefahr zu laufen. Dies zu erkennen und die bewusste Entscheidung zu treffen, erfordert Mut.

Mut ist somit nicht nur ein persönlicher Wesenszug, sondern auch ein Geschenk an andere. Wenn wir den Mut haben, unsere Stimme zu erheben und für das einzustehen, woran wir glauben, inspirieren wir gleichzeitig auch andere, es uns gleichzutun.

Leb wild und gefährlich! Nicht im Sinne von draufgängerisch oder waghalsig, sondern so, dass du dich kühn und unerschrocken deinen Ängsten und Herausforderungen stellst. Du wirst dabei vielleicht hinfallen, aber du wirst auch wieder aufstehen. Mutige Menschen sind nicht angstfrei, unfehlbar oder unverwundbar. Sie haben wie alle anderen Menschen Angst, Zweifel und Sorge vor dem Scheitern, aber sie lassen sich nicht davon einschüchtern.

Öffne dein Herz für die Möglichkeit, dein volles Potential zu leben, wenn du dich mutig deinen Ängsten stellst und deinen Träumen folgst.

Am Morgen lud mich der Gastwirt auch noch auf ein reichhaltiges Frühstück ein und damit wurde die Liste der Highlights in Tann immer länger. Dieser Ort und alles, was ich hier erlebte, haben bis heute einen bleibenden Eindruck bei mir hinterlassen.

Meine Ausrüstung war wieder trocken, meine Klamotten waren ausgewaschen und rochen wieder angenehm, ich selbst war geduscht und satt. Die Sonne schien kräftig, und ich fühlte mich an diesem Morgen richtig glücklich. Nun ging es weiter. Ich freute mich auf diesen Tag und darauf, was er mir bringen würde.

Nachdem ich aufgebrochen bin, kaufte ich mir in Tann noch ein Dinkelvollkornbrot zum halben Preis, ein Brötchen und etwas Käse. Dann steuerte ich gut gelaunt und hoch motiviert auf den Grenzweg zu, die nächste Etappe vor mir.

Parallel zum Wetter wurde allerdings aus meiner anfänglichen Heiterkeit im Verlauf der ersten Kilometer eine eher wechselhafte Gemütslage. Nach der Nacht im warmen Bett, der heißen Dusche, dem leckeren Essen und den angenehmen Gesprächen, hatte ich wenig Lust auf das einsame Zelt in der kommenden Nacht. Bei diesen Gedanken wechselte meine Stimmung immer wieder zwischen „himmelhoch-jauchzend" und „zu Tode betrübt". In dieser Phase der Wanderung habe ich eine enorm große Bandbreite meiner Gefühle erfahren.

Es war einerseits großartig und stärkte mich als Mann, auf so direkte Art und Weise mit der Natur und den Elementen verbunden zu sein. Ich freute mich darüber, als mir klar wurde, dass ich kaum noch über die Dinge nachdachte, deren Planung mich sonst beschäftigten. Meinen Lebensplan, meinen Finanzplan, meinen Karriereplan. Hier war nichts planbar. Nur das Jetzt zählte, und vielleicht noch der kommende Abend.

Andererseits dachte ich an Dinge, die ich verpasste und die mir fehlten. Ich empfand immer wieder starke Sehnsucht nach meinem „normalen" Leben, nach meiner Liebsten und meinem sozialen Umfeld. Ich vermisste den Luxus ebenso stark, wie ich die Einfachheit dieser Wanderung genoss. Mir wurde hier wieder sehr deutlich, wie wichtig es sein würde, mich zu einhundert Prozent auf diese Reise einzulassen.

Der Tag verging im Grübeln recht schnell, und die Stimmungsschwankungen begleiteten mich dabei, was mich im Großen und Ganzen aber auch nicht aus der Bahn warf. Als ich mein Etappenziel Setzelbach erreichte, war es bereits später Nachmittag.

Setzelbach ist ein kleines Dorf direkt westlich der ehemaligen Grenze. Ich hatte noch einige Vorräte. Deshalb wollte ich hier nur noch etwas Wasser für die Nacht und den nächsten Morgen besorgen. Als ich an einer kleinen Werkstatt vorbeikam, vernahm ich Stimmen. Ich schaute vorsichtig um die Ecke und sah zwei Männer, so um die sechzig Jahre alt, die an Motorrädern herumschraubten. Ich grüßte kurz und fragte die beiden nach Wasser.

„Wasser? Wir sind Männer, wir trinken Bier! Möchtest du auch eins?", lautete die kurze einladende Antwort. Also setzte ich mich zu ihnen und wir leerten jeder zwei Flaschen, während wir uns gutgelaunt unterhielten.

Sie erzählten mir von der Zeit der Grenze und der damaligen Situation. Setzelbach wäre in einer Art geographischer Sackgasse gewesen. Die Menschen hier hätten zwar zurückgezogen aber völlig sicher gelebt, berichteten mir die Männer. Nur selten seien Fremde vorbeigekommen, alle Türen wären immer unverschlossen gewesen. Aber es hätte auch Schattenseiten gegeben. Die Tage seien recht eintönig vergangen, mit wenig Austausch und nur seltenen Impulsen von außen.

Es war richtig spannend, ihnen zuzuhören und in die Geschichte einzutauchen. Weil ich aber weitermusste, füllte ich meine Wasserflaschen bei ihnen auf, verabschiedete mich herzlich und zog wieder los. Einen Zehn-Euro-Schein gaben mir die beiden mit guten Wünschen auch noch mit auf den Weg.

Schon nach wenigen, leicht wankenden Schritten spürte ich, wie sich das Bier inzwischen bemerkbar machte. Es wurde nun wirklich Zeit für mein Nachtlager. Gut einen Kilometer vom Dorf entfernt, schlug ich mein Zelt direkt neben dem Grenzweg auf. Ich konnte von meinem Lager aus den naheliegenden ehemaligen Wachturm sehen, hier fühlte ich mich sicher.

Bewachtes Zeltlager.

Zum Abschluss des Tages wollte ich mir noch etwas Gutes tun und kochte eine warme Suppe. Die Basis war zwar nur eine Tütensuppe, aber ich verfeinerte sie mit etwas Giersch, Brennnessel und der restlichen Wurst. Dazu aß ich mein leckeres Vollkornbrot und streckte dabei vor lauter Wonne die Beine aus. Eine fast magische Atmosphäre umgab mich plötzlich. Der Grenzweg befand sich auf einem Hügel, und so konnte ich hinunter auf und über das Tal schauen. Die untergehende Sonne kam am Horizont zwischen den Wolken hervor und tauchte die schöne Blumenwiese, auf der ich saß, in ein zauberhaftes Licht. Ich empfand pures Glück in diesem Moment.

Beim Einschlafen dachte ich an meinen Freund Kai. Wir hatten geplant, dass er mich ab Donnerstag für einige Tage begleiten würde. Darauf freute ich mich und stellte mir vor, dass mit uns beiden in der Natur eine kraftvolle Männerenergie entstehen könnte.

Auch für ihn würde es die erste Tour mit Zelt und Schlafsack werden. Mir fiel nicht ohne Stolz auf, dass ich inzwischen in der Lage sein würde, ihm wertvolle Tipps geben zu können. Ich hatte bereits vieles gelernt.

Impuls: REICHTUM
Reich ist, wem es reicht.
Unbekannte Quelle

Nachdem ich voller Schwermut durch die ersten Wochen gegangen bin, konnte ich nun als Belohnung immer mehr die leichten und schönen Momente der Wanderung genießen.

Ich bin lange in meinem Leben der Anerkennung von außen, Reichtum und sozialem Status hinterhergelaufen, ohne auf diese Weise wirklich glücklich zu werden. An diesem Tag konnte ich das tiefe Gefühl eines inneren Reichtums erfahren. Aus diesem Grund möchte ich den heutigen Impuls dem Thema Reichtum und wie man die Schätze des Herzens entdeckt, widmen.

In einer vom materiellen Wohlstand geprägten Welt vergessen wir manchmal, dass der wahre Reichtum nicht in den Dingen liegt, die wir besitzen, sondern in der Fähigkeit, mit dem zufrieden zu sein, was wir haben. Reich ist nicht derjenige, der alles besitzt, sondern derjenige, dem genug ist, was er hat.

Echten Reichtum werden wir nicht in materiellen Besitztümern finden, sondern vor allem in den kostbaren Schätzen des Herzens. Es ist die Fülle an Liebe, Mitgefühl, Freude und Dankbarkeit, die unser Leben erstrahlen lässt und uns wahrhaftig erfüllt. Denn wirklicher Reichtum zeigt sich eben nicht nur durch unser prall gefülltes Bankkonto, sondern vor allem in unseren Beziehungen, unserer inneren Zufriedenheit und vor allem unserer Fähigkeit, uns selbst und andere zu lieben.

Reichtum manifestiert sich manchmal auch in den kleinen Dingen des Lebens: in einem Lächeln, das dir ein Fremder schenkt, in der Wärme der Sonne auf deiner Haut, in der Liebe und Verbundenheit zu den Menschen deines Lebens.

Eine demütige Haltung zu Reichtum einzunehmen, bedeutet nicht, dass du nicht auch materiellen Reichtum achten und wertschätzen darfst. Es ist nichts Verwerfliches daran, auch danach zu streben. Der stete Drang nach immer mehr von allem wird aber nur zu oft zu einem Schleier, der uns den Blick auf das verdeckt, was bereits da ist.

Vielleicht ist es jetzt an der Zeit, diesen Schleier zu lüften und zu erkennen, wie reich dein Leben ist. Es ist kein Wettlauf um Besitztümer oder Status, sondern eine Reise, um deine Seele zu nähren und das Glück wirklich zu erfahren, statt es immer nur zu suchen.

Öffne deine Augen und sieh dich um. Betrachte die Dinge deines Lebens und erlaube dir, für alles dankbar zu sein, was du hast – sei es wenig oder viel. Der wahre Reichtum liegt darin, dass du dich selbst und deine Mitmenschen in all ihrer Einzigartigkeit wertschätzt. Er liegt in der Fähigkeit, das Leben zu genießen und gleichzeitig anderen Freude zu bereiten.

Reich ist, wem es reicht!

TAG 15
Dienstag, 21. Juli 2015: Von Setzelbach nach Vacha (ca. 34 km)

Ich schlief heute Nacht gut, und obwohl ich schon gegen halb sechs wach wurde, fühlte ich mich ausgeruht und bereit für große Taten. Ich meditierte eine Runde, machte einige Yogaübungen und kochte mir einen Liter heißes Wasser. Ich trinke seit vielen Jahren morgens vor dem Frühstück gerne knapp einen Liter heißes Wasser. Dies kommt aus der ayurvedischen Medizin und wird dort als eine innere Reinigung angesehen.

Nach dem Frühstück packte ich ganz in Ruhe meine Sachen. Ich ließ mir dabei Zeit, denn der Platz war auch an diesem herrlich sonnigen Morgen so schön und berührend, dass ich mich nicht daran sattsehen konnte. Ich kam mir ein wenig vor wie ein einsamer Cowboy in der weiten Prärie. Zum perfekten Bild fehlte nur noch mein grasendes Pferd.

Und da ich mich inzwischen besser auf mein eigenes Abenteuer einlassen konnte, fiel es mir auch immer leichter, solche Momente vollkommen zu genießen. Kein „Ja, aber ...“ war an diesem Morgen aus meinem Inneren zu hören. Ich fühlte mich richtig gut, lebendig und spürte ein sanftes Glück.

Gegen halb acht machte ich mich auf meinen heute besonders intensiven Weg. Die Strecke hatte es in sich. Ein ewiges Auf und Ab, kaum mal eine Passage ohne Gefälle – wie überall im Leben. Dazu kamen Temperaturen bis zu dreißig Grad – die Tour forderte mich körperlich extrem. Ich war schon auf halber Strecke komplett erledigt.

Ich spürte aber auch, dass ich mental inzwischen sehr viel stabiler und stärker geworden war. Die Natur, mein tägliches Ziel und die Herausforderungen des Tages brachten mich nun viel mehr ins Hier und Jetzt. Ich machte mir kaum Gedanken über den nächsten Tag, ein völlig neues Gefühl für mich.

Bevor allerdings die großen körperlichen Anstrengungen auf mich warteten, kam ich bereits zu einem frühen Zeitpunkt meiner Etappe zum Point Alpha, einem ehemaligen amerikanischen Grenzposten. Das beeindruckend große Bauwerk war ursprünglich zum Beobachten und Kontrollieren der Ostseite errichtet worden und dient mittlerweile als Freilichtmuseum. Obwohl ich zu früh dran war – das Museum hatte noch nicht geöffnet – konnte ich durch ein offenes Tor zu den Wachtürmen gelangen. Auf dem Weg dahin sah ich die vielen gut erhaltenen Ausrüstungsgegenstände und Unterkünfte der US-Armee, anhand derer ich das Leben der Soldaten etwas nachempfinden konnte.

Als besonders bedrückend empfand ich die noch erhaltenen Grenzanlagen mit ihren Aufbauten im originalen Verlauf der Grenze. Minen[17] und Selbstschussanlagen, zusätzlich Hunde und Wachsoldaten. Ich dachte, wie unglaublich es doch ist, was Menschen anderen Menschen antun können.

Eines der kleineren Relikte unserer Geschichte.

Auch im weiteren Verlauf meiner Etappe auf dem ehemaligen Grenzweg traf ich immer wieder auf Relikte der Grenzanlage. Aber die meisten Bauten sind vollständig verschwunden. Viele Teile der Grenzanlage wurden nach der Wende von den Anwohnern einer neuen Bestimmung zugeführt. In den umliegenden Dörfern, zu denen ich hin und wieder zur Nahrungsmittelbeschaffung lief, bin ich immer wieder auf Reste des ehemaligen Grenzzauns gestoßen, und in einigen Auffahrten lagen Betonplatten vom Grenzweg. Mir gefiel der Gedanke, eine neue Art der Variante: „Schwerter zu Pflugscharen". Lange blieben die Eindrücke der Grenzanlagen in meinem Kopf und beschäftigten meinen Geist.

Freudig und auch völlig durchgeschwitzt erreichte ich gegen 19 Uhr mein Tagesziel Vecha. Zunächst suchte und fand ich einen Laden, um mich von meinem gespendeten Geld für mein Abendessen einzudecken. Käse, Radieschen, Brot, Nutella und die geliebte Tütensuppe, meine Allzweckwaffe, sollten es heute sein.

Vacha wird auch das „Tor zur Rhön" genannt. Eine Stadt mit langer und großer Historie. Ich hatte geplant, hier zu übernachten, obwohl meiner Erfahrung nach Schlafplätze in Städten noch schwieriger zu finden waren als in der freien Natur. Ich wollte dennoch mein Glück versuchen.

In einem öffentlichen Park oder einem Ladeneingang wollte ich keinesfalls schlafen. Mir schwebte ein eigener, privater und ruhiger Schlafplatz vor.

---

[17] Noch heute sind über 20.000 Minen nicht gefunden worden. Das habe ich aber erst später erfahren.

Allzu wählerisch konnte ich aber auch nicht sein, denn ich war von dem Wandertag bereits so müde, dass ich möglichst schnell aus meinen Schuhen heraus und mich waschen wollte. Auch knurrte mich mein Magen hungrig an.

Also überquerte ich die Werra schnellen Fußes über die „Brücke der Einheit" und fragte bei einem der ersten Häuser auf der anderen Seite des Flusses nach Wasser. Der Besitzer, ebenfalls ein begeisterter Wanderer, ließ mich meine Flaschen auffüllen und bot mir dann sogar an, auf seinem Grundstück gleich neben der Werra zu zelten.

Der Platz war richtig schön. Der Fluss gleich nebenan mit seinem kühlen Nass lud zum Schwimmen ein, und ich nahm die Einladung gerne an, um mir nun endlich den ganzen Schweiß und Staub abzuwaschen. Tat das gut! Es ist einfach eine herrliche Belohnung, nach einem so anstrengenden Tag ein kaltes Bad zu nehmen, der reinste Jungbrunnen.

Anschließend entfachte ich ein kleines Feuer in meinen Kocher und bereitete mir eine Gemüsesuppe. Dazu gab es etwas Käse und als Dessert ein Brot mit Nutella. Alles in allem ein richtiges Festmahl – für meine derzeitigen Verhältnisse zumindest.

Die Nacht war aufgrund der nicht weit entfernten, stark befahrenen Bundesstraße recht unruhig. Ich war diese Geräusche kaum mehr gewohnt. Wie seltsam das ist, dachte ich in einem wachen Moment, wir wollen immer mehr Ruhe, doch die Motoren werden immer lauter.

Meine letzten Gedanken galten wieder dem kommenden Donnerstag, wenn Kai für ein paar Tage zu mir stoßen würde.

Impuls: DIE MÖHRE

Gestern war ich klug und wollte die Welt verändern.
Heute bin ich weise und möchte mich verändern.
Rumi

Für mich war es eine erstaunliche und tiefgreifende Erkenntnis, dass ich über weite Strecken meines Lebens viel zu sehr versucht hatte, anderen Menschen zu gefallen. In diesem Bestreben hatte ich mich oft verbogen, verraten und meine eigenen Träume aufgegeben. Auf der Wanderung wurde mir diese Tatsache immer bewusster, sodass ich im folgenden Impuls davon sprechen möchte, warum es grundsätzlich falsch ist, wie ein Esel den vorgehaltenen Möhren hinterherzulaufen.

Das Bild des Esels, der einer unerreichbaren Möhre nachjagt, kann uns als Metapher für manche Aspekte unseres Lebens dienen. Oft verfolgen wir attraktiv erscheinende Ziele, ohne uns zu fragen, ob deren Erreichung uns wirklich erfüllen und glücklich machen würde. Nicht selten stellen wir uns noch nicht einmal die Frage, ob es überhaupt unser Karren ist, den wir ziehen. Vielleicht ist es derjenige der Eltern, der Freunde, des Partners, des Chefs oder anderer Menschen, denen wir gefallen möchten. Sobald uns jemand eine süße Möhre vor die Nase hält, laufen wir los.

Diese Möhre kann die Verheißung von Anerkennung, Geld, Sex, Geborgenheit oder Liebe bedeuten. Immer etwas, das wir uns zutiefst wünschen, uns aber nicht allein geben können. Dabei vergessen wir möglicherweise, was uns wirklich erfüllt und glücklich macht. Wir vernachlässigen dann unsere eigenen Bedürfnisse und Leidenschaften, weil wir dem Druck von außen nachgeben und den Erwartungen anderer entsprechen möchten.

Wie der Esel der Möhre hinterherjagt, können wir uns in einem Geflecht aus Leistungsdruck und äußeren Attraktionen verfangen. Wir vergessen, dass wahre Erfüllung in uns selbst liegt und nicht in äußeren Zielen oder Besitztümern. Es ist wichtig, dass wir uns bewusst machen, wohin unsere Reise uns führen soll und warum wir uns auf den Weg gemacht haben. Wenn unsere Ziele uns nicht wirklich erfüllen oder mit unseren Werten und Überzeugungen im Einklang stehen, laufen wir Gefahr, uns zu verlieren und unglücklich zu werden.

Wahre Erfüllung findest du in der Treue zu dir selbst und dann, wenn du deiner inneren Stimme folgst. Es geht darum, authentisch zu sein und das zu tun, was dir wirklich am Herzen liegt, anstatt den Erwartungen anderer zu entsprechen. Wenn du dazu bereit bist, wirst du nicht mehr durch andere Menschen, Werbung oder sonstige Reize manipuliert werden können.

Und so lade ich dich ein, innezuhalten und zu reflektieren: Bist du wie ein Esel, der einer unerreichbaren, fremden Möhre nachjagt? Oder folgst du deinem wahren Herzenswunsch und deinen eigenen Träumen? Ich wünsche dir den Mut und die Klarheit, dich von den Erwartungen anderer zu lösen und deine ganz individuelle Berufung zu leben.

Ich bin an diesem Morgen wieder sehr früh aufgewacht. Das Dröhnen der Autos hat mich bereits gegen 5 Uhr endgültig geweckt. Ich dachte daran, dass dies der letzte einsame Tag werden würde. Morgen Vormittag würde ich Kai treffen, um mit ihm für einige Zeit gemeinsam entlang der alten Grenze zu wandern.

Ich stand auf, kochte mir als erstes etwas Wasser und bereitete mir daraufhin ein leckeres Frühstück, dass ich bei Sonnenschein zu mir nahm. Dabei dachte ich weiter an das Treffen mit meinem Freund. Ich fand es ziemlich verrückt, dass er sich spontan dazu entschlossen hatte, mich ein paar Tage auf meiner Reise zu begleiten. Die Aussicht auf Gesellschaft und unseren Austausch hatte mich in den letzten Tagen zusätzlich motiviert und mir geholfen, über die einsamen und oftmals bedrückenden Stunden hinwegzukommen.

Nach den zuletzt sehr langen und anstrengenden Etappen hatte ich für heute eine kürzere und leichtere Tour geplant. Mir war aufgefallen, dass ich etwas besser auf meinen Energiehaushalt und Körper Rücksicht nehmen sollte. Mein Bein meldete sich immer wieder mit Schmerzen, vor allem bei großer Belastung.

Den Tag in der Natur konnte ich mit allen Sinnen genießen. Ich hatte heute große Freude an der Wanderung und konnte meine Umwelt ganz bewusst wahrnehmen. Ich marschierte nicht mehr wie blind vor mich her, nur um irgendein Tagesziel zu erreichen, wie es noch in den ersten Tagen der Fall war. Nein, mein Marsch wurde immer mehr zu meiner ganz eigenen kleinen „Pilgerreise", einer Reise auch nach innen, zu mir selbst. Ich hatte vorher nie verstanden, warum Menschen auf eine Pilgerwanderschaft gehen, langsam kam ich jedoch dahinter.

„Dabei hatten sich die Umstände und Bedingungen überhaupt nicht geändert", fiel mir auf. Wohl aber meine innere Haltung! Ich ließ mich nun immer mehr auf dieses Abenteuer ein, was dazu führte, dass ich nicht nur alles intensiver erlebte, sondern auch deutlich besser genießen konnte. Dies war eine sehr wertvolle Erfahrung, und ich beschloss, diese Erkenntnisse auch in meinem Leben nach der Wanderung zu nutzen.

Während des Tages musste ich auch hin und wieder an meinen Vater denken, mit dem ich als Kind oft in der Natur unterwegs gewesen war. Ob er in seinem Leben auch eine Reise nach innen gemacht hatte? „Vermutlich schon", dachte ich. Auf seine individuelle Weise macht das wohl jeder Mensch. Es berührte mich, in die alten Erinnerungen einzutauchen. Ich hatte vieles vergessen, was plötzlich zum Vorschein trat. Überhaupt komme ich erst jetzt im fortgeschrittenen Alter in die bewusste Wertschätzung für die Leistungen und Unterstützungen meiner Eltern.

Ich lief an diesem Tag eher gemächlich, ließ mir Zeit. Ich hatte die Strecke bewusst kürzer gewählt, und wollte heute einmal ganz entspannt mein Ziel erreichen. Als ich diesem langsam näherkam, machte ich in Gedanken eine Inventur meiner verbliebenen Vorräte. Die Nahrungsmittel, die ich in Vacha gekauft hatte, zusammen mit der restlichen Wurst, würden für den Abend und zum Frühstück reichen. Somit brauchte ich später nur um Wasser zu bitten.

Waterfront.

Ich erreichte gegen 18 Uhr Dankmarshausen, füllte mir hier meine Flaschen auf und lief dann noch aufgrund eines Tipps weiter bis Obersuhl, wo ich an einem kleinen Badesee mein Nachtlager aufschlug. Nachdem alles zur Nacht vorbereitet war, nahm ich ein herrlich erfrischendes Vollbad im kühlen See.

Für die Nacht waren eigentlich Gewitter angesagt worden, aber es blieb bei heftigem Wind und Regen. Beim Einschlafen freute ich mich darüber, dass ich mich inzwischen auch daran gewöhnt hatte. Wind und Regen jedenfalls konnten meinem Schlaf nichts mehr anhaben.

Impuls: DIE REISE ZU UNS SELBST

Gastbeitrag von Christian Ulrich[18]

Wenn jemand eine Reise tut, dann kann er was erzählen.
Matthias Claudius

Ich finde, dass die Erkenntnis von Matthias Claudius selten so treffend war wie bei jener Reise von Eckhard entlang der alten deutsch-deutschen Grenze.

Denn der Autor erzählt uns nicht nur von Landschaften und Dörfern beidseits des Grenzstreifens, von Wachanlagen, interessanten Begegnungen mit grenzerfahrenen Menschen, den Widrigkeiten des Zeltens in der Natur, der Sorge um die Nahrungsbeschaffung und Blasen an den Füßen vom langen Marschieren. Er berichtet darüber hinaus von etwas zutiefst Persönlichem, einem einzigartigen Vorgang: der aufregenden Reise in sein Innerstes.

Eckhard hat es nämlich tatsächlich geschafft, sich selbst mit jedem Schritt ein kleines bisschen näherzukommen, den Blickwinkel nach und nach zu ändern. So fand er auf der Reise eine neue Haltung zu sich selbst, zu allem und allen anderen und zum Leben an sich.

Diese Reise zu uns selbst ist oft ein schwieriger Weg, viele werden diese Erfahrung gemacht haben. Er ist von Dornensträuchern überwuchert und verführerische Stimmen locken uns aus dunklen Höhlen am Wegesrand. Oft kann man den Weg kaum erkennen, tritt unentwegt in matschige Löcher oder läuft bei strömendem Regen im Kreis.

Umso erstaunlicher finde ich, mit welch ehrlicher Offenheit Eckhard sich selbst und seinen Schwächen gegenüber diese Reise vollzogen hat. Vor allem den Teil, der nach innen führte und dort Ängste und Schmerzen freilegte. Es gehört eine Menge Mut dazu, nicht nur eine solche Reise zu wagen, sie und alles, was sie mit sich bringt in dieser Konsequenz anzunehmen, sondern auch so schonungslos offen darüber zu berichten.

Anfangs habe ich, das muss ich ehrlicherweise zugeben, Eckhard ein klein wenig belächelt. Klar, ein langer Marsch macht die Beine müde und die Füße wund. Allein im Wald zu zelten bei Gewitter, ruft gruselige Schatten und die eigenen Dämonen hervor. Fremde um Nahrung zu bitten, ist natürlich äußerst unangenehm. Aber ich fragte mich, ob man da gleich Angstattacken bekommen muss? An der einen oder anderen Stelle hätte ich Eckhard am liebsten

---

[18] Christian ist Autor und hat das Lektorat dieses Buches übernommen.

durch die Seiten des Manuskripts hindurch zugerufen, er solle sich doch bitte nicht so anstellen. „Arschbacken zusammenkneifen, mein Lieber!" Oder so ähnlich.

Nach und nach wurde mir aber immer klarer, wie falsch und ungerecht es von mir war, hier solch eine Wertung vorgenommen zu haben. Jeder trägt seinen eigenen Rucksack, wie man so schön sagt, und in dieser Floskel steckt sehr viel Wahres und Wichtiges.

Noch dazu stellte ich zunehmend fest, dass es in meinem eigenen Leben durchaus Parallelen gab: Die Sorge davor, nicht genug leisten zu können und unproduktiv zu sein. Ängste vor Kritik und Ablehnung, ein manchmal gestörtes Selbstwertgefühl, Schweißausbrüche unter fremden Menschen, ein nicht enden wollendes Hadern mit der eigenen Vergangenheit und meinem Elternhaus.

Umso mehr Respekt gewann ich mit jeder einzelnen Seite vor Eckhards Leistung. Und damit meine ich nicht nur die fast eintausendeinhundert erlaufenen Kilometer. Nein, ich bewundere vor allem, dass er sich in aller Schonungslosigkeit den Teufeln gestellt hat, die ihm auf seiner Reise nach innen begegneten. Das hat mich nicht nur sehr berührt, es hat mich selbst darin bestärkt, nie aufzuhören, das wahre innere Selbst zu suchen und die Erkenntnisse des Weges dorthin für eine bessere Zukunft zu behüten.

Auf diese Weise lässt uns Eckhard an etwas teilhaben, was wir genau so möglicherweise nie erleben werden, vielleicht aber als Impuls aufnehmen, um uns selbst auf den Weg zu machen, alle Grenzen dieser Welt zu überwinden.

Ich habe also trotz des etwas unruhigen Wetters gut geschlafen und wachte mit guter Laune gegen 5 Uhr auf.

Warten auf Kai.

Ich war gleich ein wenig aufgeregt. Bald schon würde ich nun endlich meinen Freund Kai treffen, der geplant hatte, mich für eine Woche zu begleiten. Ich freute mich auf die gemeinsame Männerzeit in der „wilden" Natur, auf geteilte Erlebnisse und intensive Stunden. Ich nutzte noch einmal die Gelegenheit und erfrischte mich im See, bevor ich ausgiebig frühstückte.

Gegen 8 Uhr kam dann auch schon Kai – frisch geduscht, ausgeruht, gut gelaunt und bereit loszumarschieren. Gut, dass ich meinen Rucksack schon gepackt hatte, ich konnte Kais Tatendrang kaum bremsen. Also schulterten wir nach einer herzlichen, aber kurzen Begrüßung unsere Siebensachen, und dann ging es auch schon los.

Kai sprühte vor Energie, freute sich sichtlich auf die kommende Zeit, was mir selbst auch noch einen zusätzlichen Schub verlieh. Allerdings hatte sich bei mir nach zwei Wochen Einsamkeit auch ein großer Redebedarf angestaut. Ich war voll von Worten und Geschichten, die ich unbedingt loswerden wollte. Jetzt endlich hatte ich die Gelegenheit, die Erlebnisse, Gedanken und Gefühle der letzten zwei Wochen mit einem Freund zu teilen.

Ich begann mit meinen Schilderungen und zunächst war Kai auch ganz hellhörig. Weil ich wohl aber ohne Punkt und Komma redete und von einem Erlebnis zum nächsten sprang, stoppte Kai mich plötzlich und sagte: „Eckhard, sei mir bitte nicht böse, aber ich entfliehe gerade meinem stressigen Alltagsleben und wollte hier eigentlich etwas Ruhe finden ..."

Da prallten also gerade zwei Welten aufeinander. Wir hatten offensichtlich gerade leicht unterschiedliche Erwartungshaltungen. Wir konnten aber herzhaft darüber lachen – und natürlich sind wir im Laufe der Wanderung beide auf unsere Kosten gekommen. Ich war auch einfach froh, endlich nicht mehr allein zu sein. Meine Geschichten konnten auch warten. In den kommenden Tagen würde es genug Zeit für alles geben. Wir hatten eine mittelschwere Etappe. „Genau das richtige für Kai", dachte ich. „Nicht zu schwer und demotivierend, dennoch anspruchsvoll genug, um zu erkennen, dass es sich hierbei nicht um einen Spaziergang handelte." Wir liefen bei heiterem Wetter, unterhielten uns zwischendurch fröhlich angeregt, und ich achtete darauf, meinen Freund nicht wieder zu überfordern.

Gegen 18.30 Uhr erreichten wir unser Ziel Lauchröden. Wir fanden einen malerischen Platz in der Nähe eines kleinen Dorfes direkt neben dem Fluss Werra.

Nach dem Aufbau der Zelte machte ich mich daran, in den Nachbarort zu gehen, um im dortigen Supermarkt unser Abendessen und eine Flasche Wein zum Anstoßen auf den ersten Tag zu kaufen. Kai wollte in der Zwischenzeit Wasser besorgen und das Aufladen der Akkus organisieren. Er hatte mir für den Einkauf dreißig Euro mitgegeben und überdies angeregt, während der gemeinsamen Zeit das Sponsoring von Kost und Logis zu übernehmen. Ich hatte eingewilligt, auch wenn es meine Regel des Wanderns ohne Geld etwas aufgeweicht hatte. Ich war natürlich auch ganz froh, für ein paar Tage nicht um Nahrung an fremden Türen bitten zu müssen.

Die Leute in Lauchröden waren sehr freundlich, aber ich musste feststellen, dass sie von fußläufigen Entfernungsschätzungen keine Ahnung haben. Sie hatten uns gesagt, dass der Supermarkt nur eine viertel Stunde entfernt sei. Ich brauchte allerdings mehr als eine halbe.

Dort angekommen, wusste ich gar nicht so recht, was ich mit so viel Geld anfangen sollte. Dreißig Euro waren auf der Wanderung sehr viel Geld für mich, genug für eine ganze Woche, und ich tat mich schwer beim Ausgeben der Moneten. Aus einer Art Automatismus heraus packte ich zaghaft eine Viertelliter Flasche Wein, Dosenravioli und noch einige weitere günstige Kleinigkeiten in meinen Einkaufskorb. An der Kasse musste ich für alles knapp neun Euro bezahlen. Für mich war das sehr üppig – für eine Party mit einem alten Freund allerdings möglicherweise zu wenig, denn als ich mit meinen Errungenschaften zurückkam, schaute mich Kai verdutzt an. Er hielt es wohl erst für einen Scherz und dachte, ich hätte die richtige Einkaufstüte mit Wein und Essen irgendwo versteckt.

Aber es war nun einmal so: ein Mini-Fläschchen Wein für zwei Personen, Dosenfutter und einundzwanzig Euro Wechselgeld war alles, was ich mitgebracht hatte! Wir sahen uns an und mussten lachen. Kai meinte zwar, ich hätte ruhig etwas üppiger einkaufen können, war mir aber überhaupt nicht böse. Ich entgegnete, dass ich dergleichen einfach seit über zwei Wochen nicht mehr gewohnt war, fühlte mich trotzdem in diesem Augenblick sehr klein. So oder so hatten wir damit auch noch ein ausgiebiges Gesprächsthema für den Abend gefunden.

Kai hatte vorhin wie geplant Wasser besorgt und unsere Akkus bei einer älteren Dame laden können. Sie hatte bereits zur Grenzzeit direkt am Zaun gewohnt und ihm viel von dem Leben in der damaligen Zeit erzählt, was ihn sichtlich beeindruckt hatte. Er berichtete mir von dem Treffen, während wir langsam in den Abend übergingen und uns auf dem Hobo die Ravioli kochten, die wir zusammen mit Brot und Käse aßen. Dazu leerten wir die Viertelliterflasche Wein. Zumindest verspürten wir keine unangenehmen Erscheinungen des Alkohols und schliefen gut ein. Jeder in seinem Zelt, und doch waren wir uns ganz nah.

Impuls: BEDÜRFNISSE

Es gibt genug auf der Welt für jedermanns Bedürfnisse, aber
nicht genug für jedermanns Gier.
Mahatma Gandhi

Nach wie vor waren die grundlegenden Bedürfnisse nach Nahrung und einem sicheren Schlafplatz präsent. Oftmals können wir aber unsere Bedürfnisse nicht offen und ehrlich kommunizieren. Aus dieser Erkenntnis heraus dreht sich der heutige Impuls um den wertschätzenden Umgang mit Bedürfnissen.

In einer hektischen und leistungsorientierten Welt neigen wir oft dazu, uns selbst und unsere Bedürfnisse zu vernachlässigen. Wir sind so sehr damit beschäftigt, die Bedürfnisse anderer zu erfüllen oder den Erwartungen der Gesellschaft zu entsprechen, dass wir manchmal vergessen, uns selbst zu fragen, was wir in Wahrheit für uns selbst brauchen.

Der wertschätzende Umgang mit unseren Bedürfnissen ist jedoch von großer Bedeutung für unser Wohlbefinden und unsere Lebensqualität. Es ist ein Akt der Selbstfürsorge und der Selbstliebe, der uns dabei unterstützt, in Einklang mit uns selbst zu sein und unsere innere Balance zu wahren.

Im Gegenzug dazu sollten wir auch akzeptieren, dass andere Menschen unsere Bedürfnisse nicht per se erfüllen müssen. Gerade aufgrund einer Angst vor möglicher Ablehnung, trauen wir uns oft nicht, unsere Bedürfnisse zu äußern oder sie überhaupt in uns selbst wahrzunehmen. Wenn wir aber unsere Bedürfnisse nicht kennen oder sie nicht äußern, werden sie dementsprechend unbefriedigt bleiben. Das macht uns auf Dauer unzufrieden oder sogar seelisch krank.

Die eigene Wertschätzung verlangt daher in diesem Zusammenhang, deine Bedürfnisse ernst zu nehmen, sie anzuerkennen und ihnen Raum zu geben. Es geht darum, in achtsamer Weise auf dich zu hören und zu erkennen, was dich wirklich erfüllt und glücklich macht.

Oft fühlen wir uns schuldig oder egoistisch, wenn wir unsere Bedürfnisse äußern und erfüllen. Doch genau das Gegenteil ist der Fall. Indem wir uns nämlich selbst wertschätzen und für uns sorgen, können wir auch den Bedürfnissen anderer gegenüber authentischer und wohlwollender auftreten.

TAG 18
Freitag, 24. Juli 2015: Von Lauchröden nach Heldra (ca. 29 km)

Es war sehr ungewohnt, am nächsten Morgen aufzuwachen und einem vertrauten Menschen zu begegnen.

Zwei Zelte, fast schon ein Dorf ☺.

Für mich war es ein großarti-
ges Gefühl, nicht allein zu
sein, und ich fühlte mich sehr
glücklich.

Nachdem wir uns und den
Morgen herzlich begrüßt hatten, machten wir uns fertig für
den Tag, aßen zum Frühstück
etwas Brot mit Wurst und
bauten schließlich unsere Zelte ab. Nebenbei sprachen wir ein wenig über die
letzte Nacht, denn für Kai ist es das erste Mal gewesen, dass er in einem Zelt
in freier Natur geschlafen hatte. Ein bisschen fühlte er sich wie ein Held, war
aber auch wirklich froh über diese Erfahrung.

Nachdem wir unseren Schlafplatz gesegnet hatten, brachen wir schließlich
gegen 10 Uhr auf. Vor uns lag eine strapaziöse Etappe. Fast dreißig Kilometer
lang, viele Anstiege und die Sonne brannte schon jetzt unnachgiebig auf uns
herab.

In den wenigen Orten, die auf der Strecke lagen, trafen wir kaum Menschen.
Ein paar Leute leben noch hier, aber nahezu alle ehemaligen Gaststätten und
Geschäfte sind geschlossen. Somit suchten wir auch lange vergeblich irgend-
eine Einkaufsmöglichkeit für Lebensmittel.

Bisher war mir dieses Fehlen von kleinen Märkten oder Läden gar nicht
weiter aufgefallen, da ich ja meistens am Abend bei einzelnen Haushalten um
Essen gebeten hatte. Aber da wir nun mit Geld in der Tasche reisten, wurde
mir diese Tatsache deutlich.

Ich sprach später mit einigen Dorfbewohnern darüber. Vor allem die Älteren
vermissten den Frühschoppen am Sonntagmorgen in der Dorfkneipe sehr.
Auch wäre vieles anonymer und unpersönlicher geworden. Jüngere Bewohner
sagten mir, dass sie hier draußen die Ruhe sehr genossen, ihr soziales Leben
aber in den nahegelegenen Städten stattfand.

Oft zogen die jungen Familien wieder weg, wenn die Kinder da waren und die Ausflüge in die Stadt schwieriger wurden.

Aufgrund der Gespräche liefen wir in etwas sentimentaler Stimmung weiter. Der Plattenweg hatte uns dabei voll in seinem zermürbenden Griff. Kilometerweit zog er sich gleichförmig dahin, nur das stetige Auf und Ab wurde zur ungewollten Abwechslung. Aber wir ließen uns nicht von ihm kleinkriegen, blieben wacker und kamen insgesamt gut voran.

Ich verspürte sowieso fast die ganze Zeit eine heitere Freude darüber, diesen Abschnitt mit meinem Freund zu laufen, nach all den vielen Kilometern in Einsamkeit.

Nachdem wir eine Zeit still gewandert waren, hatte ich das Gefühl, dass nun ein passender Zeitpunkt für echte Gespräche gekommen war. Anlass war, dass Kai mich gefragt hatte, ob ich denn bei meiner Reise schon Gedanken oder eine Inspiration für eine neue Lebensvision bekommen habe.

Ich berichtete, dass mir dies, wenn überhaupt, nur als Blitzlicht erschienen wäre. Ich selbst wäre in den ersten Tagen so sehr damit beschäftigt gewesen, mich auf das Wandern einzustellen, nach Essen und Schlafplätzen Ausschau zu halten und meine Wunden zu lecken, dass mir kaum Gedanken an eine Zukunft nach der Grenzwanderung gekommen waren. Ich erklärte ihm auch, dass bei mir vor seinem Eintreffen überhaupt erst an zwei Tagen das Gefühl aufgekommen war, auf meiner Reise richtig angekommen zu sein und das Wandern genießen zu können.

Ich wurde während meiner Schilderungen selbst etwas nachdenklich. Ich fragte mich, ob ich die Zeit bis hierhin sinnvoll genutzt hatte. Bisher waren meine Wandergedanken hauptsächlich auf meine Vergangenheit und die Sorge um Nahrung ausgerichtet. Schließlich kam ich zu der Erkenntnis, dass dies auch gut so war. Ich wollte bei meiner persönlichen Entwicklung keine Schritte überspringen.

Meine Idee war, zunächst das Vergangene zu verstehen, mit alten Wunden in Heilung zu kommen und meinen inneren Frieden zu schließen. Danach wollte ich meine Gegenwart klären. Was war gerade? Wo stand ich? Was bewegte mich? Ich war fest überzeugt, dass erst nach Klärung dieser Fragen der Weg frei sein würde für eine neue Vision meiner Zukunft.

Das alles war kein strikter Masterplan, sondern entstammte vielmehr einem Bauchgefühl und meinen Instinkten. Die Gedanken an die scheinbaren Fehler,

Verletzungen und Versäumnisse der Vergangenheit waren einfach präsent. Kai spiegelte mir jedoch manchmal, dass ich alten Schmerzen scheinbar zu viel Aufmerksamkeit widmete, statt mich freudig der Zukunft zuzuwenden. Ich durfte erst auf der Wanderung erkennen, wie heilsam für mich die emotionale Verarbeitung dieser alten Wunden war, die ich bisher immer unterdrückt hatte. Und doch haben mich die Impulse von Kai aus der endlosen Schleife derselben Gedanken und Gefühle herausgeholt. Während wir unserem Tagesziel nun langsam immer näherkamen, mal in Stille, mal in gute Gespräche vertieft, hin und wieder aber auch scherzend und lachend, holte uns gegen Abend das Sturmtief Zeljko ein. Das Wetter zeigte sich seit Tagen sehr unbeständig. Wunderbar sonnige und auch sehr heiße Abschnitte wurden immer wieder von plötzlichen und ausgiebigen Regengüssen unterbrochen.

Wir beschlossen wegen des immer stärker werdenden Regens, und weil wir auch noch immer keine Vorräte hatten besorgen können, heute nicht im Zelt zu übernachten, sondern uns ein Gasthaus, ein kleines Hotel oder eine Pension zu suchen. Das war Kais Idee, der sich wohl schon jetzt nach einem trockenen, weichen Bett sehnte. Ich kannte dieses Gefühl selbstverständlich nur zu gut und willigte ein. Er hatte mich zur Übernachtung eingeladen, was sich ein wenig seltsam anfühlte.

Bei diesem Wetter ist das natürlich eine gute Entscheidung gewesen. Wir fanden in Heldra eine kleine Pension mit angeschlossenem Ponyhof und buchten ein Doppelzimmer mit zwei Einzelbetten. Ein weiches, trockenes Bett, eine heiße Dusche und ein warmes Abendessen in der Pension bildeten den krönenden Abschluss dieses Tages.

Ich war eigentlich sehr glücklich, und doch war da etwas, das sich nicht stimmig anfühlte. Wie ein winziger Stachel, ein kleiner juckender Stich. Ich wurde von Kai versorgt, und dies ließ ein Gefühl der Abhängigkeit in mir entstehen. Das war nichts Dramatisches, trübte aber ein wenig den fast perfekten Abend.

Impuls: FREUNDSCHAFT

Der Freund ist einer, der alles von dir weiß,
und der dich trotzdem liebt.
Elbert Hubbard

Kennst du das? Du hast eintausend Facebook-Freunde und trotzdem fühlst du dich oft einsam und unverstanden? Wir bezeichnen oft viele Menschen als Freunde, obwohl wir mit ihnen nicht wirklich über das Herz verbunden sind. In ihrer Gegenwart wagen wir es oft nicht, unsere wahren Gefühle, unsere Sorgen und unsere verletzlichen Seiten zu zeigen.

Was macht eine echte Freundschaft aus? Zu dieser Fragestellung möchte ich folgenden Impuls mit dir teilen.

In einer Welt, die oft von Stress und Schnelllebigkeit geprägt ist, sind Freundschaften wie ein Anker, ein sicherer Halt in stürmischen Zeiten. Was macht Freundschaften so wichtig? Warum sind sie mehr, als nur gemeinsam Spaß zu haben? Und wie öffnen wir uns, um unsere tiefsten Gefühle und Sorgen mit einem Freund zu teilen?

Freundschaft ist nicht nur eine Quelle von Unterhaltung und Freude, sondern auch von Trost, Unterstützung und Zugehörigkeit. Dabei ist es nicht wichtig, wie viele Freunde du hast, sondern ob du mindestens eine vertrauensvolle und emotional tiefe Freundschaft pflegst.

In der heutigen Zeit sind wir es leider immer mehr gewohnt, uns stark und unverwundbar zu zeigen. Somit sind wir mit unseren Schattenseiten[19], Gefühlen und Sorgen oftmals allein. Gerade Männer machen diese Aspekte am liebsten mit sich selbst aus. Doch das funktioniert auf Dauer nicht. Wir sind soziale Wesen und brauchen für unser mentales und emotionales Wachstum den Austausch mit anderen Menschen.

Gerade in schweren Zeiten sind es oft unsere Freunde, die uns aufbauen und uns den Rücken stärken. Sie sind da, um uns zu verstehen, um uns anzunehmen und auch um uns zu zeigen, dass wir nicht allein sind.

---

[19] Schattenseiten sind die dunklen und unbewussten Eigenschaften in uns, die wir innerlich ablehnen und verdrängen. Diese Schattenseiten (z. B. Gier, Eifersucht, Wut, usw.) soll möglichst niemand bei uns erkennen, jedoch gehören sie zu uns.

Freund zu sein, ist die Fähigkeit, einander zu trösten, sich gegenseitig zu ermutigen und auch hin und wieder kritisch zu hinterfragen. Durch solche Beziehungen wachsen wir gemeinsam und werden stärker.

Zugegeben, es ist nicht immer einfach, sich zu öffnen und seine tiefsten Gefühle und Sorgen mit einem Freund zu teilen. Es erfordert Vertrauen und Mut, sich verletzlich zu zeigen. Aber oft sind es genau diese Momente der Ehrlichkeit, die eine Freundschaft vertiefen und uns einander näherbringen. Ein guter Freund ist jemand, dem wir bedingungslos vertrauen können, ohne Angst vor Ablehnung. Er bietet somit einen geschützten Raum und du kannst dich auf seine Diskretion verlassen.

Was eine authentische und wachstumsorientierte Freundschaft von den üblichen Stammtisch-Freunden unterscheidet, ist das tiefe Maß an Vertrauen, Ehrlichkeit und Unterstützung, das in solchen Beziehungen vorherrscht. Während Stammtisch-Freunde oft oberflächliche Interaktionen und triviale Gespräche pflegen, zeichnen sich authentische Freundschaften durch die Bereitschaft aus, sich verletzlich zu zeigen, einander herauszufordern und gemeinsam zu wachsen. Diese Freundschaften bieten einen Raum, in dem Fehler akzeptiert werden, Vergebung stattfindet und ein Gefühl der Verbundenheit und Solidarität entsteht, das über die Grenzen des Alltäglichen hinausgeht. Ein guter Freund ist auch bereit, unbequem zu sein, dir notfalls auch einmal in den „Arsch zu treten", um dich „aufzuwecken" und ins Handeln zu bringen.

Ich wünsche dir herzverbundene und wachstumsorientierte Freundschaften. Sie mit Liebe und Dankbarkeit zu pflegen, ist die beste Investition in deine Zukunft.

Aus eigener Erfahrung kann ich sagen, dass sich selbst enge Freundschaften, genau wie Partnerschaften, wieder lösen können und dürfen. Wir alle haben unseren eigenen Entwicklungs- und Lebensweg, der sich im Laufe der Zeit auch verändern kann. Daher ist es keine Schande, auch Freundschaften in Dankbarkeit und Anerkennung der gemeinsamen Zeit zu lösen und zu beenden, wenn die Lebenswege nicht mehr zusammenpassen.

TAG 19
Samstag, 25. Juli 2015: Von Heldra nach Eschwege (ca. 20 km)

Der Blick aus dem Fenster am Morgen ließ nichts Gutes erahnen. Wir hatten richtig gut geschlafen, doch nun wurden wir von dunklen, bedrohlichen Wolken am Morgenhimmel begrüßt. Obwohl uns die Gastwirte mit den neuesten Unwetterwarnungen begrüßten, trafen wir den Entschluss, weiterzugehen. Uns war dabei vollkommen klar, dass wir uns auf heftigen Sturm und viel Regen an diesem Tag und in der kommenden Nacht einstellen mussten.

Da braut sich etwas zusammen.

Unser heutiges Tagesziel war die hessische Kreisstadt Eschwege. Wir machten uns nach dem Frühstück schnell auf den Weg, um es uns nicht noch anders überlegen zu können. Unser Plan sah vor, uns am Zielort einen geschützten Campingplatz zu suchen, um dort vor Sturm und Gewitter halbwegs sicher zu sein.

Den Plattenweg mieden wir heute, weil wir diese Passage wegen der umgefallenen Bäume der gestrigen Nacht, der glitschigen Betonplatten in den Höhenlagen und des herrschenden Sturms für zu gefährlich erachteten. Wir wählten stattdessen einen alternativen Weg durch die Täler entlang der Werra.

Hier war es zwar unserer Einschätzung nach weniger gefährlich, dennoch liefen wir fast die ganze Zeit mitten im Unwetter. Wind und Regen erschwerten das Laufen enorm. Manchmal schlug uns der Sturm so heftig ins Gesicht, dass wir kaum vorankamen. Trotzdem war es auch ein erhabenes Gefühl, ein richtig magisches Erlebnis, mit den Elementen der Natur so verbunden zu sein und sie hautnah zu spüren.

Beim Gedanken an die kommende Nacht war mir trotzdem etwas mulmig zumute. Es würde eine echte Herausforderung werden, im Zelt zu übernachten. Andererseits hatte ich bereits eine heftige Sturmnacht überlebt, war also schon geübt darin. Außerdem, und das konnte ich wirklich spüren, ist zu zweit sowieso alles viel einfacher.

Auf den letzten zwei oder drei Kilometern vor Eschwege, dachte ich erneut über den Umstand nach, dass Kai gerade alle Kosten übernimmt. Auf eine diffuse Weise fühlte sich das weiterhin ein wenig ungut an. Ich nahm mich selbst in dieser Situation irgendwie abhängig und klein wahr, fast wie damals, als mir mein Vater als kleines Kind ein Eis gekauft hatte.

Ich spürte, dass etwas energetisch nicht ausgeglichen war. Und besonders weil Kai mein Freund ist, war mir das unangenehm. Ich fühlte mich irgendwie kleiner und abhängiger und fing an, mich auch entsprechend zu verhalten. Es ist schwer zu beschreiben, aber ich rutschte energetisch in eine Schieflage und begegnete Kai nicht mehr auf Augenhöhe. Das wurde mir aber erst später klar, während der Wanderung bemerkte ich nur dieses seltsame Gefühl der Abhängigkeit. Kai selbst war einfach nur großzügig, auf ganz selbstverständliche Weise. Für ihn war es ohne Frage vollkommen okay, uns auf dem Stück der gemeinsamen Reise zu finanzieren. Das war Teil seines Plans gewesen. Er wollte nicht auf ein Minimum an Behaglichkeit verzichten und war diesbezüglich deutlich weniger asketisch als mein Plan und ich.

Als wir den Campingplatz erreichten, war uns das Wetter für eine Weile wohlgesonnen, sodass wir in Ruhe einen geschützten Platz suchen und die Zelte sturmsicher verzurren konnten. Während wir unsere Taschen auspackten, Zeltstangen durch Ösen fummelten und Heringe in den Boden trieben, lag diese besondere Energie in der Luft. Eine Art angelegte Spannung, wie man sie oft erlebt in so einer Gewitterstimmung im Sommer. Sehr konzentriert trafen wir alle nötigen Vorbereitungen. Wir wollten wohl beide alles erledigt haben, bevor das nächste Unwetter über uns hereinbrechen würde.

Und tatsächlich zogen später wieder sehr dunkle Wolken auf, die uns durchaus Respekt einflößten. Aber wir waren nun gut gerüstet und konnten mit ruhigem Gewissen duschen und uns später ein warmes Essen machen.

Die Nacht war erwartungsgemäß sehr stürmisch und regnerisch. Unsere Zelte hielten aber allen Gewalten stand. Ich stellte beim Einschlafen fest, wie sehr ich mich selbst inzwischen auch mit der Natur und ihren Gegebenheiten arrangiert hatte. Mit einem Schmunzeln dachte ich an meine erste Nacht in Panik und schlief völlig angstfrei ein.

Impuls: ABHÄNGIGKEIT

Bei den wenigsten Gefängnissen sieht man die Gitter.
Oliver Hassencamp

Die Tatsache, dass Kai in den gemeinsamen Tagen die Finanzierung der Versorgung übernommen hatte, führte zwar zu einem deutlichen Mehr an Luxus, hinterließ aber eben bei mir auch das unangenehme Gefühl, von meinem Freund in gewisser Weise abhängig zu sein.

In jeder Beziehung – sei sie romantisch, familiär, beruflich oder freundschaftlich – weben wir uns gegenseitig in ein unsichtbares Netz aus Erwartungen, Gefühlen und Emotionen. Doch manchmal kann diese Verbundenheit auch ungesunde Züge tragen. Nämlich dann, wenn innerhalb dieser Beziehungen echte oder auch nur wahrgenommene Abhängigkeiten entstehen. Natürlich gibt es in jeder Beziehung und allen Gemeinschaften Abhängigkeiten, jedoch sollten sie nicht dazu führen, dass Einzelne ihre Bedürfnisse vernachlässigen oder sich energetisch unterordnen müssen.

In den ersten Phasen einer Beziehung nehmen wir fast immer eine Position als starkes Individuum ein, in der wir unsere Identität möglichst umfänglich bewahren. Doch je intensiver die Bindung wird, desto stärker verschmelzen wir miteinander.

Nach einer gewissen Zeit verändert sich oftmals der gemeinsame Wunsch dieser Verschmelzung. Nicht selten ist es nur einer der Partner, der weiterhin diese tiefe Verbindung sucht, während der andere mehr Distanz benötigt. In diesem Fall gerät die gesamte Beziehung durch das Gefühl der Nähe auf der einen und dem Wunsch nach mehr Freiheit und Distanz auf der anderen Seite in eine ungesunde Schieflage. Dies geschieht vor allem dann, wenn das nicht entsprechend kommuniziert und transformiert wird.

Mit Transformation meine ich in diesem Zusammenhang die Auseinandersetzung mit den unterschiedlichen Bedürfnissen und die Bereitschaft, Lösungen zu finden, die den Empfindungen beider Partner gerecht werden. Dies kann manchmal ein langwieriger, intensiver und manchmal auch schmerzhafter Prozess sein. In besonders schwierigen Fällen (zum Beispiel im familiären Umfeld) kann ein externer und neutraler Mediator oder Coach hilfreiche Unterstützung bieten.

Die Abhängigkeit von anderen Menschen kann viele Formen annehmen. Emotionale Abhängigkeit von anderen Menschen kann entstehen, wenn das

Gegenüber unser eigenes Glück zu bestimmen scheint. Wir können in Abhängigkeiten von der Anerkennung anderer geraten, die uns in unserer eigenen Meinungsbildung und Entscheidungsfähigkeit beeinflusst. Auch gibt es die materielle Abhängigkeit. Jede Form der Abhängigkeit führt zu einer energetischen Schieflage und oft zu einem devoten Verhalten eines Partners.

All diese Formen der Abhängigkeit haben eines gemeinsam: Sie halten uns gefangen und verhindern, dass wir unsere eigenen Potenziale entfalten können. Die Nachteile sind vielfältig und reichen von einem verminderten Selbstwertgefühl bis hin zur Unfähigkeit, den eigenen Bedürfnissen gerecht zu werden. Auch das volle Potential der Beziehung kann sich in solch einer Konstellation nicht wirklich entfalten.

Der Weg zur Loslösung von Abhängigkeiten beginnt mit der bewussten Wahrnehmung unserer Muster und der Bereitschaft, uns selbst zu reflektieren. Es erfordert Kraft und Mut, die eigenen Bedürfnisse zu erkennen und ehrlich zu bewerten, wie wir uns in Beziehungen verhalten.

Nur wenn du bereit bist, dich und deine Bedürfnisse wichtig zu nehmen und ebenfalls die Bedürfnisse der anderen zu respektieren, kannst du aus dieser ungesunden Abhängigkeit entfliehen. Allerdings kann dies auch die Konsequenz zur Folge haben, deine Beziehungen radikal zu ändern oder dich sogar davon zu lösen.

Am Morgen nach der stürmischen Nacht stellten wir erleichtert fest, dass sich das Wetter inzwischen beruhigt hatte. Vom Wind zerrissene Wolken zogen zwar nach wie vor schnell über uns hinweg, aber nun zeigte sich auch die Sonne immer mal wieder.

Wir frühstückten ausgiebig in dem Camping-Restaurant, hingen vorher die Ausrüstung zum Trocknen über eine Leine und nahmen dann gegen 10 Uhr unser heutiges Etappenziel Bad Sooden in Angriff. Zum Glück waren die Zelte schnell wieder getrocknet. Eine feuchte Ausrüstung wiegt, wie bereits schon einmal beschrieben, bis zu zwei Kilogramm mehr – bei langen Strecken merkt man davon jedes einzelne Gramm.

Die geplante Tagestour war diesmal recht kurz und bei Weitem nicht so herausfordernd wie die gestrige. Weil im Moment auch die Lebensmittelbeschaffung deutlich vereinfacht war, konnte ich mich viel stärker auf die Wanderung, unsere Gespräche und meine eigenen Gedanken konzentrieren.

Zum Beispiel dachte ich etwas sentimental schon an den kommenden Samstag, wenn mich mein jetziger Wandergefährte wieder verlassen würde. Dann würde mich wieder die Einsamkeit erwarten. Und das Betteln. Und die Angst. Und …

„Stop!", rief ich in mich hinein. Ich erkannte, dass ich gerade dabei war, mir diese schöne Zeit durch solch pessimistische Gedanken an die Zukunft zu vergraulen. Oskar war mal wieder aufgetaucht und befand sich auf seiner eifrigen Suche nach Haken und Ösen. Ich stoppte ihn aber ganz bewusst und mit Vehemenz. Ich wollte die Zeit schließlich genießen und schickte Oskar wieder zurück in seine dunkle Höhle.

Viel besser war es, in Dankbarkeit daran zu denken, wie sehr mich die Menschen auf meiner Reise unterstützten. Ich hatte mit viel Ablehnung gerechnet. Und obwohl mich die Meinung anderer noch immer überproportional stark beeinflusste, konnte ich mich mehr als glücklich schätzen, dass ich auch so viel Zuspruch und Hilfe erfuhr.

Ich teilte viele meiner Gedanken mit Kai und empfand große Freude, auf diesem Teil der Wanderung wertvolle Gespräche mit ihm führen zu können. In der Nähe von Bad Sooden fanden wir einen schönen Zeltplatz an einem Naturteich. Hier machten wir uns als erstes mit großem Hunger im Bauch daran, eine Suppe zu kochen und uns über die Reste der gekauften Nahrungs-mittel herzumachen.

Nachdem wir etwas später unsere Zelte aufgebaut hatten, setzten wir uns davor und lauschten in Gemütlichkeit der Stille. Doch plötzlich tauchte ein Mann im Halbdunkel auf. Er stellte sich als Mitglied des örtlichen Anglerver-eins vor, fragte uns, was wir hier täten, und machte uns darauf aufmerksam, dass an diesem Platz nicht gezeltet werden dürfe. Nachdem wir ihm jedoch von unserer Wanderung erzählt und ihm versprochen hatten, keinen Müll zu hinterlassen, erlaubte er uns zu bleiben und wünschte uns eine gute Zeit.

Kurz war Sorge in mir aufgetaucht, etwas Verbotenes getan zu haben. Aber schließlich ging ja alles gut, und außerdem habe ich sowieso während der ge-samten Wanderung penibel darauf geachtet, meinen Müll vernünftig zu ent-sorgen.

Der schöne Ausblick am Abend.

Auch beim Einschlafen blieb ich heute noch ein wenig ge-dankenverloren. Ich landete noch einmal bei der von Kai fi-nanzierten Vollpension und meiner Haltung dazu. Mir wurde immer klarer, dass die-ses Thema, wie so viele im Le-ben, zwei Seiten hatte. Einer-seits genoss ich nicht nur die Zeit mit Kai, sondern auch die Behaglichkeit, die durch seine finanzkräftige Unterstützung entstand.

Andererseits fühlte ich mich dadurch auch ein wenig unfrei. Die nun ver-einfachte Versorgung hatte auch dazu geführt, dass ich meine Konzentration und meine Kraft im Vergleich zu vorher teilweise verloren hatte. Ich überließ Kai die Auswahl der Lebensmittel und auch andere Entscheidungen. Das wurde mir ebenfalls erst in der späteren Reflexion der Wanderung bewusst.

Ich kannte dieses Muster aus meinem Alltagsleben sehr gut. Immer wenn ich mich in der Vergangenheit in einer abhängigen Position befunden hatte, also wenn ich meine Eigenverantwortung an eine andere Person abgab, fuhr ich meine eigene Energie herunter, nahm mich selbst zurück und verlor die Ausrichtung auf meine Ziele.

Ich dachte daran, wie wichtig es ist, sich seine Ziele (und die Wege dorthin) immer wieder vor Augen zu führen. Vor allem dann, wenn einem die aktuellen Umstände suggerieren, dass man sich nicht darum kümmern muss.

Kurz vorm Einschlafen fiel mir noch eine schöne Sache ein. Für morgen früh hatte sich mein guter Bekannter Dirk mit seiner Familie angekündigt. Auf dem Weg zum Urlaub nach Frankreich wollte er einen kurzen Abstecher machen, um zu einem gemeinsamen Frühstück zu uns zu stoßen.

Auch wenn das hier langsam zum gut gefüllten Ferienlager ausuferte, freute ich mich sehr darauf. Ich hatte schließlich mehr als genug Zeit in Einsamkeit verbracht.

Impuls: STIMME

Der Klang der Stimme verrät den Zustand der Seele.
Helmut Glaßl

Um nicht aufzufallen und aus dem Wunsch nach Zugehörigkeit, habe ich früher selten meine Stimme erhoben und es kaum gewagt, Wahrheiten auszusprechen, wenn sie mir nicht mit anderen Meinungen kompatibel erschienen.

Daher beschäftigt sich der heutige Impuls mit dem Weg zum befreienden Selbstausdruck durch deine Stimme.

In den Tiefen unseres Wesens liegen viele erstaunliche Dinge verborgen. Dort findet sich auch die Freiheit unserer Stimme mit ihrer Wirkung unseres offenen und ehrlichen Ausdrucks. Wie eine leidenschaftliche Melodie wartet sie darauf, von uns zum Klingen gebracht zu werden.

Wenn wir den Mut finden, unsere Stimme zu erheben und uns frei, ehrlich und respektvoll auszudrücken, eröffnen sich ungeahnte Möglichkeiten. Wir alle tragen diese Fähigkeit in uns, doch haben wir diese nicht selten durch negative Erfahrungen in der Kindheit und Jugend verlernt. „Sei still!" war vielleicht eine oft gesendete Botschaft deiner Eltern. Oder du hast die Erfahrung gemacht, dass du dich weniger geliebt fühltest, wenn du eine Meinung hattest, die anderen Familienmitgliedern nicht passte.

Als Kind warst du abhängig und musstest dich anpassen, doch heute kannst du dich als erwachsener Mensch von diesen unbewussten Mustern befreien und dich offen und mutig zeigen. Deine Meinung oder deine Haltung werden möglicherweise nicht jedem gefallen. Du wirst sichtbar und hörbar werden, und dadurch kannst du auch heftigen Gegenwind bekommen.

Die Freiheit deiner Stimme ist kein Privileg, sondern dein Geburtsrecht. Vielleicht ist es jetzt an der Zeit, dich von den Fesseln der Unsicherheit zu befreien und deine Stimme als elementaren Ausdruck deines Selbst zur Geltung zu bringen.

Unsere wohlwollenden und ehrlichen Worte können trösten, inspirieren und verändern. Sie können Licht in die Dunkelheit bringen und Herzen zum Leuchten bringen. Wir müssen uns nur trauen, die ersten Töne anzuschlagen, um die Einzigartigkeit unseres Ausdrucks in die Welt zu tragen. Auf der anderen Seite können destruktive Worte verletzen und zerstören.

Indem du deine Stimme erhebst und deine Wahrheit verkündest, schenkst du auch anderen Mut, es dir gleich zu tun. Durch deine Sichtbarkeit berührst du andere Menschen.

Doch sei auch in diesem Zusammenhang immer achtsam mit allem, was du ausdrückst. Es kann Gegenwind von denjenigen geben, die sich nicht trauen und seitens derer, denen du einen Spiegel vorhältst. Die Wirkung deiner Stimme und deines Ausdrucks reicht weit über das Hörbare hinaus. Es ist wie ein Stein, der das stille Wasser eines Sees berührt und eine Welle der Veränderung auslöst.

Deine Stimme muss dabei nicht laut sein, sie wirkt auch in leiser und zarter Melodie. Es kommt vor allem darauf an, wie sehr deine Stimme[20] mit deinem Herzen verbunden ist.

Indem du deine Stimme befreist, deine Wahrheit durch deine Worte ausdrückst, wirst du eine Wirkung in der Welt haben. Du wirst dadurch sicht- und hörbarer. Es gibt genug Kopien in dieser Welt, sei dein Original.

---

[20] Es sind nicht nur die Worte, sondern auch die Modulation, Lautstärke und Schwingung deiner Stimme, die authentisch sein sollten, damit du dich wahrhaftig ausdrückst. Höre dir mal rhetorisch perfekte Redner an. Wirken sie durch die perfekten Worte wirklich glaubwürdig und echt?

Die vergangene Nacht ist noch kälter gewesen als die letzten, und es hat pausenlos geregnet. Daher packten wir gleich nach dem Aufstehen zügig unsere Zelte zusammen und suchten uns ein Café zum Frühstücken. Hier wollten wir uns auch mit Dirk und seiner Familie treffen.

Dirk hatte sich vorgenommen, mich mit einem Frühstück auf meiner Reise zu unterstützen, und wollte dafür extra einen kleinen Umweg auf seinem Trip nach Frankreich in Kauf nehmen. Ich freute mich sehr auf seinen Besuch.

Wir trafen uns in einem Café neben dem Parkplatz eines Einkaufszentrums von Bad Sooden. Sicher nicht der idyllischste Platz dieser wunderschönen Kleinstadt, aber für alle günstig gelegen. Und auch das Frühstück war wirklich lecker. Allein einen warmen Kaffee nach der bitterkalten Nacht zu trinken, war ein Traum.

Ich muss sagen, dass ich das Treffen als leicht zwiespältig empfand. Es war überaus schön Dirk, seine Frau und ihr kleines Baby zu treffen. Ich genoss es, zusammenzusitzen, zu lachen und sich in den Arm zu nehmen. Aber die ganze Szenerie fühlte sich eben auch ein wenig seltsam an. Ich war es schlicht nicht mehr gewohnt, so viele mir bekannte Menschen um mich herum zu haben und fühlte mich fast ein wenig überfordert. Und auch die Vorstellung, dass Dirk gleich ins Auto steigen und heute Abend fünfhundert Kilometer weiter in Frankreich aussteigen würde, während wir uns wieder abrackern mussten, um weitere zwanzig Kilometer zu Fuß voranzukommen, machte mich ein Stück neidisch. Aber alles in allem war es trotzdem eine schöne und herzliche Begegnung. Nach gut einer Stunde verabschiedeten wir uns wieder voneinander und ich startete mit Kai die heutige Tour.

Unser Weg ging wieder größtenteils entlang der Werra, der uns zum Schluss über einen sehr steilen Plattenweg hinauf nach Bornhagen führte. Insgesamt eigentlich eine sehr schöne Etappe im Herzen der Natur. Leider war jedoch einmal mehr stetiger und zum Teil schrecklich starker Regen unser treuer Begleiter. Es war ja nicht nur so, dass mir die nassen Sachen und der Regen als solcher irgendwann lästig wurden.

Schweißtreibender Tag.

Die Nässe und das Unwetter erschwerten auch enorm unser Vorankommen. Der Plattenweg wurde immer rutschiger, und durch die Stürme der letzten Tage waren wieder zahlreiche Bäume umgestürzt, über die wir nun die Spezialdisziplin „Hürdenlauf mit Rucksack" trainieren konnten. Wir kamen dabei an unsere körperlichen Grenzen.

Ich frage mich sowieso bis heute, welches Ungetüm von Laus Petrus in diesen Tagen des Jahres 2015 über die Leber gelaufen war. Das Sturmtief Zlatko sorgte jedenfalls über lange Zeit für extrem kaltes, regnerisches und somit ungemütliches Wetter. Ich war heute überaus froh, Kai als Motivationsstütze dabei zu haben. Allein hätte ich meine positive Haltung nur schwer beibehalten können.

Zusammen aber ließen wir uns die Laune nicht verderben und kamen planmäßig am Abend an der Burgruine Hanstein in der Nähe der Gemeinde Bornhagen im thüringischen Eichsfeld an. Am Fuß der Burg fanden wir einen guten Platz zum Zelten. Hier hatte sich eine Mulde an der windabgewandten Seite zum Schutze gegen den Sturm angeboten. Zudem gab es hier auch einen kleinen Unterstand für Wanderer. Den erklärten wir kurzerhand zu unserer Küche und unserem Trockenraum.

Vor der Burg befanden sich einige unbewohnte Wochenendhäuser, aber es gab kein einziges Geschäft. Somit bot sich keine Möglichkeit, unsere Wasserflaschen aufzufüllen. Einen Rest Wasser hatten wir zwar noch, aber der war äußerst knapp bemessen. Wir mussten uns zusammenreißen, damit die Laune in Anbetracht unseres Schicksals nicht in den Keller rutschte.

Am Abend spazierte eine junge Familie an unserem Platz vorbei. Wir unterhielten uns eine Weile mit dem Vater und erzählten von den Hintergründen unserer Wanderung. Sie hörten interessiert zu, verabschiedeten sich aber nach kurzer Zeit wieder mit guten Wünschen für unsere weitere Reise.

Als zwanzig Minuten später plötzlich ein grüner Jeep um die Büsche bog, schreckten wir erst auf, weil wir dachten, es sei vielleicht der Förster, um uns zu verjagen. Es war aber noch einmal der Familienvater. Freudig überbrachte er uns Wasser, Wein und Schokolade. Was für eine Überraschung! Erst wussten wir gar nicht, wohin mit unserem Glück, dann bedankten wir uns überschwänglich und winkten dem Mann zum Abschied hinterher. Wir köpften lachend den Wein und ließen es uns richtig gut gehen an diesem Abend.

Wir haben die Familie am nächsten Tag besucht, um ein gemeinsames Erinnerungsfoto zu schießen. Die Frau hatte aus einem früheren Hobby ihren Beruf gemacht. Sie erzählte mit Stolz, dass sie mittelalterliche Kostüme im Auftrag von Liebhabern dieser vergangenen Zeiten nähte. Sie führte uns auch ganz selbstverständlich eines ihrer Kostüme vor, und ich spürte in diesem Moment, wie geerdet und glücklich die Familie war.

Beim Einschlafen fragte ich mich, was wohl meine eigene Berufung im Leben ist. Ich konnte es nicht sagen, wusste nur, dass ich sie trotz vieler Jahre auf der Erde noch nicht gefunden hatte. Vielleicht würde die Erkenntnis irgendwo auf den noch kommenden siebenhundert Kilometern auf mich warten.

Impuls: NEID

Neid ist die Projektion der eigenen Unzufriedenheit auf andere.
Branka Ternegg

Ich kenne das Gefühl des Neids sehr gut. Auch während meiner Wanderung gab es immer wieder Momente, in denen ich neidisch diejenigen Menschen betrachtete, die es vermeintlich besser hatten als ich. Manchmal konnte ich dadurch meinen eigenen Weg mehr wertschätzen, manchmal war ich allerdings aufgrund dessen frustriert und fühlte mich sehr klein.

Ich habe inzwischen gelernt, dass der Neid entweder als Motivation oder aber als Selbstzerstörer wirken kann, je nachdem wie ich damit umgehe. Daher behandelt der heutige Impuls die befreiende Transformation von Neid.

In den Tiefen unseres Herzens liegt ein Zwiespalt namens Neid, der entweder zur treibenden Schaffenskraft oder zur Manifestation unserer Versagensängste werden kann. Deshalb liegt es in unserer Macht, zu entscheiden, wie wir mit diesem mächtigen Gefühl umgehen wollen.

Zunächst einmal dürfen wir anerkennen, dass Neid eine natürliche menschliche Regung ist.

Von der Kirche wurde sie als Todsünde definiert und somit unterdrückten wir dieses Gefühl oder nannten es anders. Neid ist, nüchtern betrachtet, die emotionale Reaktion auf das Erkennen eines eigenen Mangels durch einen äußeren Vergleich.

Neid kann uns also auf diese zwei Arten beeinflussen – als Katalysator oder als Fessel. Wenn wir uns von den Erfolgen anderer inspirieren lassen und den dabei aufkommenden Neid konstruktiv als Antrieb nutzen, um unsere eigenen Fähigkeiten zu entwickeln, verwandelt sich diese Energie in eine Quelle der Schaffenskraft. Der Neid zeigt uns, welches Bedürfnis in uns noch nicht befriedigt wurde. Er spendet uns die notwendige Energie und gibt uns den Mut, dieses zu befriedigen. Wir fragen uns, auf welche Weise andere ihre Erfolge erreichten, und was wir daraus lernen können.

Doch wenn wir uns im Neid verfangen und uns von unseren Versagensängsten leiten lassen, wird der destruktive Neid zur Fessel, die uns zurückhält und lähmt. Dann wird aus Neid die Missgunst, die dem Anderen den Erfolg nicht gönnt. Somit fangen wir an, die Erfolge anderer in Misskredit zu ziehen, kleinzureden und zu bekämpfen. Möglicherweise belügen wir uns dann selbst, indem wir so tun, als ob uns diese Erfolge überhaupt nicht interessieren würden.

Mit dieser Form des destruktiven Neids verleugnen wir aber letztendlich unsere Bedürfnisse und unser eigenes Potential.

Der Schlüssel zur Transformation liegt also in der Selbstreflexion und im Mitgefühl mit uns selbst. Wir müssen uns ehrlich fragen, warum der Neid in uns aufsteigt und was er uns sagen möchte. Wenn wir den Neid als eine Möglichkeit betrachten, unsere inneren Ängste, Unsicherheiten und Bedürfnisse zu erkennen, können wir uns auf eine Reise zur inneren Heilung und zur Entfaltung unseres wahren Potenzials begeben.

Die Auseinandersetzung mit unseren Versagensängsten erfordert Mut, doch sie ist ein notwendiger Schritt auf dem Weg zur Selbstbefreiung. Indem wir uns auf unsere persönliche Entwicklung und unser Wachstum konzentrieren, lösen wir uns von der Last des Neids und öffnen unser Herz für die Freude am eigenen Erschaffen.

Um es mit den Worten von Robert Lemke zu sagen: „Mitleid bekommt man geschenkt, Neid muss man sich verdienen."

Am nächsten Morgen bin ich ziemlich früh aufgewacht. Die Kälte war durch meinen Schlafsack gekrochen und hatte mich schließlich auch geweckt.

Hier in der Rhön fielen die Temperaturen nachts zu dieser Zeit auf nur fünf Grad ab und das mitten im Hochsommer! Es war zermürbend, wenn es nicht richtig warm im Schlafsack wurde, und sich dabei auch noch kräftiger Wind und Regen am Zelt zu schaffen machten. Wir überstanden aber auch diese Nacht, allerdings blieb uns auch nicht viel anderes übrig.

Schnell bauten wir nach dem Aufstehen alles ab und hängten dann unsere Zelte zum Trocknen auf, kochten uns Wasser und frühstückten in Ruhe. Das alles spielte sich in dem Unterstand ab – bei dem Regenwetter war die Behausung der reinste Segen.

Gegen 10 Uhr brachen wir Richtung Reiffenhausen auf, besuchten aber zunächst die nette Familie von gestern noch einmal kurz, um uns von ihnen zu verabschieden.

Laut unseres Plans war die heutige Tour mit knapp zwanzig Kilometern an Wegstrecke eher kurz veranschlagt. Ich spürte aber bereits recht früh die bereits gelaufene Strecke in meinem ganzen Körper. Vor allem meine Beine waren heute schwerer als sonst. Auch das Wetter zeigte sich erneut alles andere als sommerlich. Es regnete und stürmte. Die Kälte nahm uns richtig mit. Ausgelaugt wie ich war, freute ich mich heute bei jedem Schritt auf ein frühes Etappenende und die kommende Abendpause.

Trotzdem war es mir in dieser Woche insgesamt doch richtig gut ergangen, resümierte ich, während ich in Gedanken vertieft vor mich hinlief. Das Abenteuer in diesen Tagen gemeinsam erlebt zu haben und auch die wohltuenden Gespräche waren eine echte Bereicherung. Wir nutzten die gemeinsame Zeit, schließlich hatten wir hier auf dieser Wanderung keine Termine oder Verpflichtungen.

Kai fragte mich auch an diesem Tag wieder nach meiner Lebensvision. Meine Antwort war die gleiche wie vor einigen Tagen. Kai erzählte mir daraufhin von Erfahrungen, die er selbst einmal bei seiner Wanderung entlang des Jakobswegs sammeln konnte. Er erinnerte sich daran, dass er sich dort beim Laufen viele Gedanken über sein Leben und seine Zukunft gemacht und auch wertvolle Erkenntnisse gesammelt hatte. Er fragte mich daraufhin, warum ich meine Regeln weiterhin so streng durchziehen wollte und welche neuen Erfahrungen ich mir damit erhoffte.

Ich musste erst ein wenig darüber nachdenken, sagte ihm aber dann, dass es mir wichtig sei, mein Vorhaben weiterhin auf diese Weise umzusetzen, also auch die ganze Strecke ohne eigenes Geld zu gehen. Das hatte ich mir einfach vorgenommen und wollte es auch durchziehen. Andernfalls würde es mir wie ein Scheitern vorkommen.

Trotzdem hat mir seine Sichtweise zu denken gegeben. Solange ich mit der Erfüllung meiner Grundbedürfnisse so stark beschäftigt war, konnte ich möglicherweise tatsächlich zu wenig Aufmerksamkeit auf meine Visionen oder meine Zukunft legen. Ich nahm mir vor, dies zu überdenken, wenn ich wieder allein sein würde.

Am Nachmittag erreichten wir Reiffenhausen, und ich konnte mich Dank Kais Großzügigkeit auf den Luxus eines Campingplatzes in der Nähe freuen. Hier gab es auch einen Waschraum und somit bot sich die Gelegenheit, endlich die ganze schmutzige und stinkende Kleidung mal wieder richtig zu waschen. Dies war inzwischen bitter nötig. Ich packte meine gesamten Klamotten in eine der Maschinen, was dazu führte, dass ich anschließend den ganzen Abend nur mit langer Unterwäsche bekleidet auf dem Platz unterwegs war. Es störte sich hier aber außer mir selbst niemand daran.

Erneut stellte ich verärgert fest, wie beschränkt es von mir gewesen war, auf Badelatschen zu verzichten, um Gewicht zu sparen. Immer wenn ich meine Füße aus den Wanderschuhen herausgeschälte, ging es für mich nur noch barfuß weiter – leider auch in sanitären Anlagen. Ich hatte schlichtweg keine anderen Schuhe bei mir. Kai hatte schlauerweise besser entschieden. Etwas neidisch betrachtete ich seine Füße in den bunten Flip-Flops.

Später, schon in meinem Zelt liegend, kamen wieder die Gedanken zum Ziel meiner Reise. Je länger ich den Weg ging, desto klarer wurden durchaus meine Fragen, fiel mir auf. Die vielen – vor allem zu Beginn flatternden – Gedanken im Kopf wurden weniger, und ich fokussierte mich langsam stärker auf die Frage, was ich mit meiner noch verbleibenden Lebenszeit anfangen möchte: „Wer möchte ich sein?

Wo ist deine Grenze?

Hatte ich zur Beantwortung dieser Fragen das richtige Instrumentarium gewählt? Was bringt es mir, fast eintausendeinhundert Kilometer in der Einsamkeit zu marschieren, ohne Geld, entlang eines Grenzwegs, der allein schon aufgrund seiner Historie eine ziemlich negative Energie ausstrahlt? Was treibt mich an, diese Tour auch noch unter so erschwerten Bedingungen zu machen? Lenkt mich mein eitles Ego, dass mir etwas beweisen möchte? Oder folge ich einem inneren Ruf, neue Erfahrungen zu machen, um wachsen zu können?"

Ich habe mir in meinem Leben vor der Grenzwanderung oft herausfordernde Ziele gesetzt. Oft habe ich sie auch erreicht. Aber habe ich mich auch selbst immer genug für diese Erfolge gewürdigt? Und welche Erkenntnisse habe ich eigentlich daraus gezogen? Ich kam mir oft vor wie ein „Getriebener", der nach dem Motto lebt: „Ziel erreicht, also sofort das nächste Ziel ansteuern."

Ich kuschelte mich an die vielen Fragezeichen um mich herum und beschloss, weiter daran zu arbeiten, diesen Weg hier mehr als einen Pilgerweg wahrzunehmen. Einen Weg zu mir selbst.

Impuls: GEDANKEN
Achte auf deine Gedanken, denn sie werden Worte,
achte auf deine Worte, denn sie werden Handlungen,
achte auf deine Handlungen, denn sie werden Gewohnheiten,
achte auf deine Gewohnheiten, denn sie werden dein Charakter,
achte auf deinen Charakter, denn er wird dein Schicksal.
Talmud

In den ersten Wochen der Wanderung kreisten meine Gedanken immer wieder um mögliche Gefahren und meine diesbezüglichen Widerstände. Nach einiger Zeit wurde ich dadurch immer schwermütiger, bis Kai mich auf diese vorwiegend negative und destruktive Denkweise aufmerksam machte. Daher widme ich diesen Impuls der Macht unserer Gedanken.

Gleich zu Anfang möchte ich eine sehr gewagte These in den Raum stellen: Ich behaupte, dass dein heutiges Leben im Wesentlichen das Ergebnis deiner Gedanken der letzten dreihundertfünfundsechzig Tage ist. Ein Jahr mit dir und deinen Gedanken.

Was macht diese Behauptung mit dir? Taucht bei dir eher Zustimmung oder Ablehnung auf? Vielleicht lehnst du diese Aussage ab. Vielleicht macht sie dich aber auch nachdenklich. Oder stimmst du mir zu?

Natürlich lagen viele Gegebenheiten und Ereignisse nicht in deiner Macht, aber es liegt an dir, darüber nachzudenken, eine innere Haltung zu allem zu entwickeln und somit auch deine Gefühle zu lenken. Und all das hat einen großen Einfluss darauf, wie du dein Leben heute lebst. Denn Gedanken sind wie Samen, die in die fruchtbare Erde deines Lebensweges gesät werden. Sie können Wurzeln schlagen, kräftig wachsen und schließlich Früchte tragen als Ernte deines Lebens. Ein Wort, das wir sagen, eine Handlung, die wir vollziehen, ein Traum, den wir träumen – all das beeinflusst unser Schicksal.

Doch wie oft haben wir uns schon in den Wirrungen des Lebens verloren und die Macht unserer Gedanken vergessen? Und wie oft beschäftigen wir uns mit destruktiven Gedanken und wundern uns nach einiger Zeit, dass wir resigniert oder vielleicht sogar krank werden und nicht in Einklang mit unseren Wünschen und Bedürfnissen leben? Wie oft verunreinigen wir unsere Gedanken mit Hass, Verurteilungen oder Eifersucht? Wie oft leiten uns schädliche Gedanken, weil uns andere Menschen oder Medien negativ beeinflussen?

Es ist wichtig, wach und bewusst durchs Leben zu gehen, konstruktiv zu denken und die eigenen Gedanken zu pflegen. Natürlich können wir nicht immer nur positiv über alles denken, das wäre naiv. Und natürlich gibt es auch Zeiten des Schmerzes und der Verunsicherung. In den Höhen der Freude und in den Tiefen der Trauer, im Labyrinth der Entscheidungen und in den Momenten der Stille sind es unsere Gedanken, die uns begleiten. Sie formen unseren Glauben an uns selbst und an die Welt um uns herum. Oft schleichen sich dabei auch Zweifel, Ängste und Sorgen ein und machen sich in unseren Köpfen breit wie Schatten, die das Licht verschlucken. Es ist wichtig auch diese Gefühle zuzulassen, sie dadurch in Heilung zu bringen und sich wieder neu auszurichten.

Erinnere dich immer daran, dass du als Mensch auch ein Schöpfer bist: der Erschaffer deines eigenen Lebensgemäldes. Mit jeder einzelnen Entscheidung – und sei sie noch so klein und vermeintlich unscheinbar – hast du die Macht, dein Leben zu gestalten. Natürlich bestimmen auch die äußeren Umstände darüber, wie leicht oder schwer sich Dinge entwickeln. Aber glaub an die Unendlichkeit deines Potenzials und füttere deine Träume mit absichtsvollen Gedanken, Zuversicht und Optimismus. „Gute Gedanken, gute Worte, gute Taten." – so steht es in einem Zitat des Zarathustra Glaubens.

Nimm dir immer wieder Zeit, um dich auf deine Gedanken zu konzentrieren, lass sie kreisen, erkunde sie und versuche ihre Hintergründe zu verstehen. Lass los, was dir schadet, und umarme, was dich strahlen lässt. Wenn du deine Gedanken bewusst gestaltest, wird dein Handeln ihnen folgen.

Die Witterungsbedingungen blieben auch heute eine echte Herausforderung. Die kalten Nächte im Zelt und der Regen am Tage wurden zu immensen Prüfungen meines Willens und meiner Absichten. An diesem Tag stand uns zudem wieder einmal eine herausfordernde Tour bevor. Ich dachte an meine schweren Beine von gestern und hoffte, dass mich meine Füße heute besser tragen würden.

Auf der Strecke blies uns ständig ein starker Wind entgegen, vor allem in den Höhenlagen. Sonne und Regen wechselten sich ab, immer wieder war ein Wechsel der Kleidung vonnöten. Wir sind heute erneut entlang des einsamen Grenzwegs gewandert, wenn dieser nicht gerade von umgestürzten Bäumen versperrt wurde.

Jeder von uns hat sein eigenes Päckchen zu tragen

Um die Mittagszeit herum begannen wir, nach Einkaufsmöglichkeiten Ausschau zu halten. Wir hatten keine Lebensmittel mehr und gingen deshalb mit dem Ziel in ein nahegelegenes Dorf, dort ein paar Sachen einzukaufen. Leider bot sich auch hier erneut keine Möglichkeit, etwas zu besorgen. Es gab keine Gastwirtschaft, kein Hotel oder Restaurant, nicht einmal einen Kiosk. Wir setzten uns, hungrig wie wir waren, für eine Verschnaufpause an eine Bushaltestelle. Hier wollten wir beratschlagen, wie wir weitermachen würden. Unsere Gedankenspiele wurden allerdings jäh unterbrochen, als sich uns ein kleiner Transporter näherte und schließlich neben uns hielt. Wir trauten unseren Augen kaum, als wir erkannten, dass es sich bei dem Gefährt um eine Art mobilen Supermarkt handelte. Den hatte uns der Himmel geschickt!

Ohne zu zögern, sprangen wir auf und versorgten uns mit etwas Brot, Käse und Wurst. Wieder gestärkt wanderten wir nun weiter den Grenzweg entlang. Der Wind wurde zunehmend heftiger, und am Horizont zogen dunkle Wolken herauf. Aus der Ferne hörten wir bereits das Donnern eines aufkommenden Gewitters. Wir selbst befanden uns zu diesem Zeitpunkt allerdings gerade auf einer Hügelkette, irgendwo im Niemandsland. Kein Abzweig, kein Dorf, kein Mensch, nur Weg und Natur.

Beide hatten wir überhaupt keine Lust darauf, irgendwo in der Nähe im Gewitter zu übernachten, doch der Weg nahm kein Ende. Unsere Stimmung kippte unversehens. Hätte uns jemand heimlich beobachtet, er hätte zwei Herren mittleren Alters in Wanderkluft gesehen, die um die Wette fluchten und schimpften.

Doch dann kamen wir plötzlich zu einem kleinen überdachten Platz, wo sich eine Geburtstagsfeier gerade ihrem Ende näherte. Die Gesellschaft lud uns zu sich ein, und mir kam der Gedanke, dass dies heute bereits die zweite glückliche Fügung des Schicksals war. Wir nahmen dankend an, überaus froh darüber, Schutz vor dem Gewitter gefunden zu haben.

Die Feier hier auf dem Berg war von einem in der Nähe ansässigen Gastronomen ausgerichtet worden, der mit seinem Bully alles Notwendige hier hochgebracht hatte. Leider trübte sich unsere Stimmung gleich wieder, nachdem uns der Mann darüber unterrichtete, dass für die folgenden Stunden und auch für die kommende Nacht heftige Gewitter vorausgesagt worden waren. Noch dazu warnte er uns eindringlich davor, hier auf dieser exponierten Hanglage bei diesem Wetter zu übernachten. Er fuhr damit fort, dass es plötzliche Sturzbäche und Schlammfluten geben könnte.

Ich malte mir das Bild in allen Farben aus, und als ich gerade in Panik geraten wollte, vor dem, was uns da erwarten könnte, erwähnte der Mann, dass wir heute Nacht aber auch in seiner Pension in einem Dorf gleich in der Nähe schlafen könnten. Es wäre hier noch ein Zimmer frei.

Wir brauchten selbstverständlich nicht lange zu überlegen und fuhren etwas später gemeinsam im Bully zu besagter Pension. Dort wurden wir auch noch bestens versorgt. Wir aßen etwas Warmes zu Abend und tranken Bier. Es wurden ausgelassene und lustige Stunden. In beschwingter Stimmung und unter lautem Gelächter schwelgten wir in den Heldentaten unserer letzten Tage.

Schon währenddessen tauchte allerdings auch immer wieder der Gedanke daran auf, dass mich Kai morgen wieder verlassen würde. Ich wurde darüber sehr traurig, versuchte aber, dies beiseitezuschieben, um mir die letzten gemeinsamen Stunden nicht zu verderben.

In der Nacht zogen wie angekündigt mehrere schwere Gewitter über uns hinweg. Ich zog die Decke bis unters Kinn, beobachtete das Blitzen hinter den tropfnassen Fenstern und dankte dem Himmel heute ein weiteres Mal. Jetzt vor allem dafür, bei diesem Weltuntergang ein festes Dach über dem Kopf zu haben.

Impuls: DANKBARKEIT

Nicht die Glücklichen sind dankbar.

Es sind die Dankbaren, die glücklich sind.

Francis Bacon

Ich habe bereits in einigen Impulsen die Dankbarkeit angesprochen. Nichts hat mich auf der Wanderung und auch im jetzigen Leben glücklicher gemacht als dieses Gefühl, weshalb ich den heutigen Impuls auch dem Thema Dankbarkeit als Schlüssel zum Glück widmen möchte.

In unserer heutigen, oft so schnelllebigen, Welt verlieren wir häufig den Blick für das, was wirklich zählt. Doch mitten in diesem Getümmel liegt etwas, das uns größte Freude und tiefen inneren Frieden schenken kann: die transformative Kraft der Dankbarkeit.

Stell dir vor, du gehst durch das Labyrinth des Lebens und nimmst plötzlich wahr, dass die Schönheit der Welt nicht nur in materiellem Reichtum liegt, sondern vor allem in den einfachen Dingen, die dich umgeben. Und genau dafür solltest du dankbar sein.

Dankbarkeit ist wie ein zartes Licht, das in dunklen Momenten leuchtet und uns daran erinnert, dass wir trotz aller Widrigkeiten immer auch Gründe finden können, dankbar zu sein. Vielleicht begegnen dir manchmal Menschen, denen es nicht so gut geht wie dir. In diesen Momenten kannst du dich daran erinnern, dass nichts im Leben selbstverständlich ist und du selbst so vieles hast, wofür du dich glücklich schätzen kannst.

Die Kunst der Dankbarkeit beginnt damit, sein Herz zu öffnen und auf diese Weise der vielen Geschenke des Lebens gewahr zu werden. Es sind nicht nur die offensichtlichen Freuden, für die wir Dankbarkeit empfinden sollten, sondern auch die vermeintlich unscheinbaren Augenblicke des Glücks, der Liebe und der Verbundenheit. Ein Lächeln, das uns geschenkt wird, ein Sonnenstrahl, der durch die Wolken bricht, ein mit Liebe zubereitetes, warmes Essen. Sogar allein diesen heutigen Tag bewusst zu erleben – all das sind kleine Wunder, die uns jeden Tag begleiten.

Die Dankbarkeit, von der ich spreche, kann wie ein magischer Filter wirken, der unsere Wahrnehmung verändert und uns dazu bringt, das Gute im Leben zu sehen, auch wenn um uns herum Schwierigkeiten herrschen. Dann können wir wertschätzen, was wir haben, anstatt das zu betrauern, was uns fehlt. Denn wenn wir uns auf das Positive ausrichten, können unser Glück und unsere Zufriedenheit von innen herauswachsen.

Aus Gewohnheit nehmen wir vieles als zu selbstverständlich wahr und denken nicht darüber nach, dass es auch anders sein könnte. Mach dir klar, welches Glück du hattest, an diesem Ort, zu dieser Zeit geboren worden zu sein. Du hast zum Beispiel das Privileg, dieses Buch lesen zu können. Viele Menschen durften nie zur Schule gehen, haben kein Augenlicht oder sind zu arm, um Bücher zu kaufen. Wenn du auch für die scheinbar alltäglichen Dinge Dankbarkeit empfinden kannst, wirst du glücklich sein, selbst wenn dir andere Umstände gerade Schwierigkeiten bereiten.

Dankbarkeit ist somit der Schlüssel, der die Türen zum Glücklichsein öffnet. Ein glückliches Herz ist nicht das Produkt äußerer Umstände, sondern das Ergebnis eines dankbaren Geistes. Dankbarkeit ist somit nicht nur ein Wort, sondern eine Lebenseinstellung, die dich daran erinnert, dass du in jedem Augenblick einen Zugang zu deinem Glück finden kannst.

<u>Dankbarkeitsübung:</u>

1. Nimm dir einen ruhigen Moment am Abend, an dem du ungestört bist und Zeit für dich hast.

2. Notiere jeden Tag in einem Notizbuch oder einem Tagebuch mindestens drei Dinge, für die du dankbar bist. Es können große oder kleine Dinge sein, wie z. B. das Lächeln eines Freundes, deine Gesundheit, ein leckeres Essen oder ein schöner Sonnenuntergang. Konzentriere dich auf das Positive und versuche, die kleinen Freuden des Alltags wertzuschätzen.

3. Wenn du möchtest, kannst du auch tiefer gehen und überlegen, warum du für bestimmte Dinge dankbar bist. Erkenne die Schönheit und den Wert hinter den Momenten und Ereignissen, die dich glücklich machen.

4. Versuche, während du die Dinge aufschreibst, für die du dankbar bist, das Gefühl der Dankbarkeit wirklich in dir zu spüren. Stell dir vor, wie sich dieses Gefühl in deinem Herzen ausbreitet und dich erfüllt.

5. Mach das Dankbarkeitstagebuch zu einer täglichen Gewohnheit. Es dauert nur wenige Minuten, aber es kann eine große Wirkung auf dein Wohlbefinden haben.

Heute hieß es, Abschied zu nehmen von Kai, der mich jetzt eine Woche begleitet hatte. Natürlich war ich ausgesprochen traurig darüber, von hier aus wieder ohne ihn weitergehen zu müssen und die gemeinsame Zeit hinter mir zu lassen. Aber ich fühlte mehr als „nur" Traurigkeit. Auch die Angst vor der mich nun wieder zu erwartenden Einsamkeit breitete sich in mir aus. Diese Einsamkeit kannte ich inzwischen zu Genüge. Auf seine eigene Weise ist wohl jeder einzelne Mensch auf dieser Welt damit vertraut.

Es hat immer wieder Momente in meinem Leben gegeben, in denen ich mich mitten in Gesellschaft, ja sogar auf stimmungsvollen Partys plötzlich völlig einsam fühlte. Tief innerlich, ganz verborgen, manchmal nur als kurzer Impuls.

Aber ich fühlte auch, dass ich der Traurigkeit ihren Platz geben, sie also bewusst zulassen sollte. „Manchmal ist es nun einmal so im Leben", dachte ich, „dass man loslassen muss, um Platz für neue Erfahrungen zu machen." Mit diesem Bewusstsein fiel es mir leichter, von diesem Punkt aus wieder allein weiterzuziehen. Ich ahnte, dass mich diese Angst, anders als zu Beginn meiner Reise, nicht beherrschen, sondern, dass sie mich begleiten würde. Darüber hinaus empfand ich es auch als Ausdruck und Wertschätzung unserer Freundschaft, Kai schon bald ziemlich stark zu vermissen. Aber noch hatten wir einen halben gemeinsamen Tagesmarsch vor uns. Genug Zeit also, um Schritt für Schritt Abschied zu nehmen. So verbrachten wir bis Duderstadt noch einen schönen Wandertag zusammen. Hier brachte ich Kai zu dem Bus, der ihn wieder nach Hause bringen sollte. Wir nahmen uns lange in den Arm und wünschten uns gegenseitig

Glück für die Reise. Meine würde etwas länger dauern als seine. Ein wenig wurde mir unser sentimentales Auseinandergehen mit einem Abschiedsgeschenk von Kai versüßt. Er schenkte mir seine Badelatschen, und von nun an würde ich nicht mehr barfuß durch sanitäre Anlagen wandeln müssen.

Wieder allein, aber mit Badelatschen.

Nun hatte ich noch etwa ein Drittel der heutigen Wegstrecke bis zu meinem Etappenziel Fuhrbach vor mir. Auf den ersten Metern war ich noch sehr traurig, aber dann passierte etwas für mich Ungewöhnliches. Je länger ich nämlich lief, desto mehr wandelte sich die Traurigkeit zu Dankbarkeit. Dankbarkeit für diese schöne Woche, Dankbarkeit dafür, überhaupt die Möglichkeit dieser Wanderung wahrnehmen zu können. Ich machte mir ausnahmsweise auch einmal keine Sorgen um einen Zeltplatz, sondern ging davon aus, dass irgendwo einer auf mich warten würde. Und so kam es tatsächlich auch.

In Fuhrbach stieß ich mitten auf ein Dorffest, wo auf einer Großbildleinwand „Der Herr der Ringe" gezeigt wurde. Hier herrschte jede Menge Trubel und eine ausgelassene Stimmung, die mich einsamen Wanderer sofort einnahm. Ich freute mich sehr über die wuselige Abwechslung unter so vielen Menschen.

Ich lernte die Bürgermeisterin, ihren Stellvertreter und viele andere Bewohner des Dorfes kennen, die neugierig meinen Wanderplänen lauschten. Sie nahmen mich mit viel Herzlichkeit in ihrer Mitte auf und luden mich zu Bratwurst und Bier ein. Ich nahm dies natürlich mit großer Freude an und führte nebenbei auch noch manch interessantes Gespräch. Anders als man vielleicht meinen könnte, waren die Menschen in den Dörfern gegenüber mir Fremden oft sehr aufgeschlossen.

Ich spürte an diesem Abend, wie sehr es mich freute, wenn Menschen echtes Interesse an mir und meiner Wanderung zeigten. Ich konnte wahrnehmen, dass ein Funke der Inspiration von mir auf sie übersprang. Das Gegenteil von Wertlosigkeit, wenn man es so sehen möchte.

Das war eine spannende Erkenntnis für mich: Manchmal muss man etwas „Verrücktes" machen, um die eigenen Grenzen zu verrücken und an das Glück dahinter zu gelangen.

Die Dorfgemeinschaft bot mir an, ihren Sportplatz als Übernachtungsmöglichkeit zu nutzen. Als ich dort ankam, trainierte noch die erste Fußballmannschaft. Ich schaute ihnen ein wenig zu und unterhielt mich nach dem Training noch mit ein paar von den Spielern.

Anschließend ließ der Trainer die Tür zum Duschraum offen, sodass ich sogar noch einmal duschen konnte. Ich genoss das Abwaschen des Wanderstaubs sehr und dachte darüber nach, was für einen schönen Tag ich heute erlebt hatte. Zwar hatte ich mich von Kai verabschieden müssen, aber ich erinnerte mich auch mit einem Lächeln an die vielen spannenden Begegnungen.

Ich errichtete mein Zelt unter dem Vordach des Vereinsheimes. Damit war ich in der Nacht vor Kälte und Regen geschützt. Danach legte ich mich an diesem Abend glücklich und zufrieden in meinen Schlafsack. Ich verspürte eine große Dankbarkeit für die vielen positiven Eindrücke, das Essen, die Begegnungen, meine Gesundheit und mein Leben.

Vermutlich war es eine Folge genau dieses Gefühls, jedenfalls beschloss ich, die letzten Wochen der Wanderung dafür zu nutzen, um mir Gedanken über mich und meine Zukunft zu machen. Um nicht jeden Tag weiter Nahrungsmittel erbetteln und einen passablen Schlafplatz finden zu müssen, beschloss ich, demnächst wieder eigenes Geld einzusetzen. „Auf diese Weise werde ich mich sicherlich besser auf mich und meine Lebensausrichtung konzentrieren können", dachte ich. Ich war gespannt, wie sich dieser Entschluss morgen anfühlen würde, schlief jedoch mit viel Ruhe im Herzen ein.

Impuls: **KAMPFMODUS**

*Jenseits von richtig und falsch gibt es einen Ort. Dort
treffen wir uns.*
Rumi

Bis zu diesem Tag habe ich immer sehr verbissen versucht, möglichst schnell
mein nächstes Etappenziel zu erreichen. Ich war gefangen in einem Kampfmodus, der es mir unmöglich machte, meine Reise bewusst und mit einer gewissen Leichtigkeit zu erleben. Daher möchte ich mich in diesem Impuls mit
der Sanftmut als Schlüssel zum Ausstieg aus dem Kampfmodus beschäftigen.

In einer Welt, in der ein ständiger Kampf um Erfolg und Anerkennung all-
gegenwärtig zu sein scheint, verlieren wir manchmal den Kontakt zu unserem
wahren Wesenskern. Das überpräsente „Höher, schneller, weiter!" lässt uns
kaum Zeit zum Nachfühlen. Der ständige Leistungsdruck bringt uns immer
mehr in einen Kampfmodus und verdrängt unseren natürlichen Lebensrhyth-
mus. Doch inmitten der Hektik und des Lärms des Lebens liegt ein alter, uns
verlorengegangener Pfad zum Lebensglück: die Kunst des Sanftmutes.

Sanftmut bedeutet nicht, schwach zu sein, sondern mit bewusster Ruhe, Empathie, Liebe, Kraft, Klarheit und Mitgefühl durch das Leben zu gehen. Es
erfordert oft eine große innere Stärke, um in schwierigen Situationen und
Konflikten sanftmütig und berührbar zu bleiben, anstatt kämpferisch, verbissen und herzverschlossen loszustürmen. Sanftmut bedeutet nicht, sich ausnut-
zen zu lassen oder seine eigenen Ziele aufzugeben, sondern sich klar von destruktiven Energien abzugrenzen und für die eigene Wahrheit emotional
berührbar und kraftvoll einzutreten. Sanftmut und auch Abgrenzung sind die
Schlüssel, die uns von der Last des Widerstandes befreien und uns in einen
Zustand des inneren Friedens führen.

In unserer Suche nach Erfolg, Anerkennung und Perfektion verstricken wir
uns nur allzu oft in einen fortdauernden Kampf gegen uns selbst und andere.
Wenn wir in diesen Kreisläufen festhängen, verlieren wir den Kontakt zu unserer inneren Stimme, zu unserer Intuition. Sanftmut hingegen hilft uns, diese
leise, aber kraftvolle Stimme in uns wiederzuentdecken. Sie ermöglicht uns,
uns selbst, unsere Bedürfnisse und Wünsche zu erkennen und unseren Lebensweg in größerer Leichtigkeit zu gehen.

Indem wir den Kampfmodus verlassen, finden wir uns in einem Zustand der
Akzeptanz und der klaren Lebensausrichtung wieder. Wir erkennen, dass wir

nicht alles kontrollieren können und dass das Leben manchmal unvorherseh-
bar ist. Doch anstatt dagegen anzukämpfen, lernen wir, uns dem Fluss des
Lebens hinzugeben und das Schöne im Jetzt zu erkennen.

Vielleicht hilft es dir zu erkennen, dass das wahre Glück nicht im Kampf
um Äußerlichkeiten liegt, sondern in der Annahme deines wahren Selbst.
Wenn du dazu bereit bist, ist der Zeitpunkt gekommen, den Kampfmodus zu
verlassen und in Sanftmut ein wahrhaft kraftvolles, glückliches und selbstbestimmtes Leben zu führen.

TAG 25
Freitag, 31. Juli 2015: Von Fuhrbach nach Bad Sachsa (ca. 29 km)

An diesem Morgen wachte ich also wieder allein auf. Das war zwar ein vertrautes Gefühl, dennoch – oder vielleicht gerade deswegen – überkam mich ein wenig die Wehmut. Ich würde mich erst wieder daran gewöhnen müssen, einsam zu sein. Mehr als das: Ich hatte offenbar verdrängt, wie sehr ich unter der Einsamkeit litt. Sie übermannte mich heute Morgen überfallsartig, kroch im Verlauf des Tages immer wieder hervor und hinterließ in mir eine traurige Leere.

Wenigstens konnte ich am Morgen noch einmal im Sportheim duschen, bevor ich zum Frühstück die Reste vertilgte, meine Sachen ein wenig mürrisch zusammenpackte, den Platz wie immer segnete und schließlich wieder entlang meines „geliebten" Plattenwegs mein nächstes Ziel Bad Sachsa ansteuerte.

Trotz der durch die Einsamkeit getrübten Stimmung gab ich mir Mühe, den Tag zu genießen. Dabei half, dass ich mich physisch fit und nahezu schmerfrei fühlte. So konnte ich mich schließlich an der wunderschönen Landschaft dieses Abschnitts erfreuen. Immer wieder sah ich weidende Kühe hinter den aus alten Grenzzäunen gefertigten Zäunen. Auch hier erfüllten also Teile der alten Anlagen einen neuen Zweck, was mir sehr gefiel.

Überhaupt zeigte sich die Natur heute von ihrer schönsten Seite. Sommerliche Felder wechselten sich mit prachtvollen Waldgebieten ab. Ich bemerkte zunehmend, wie sehr sich mein Bewusstsein für die Natur und den Weg inzwischen gewandelt hatte. Mehr und mehr war ich in der Lage, die Wanderung mit allen Sinnen zu genießen. Und ohne die latente Sorge um Nahrung und Schlafplatz, kamen mir zunehmend Gedanken über mich und mein Leben. Der Plan schien also aufzugehen, was mich besonders freute.

Darüber hinaus war dieser Tag auch ein besonderer. Vor genau sechs Jahren hatte ich Christine kennengelernt. Auch dieser Gedanke hob meine Stimmung enorm und brachte mich gleichzeitig dazu, an diesem Tag viel über die Beziehungen in meinem Leben nachzudenken.

Gute und auch schmerzhafte Erinnerungen tauchten in mir auf, wobei ich bemerkte, dass hier und jetzt, auf dem Wanderweg, sogar die negativen irgendwie friedlich und wohlwollend erschienen. War dieser Effekt etwa sogar ein Vorteil der Einsamkeit?

Am Abend fand ich den perfekt gelegenen Zeltplatz an einem kleinen einsamen See.

Heile Welt nach dem Friedensabkommen.

Die Eindrücke der entzückenden Lage und der Stille wurden allerdings dadurch getrübt, dass ich zunächst mein Revier gegen eine dort ansässige Familie von Schwänen mit sechs Jungtieren verteidigen musste, die mich bei meinem Eintreffen skeptisch beäugte. Weil ich jedoch mein Zelt in gebührenden Abstand zu ihnen aufbaute, einigten wir uns nach anfänglichem Gemecker ihrerseits auf eine für beide Seiten annehmbare Revierteilung.

Meine Gedanken und Gefühle am Abend drehten sich nach wie vor hauptsächlich um Beziehungen. Ich war bis zum Einschlafen darin vertieft.

Ich dachte sehr intensiv an Christine. Wir beide hatten bei unserem Kennenlernen nicht nach Partnern gesucht. Wir hatten uns einfach gefunden. Schon unsere erste Begegnung war wie ein Erkennen: „Da bist du ja endlich!"

Es hatte sich im Laufe der Zeit eine Partnerschaft entwickelt, die uns beide wachsen ließ – gemeinsam und individuell. Gerade weil wir beide durch tiefe Täler und schöne Höhen in unserer Beziehung gegangen sind, hat sich die ursprünglich romantische „Rosamunde-Pilcher-Vorstellung" von Beziehung zu einer authentischen und wachstumsorientierten Partnerschaft entwickelt.

Durch die jetzige Zeit der Trennung wurden meine Gefühle zu Christine noch immens verstärkt. Ich kann kaum sagen, wie sehr ich sie vermisst habe. Aber da war nicht nur das Vermissen. Ich verspürte auch eine Änderung. Ich selbst hatte mich gewandelt, zumindest schon ein bisschen. Ich war ein anderer geworden, und ich fragte mich gespannt, in welcher Art und Weise sich das auf die Beziehung zu meiner Frau auswirken würde.

Auch vergangene Beziehungen kamen mir in den Sinn. Menschen, mit denen ich verbunden gewesen war und von denen ich mich wieder getrennt hatte. Mal sehr emotional, mal schleichend, mal wohlwollend und manchmal auch im Streit. Jede dieser Beziehungen hatte mein Leben auf ihre Weise geprägt und beeinflusst. Und dafür war ich in diesem Moment dankbar.

Die vielleicht wichtigste, aber auch schwierigste Beziehung in meinem Leben führte ich seit jeher mit mir selbst. Hier habe ich immer die strengsten Maßstäbe angelegt. Warum eigentlich?

Ich wollte ab jetzt lernen, mich auch dann zu lieben, wenn ich scheitere. Bis dahin war ich mir in solchen Situationen meist als Versager vorgekommen, hatte mich vor mir selbst geschämt und war auch mein schärfster Kritiker. „Damit soll in Zukunft Schluss sein“, nahm ich mir sehr fest vor.

Darüber hinaus würde ich versuchen, die verbleibende Zeit der Wanderung zu nutzen, um meine vergangenen Beziehungen noch stärker zu bereinigen, indem ich Verantwortung für mein Handeln und die dadurch entstandenen Verletzungen übernehmen würde.

Nach und nach kam ich trotz der vielen aufwühlenden Gedanken zur Ruhe. Und obwohl die Nacht wieder viel Kälte mit sich brachte, schlief ich sehr gut.

Impuls: SCHULD

Angst und Schuld stecken das Terrain ab,
auf dem der Mensch dressiert wird.
Thom Renzie

An diesem Wandertag empfand ich am Abend ein tiefes und unangenehmes Gefühl der Schuld. Kennst du das auch, dass du dich verantwortlich dafür fühlst, wenn es anderen nicht gut geht? Vielleicht gibt es in deinem Umfeld sogar Menschen, die dich so triggern können, dass du dich regelmäßig schuldig fühlst?

Ich habe mich viel mit dem Thema Schuld beschäftigt und möchte meine Gedanken dazu gerne mit dir teilen.

Das Konzept der Schuld begleitet die Menschheitsgeschichte seit ewigen Zeiten. Es hat sich in unterschiedlichen Formen manifestiert, sei es in religiösen Lehren, politischen Systemen oder persönlichen Beziehungen. Schuld wurde und wird oft als ein Werkzeug eingesetzt, um Macht auszuüben, Menschen zu kontrollieren und ihr Verhalten zu lenken. Von den dunklen Zeiten der Inquisition bis hin zu modernen sozialen Strukturen hat die Schuld eine zermürbende Wirkung auf das menschliche Bewusstsein ausgeübt.

In der Tat wurde die Schuld von Institutionen wie der Kirche dazu genutzt, um die Menschen massenhaft zu beeinflussen und zu kontrollieren. Durch das Schüren von Angst und die Funktionalisierung von Schuld haben Machthaber aller Zeiten versucht, Menschen in einem Zustand der Unterwerfung zu halten, in dem ihre Handlungen von Furcht und Reue geleitet wurden. Schuld wurde somit als Werkzeug eingesetzt, um die Freiheit des Denkens und Handelns einzuschränken, eine Atmosphäre der Unterdrückung zu erzeugen und Gehorsamkeit zu erzwingen.

Wie können wir uns aus diesem Gefängnis der Schuld befreien? Der Weg führt über die Annahme persönlicher Verantwortung. Verantwortung zu übernehmen bedeutet, die Macht über unser Leben zurückzugewinnen, die Konsequenzen zu tragen und die Kontrolle über unsere Handlungen zu übernehmen.

Anstatt uns wegen Fehlern oder negativen Ereignissen der Vergangenheit falsch und wertlos zu fühlen, können wir uns dazu verpflichten, aus ihnen zu lernen und uns auf ein konstruktives Wachstum in der Zukunft zu konzentrieren.

Verantwortung zu übernehmen, bedeutet auch, sich selbst gegenüber ehrlich zu sein und unsere Fehler anzuerkennen, ohne uns von Schuldgefühlen lähmen zu lassen. Es geht darum, aktiv Wege zu finden, um Schäden zu reparieren und Wiedergutmachung zu leisten, anstatt uns in einem endlosen Kreislauf der Reue zu verlieren. Indem wir Verantwortung übernehmen, entziehen wir der Schuld ihre Macht über uns und schaffen Raum für persönliche Entwicklung und Transformation.

Diese Haltung einzunehmen, erfordert allerdings auch Geduld und Selbstreflexion. Es braucht Mut und eine große Portion Ehrlichkeit, sich mit den eigenen Makeln zu konfrontieren und die Muster des Denkens und Handelns zu durchbrechen. Doch in genau diesem Prozess der Transformation finden wir eine tiefere Verbindung zu uns selbst und auch zu unserem Umfeld. Wir werden erkennen können, dass die wahre Stärke darin liegt, unsere Vergangenheit anzunehmen, aus ihr zu lernen und uns selbst zu erlauben, uns positiv zu entwickeln.

Indem wir die Schuld durch Verantwortung ersetzen, sprengen wir die Ketten der unheilvollen Vergangenheit und erschaffen eine Zukunft, die von Mitgefühl, Wachstum und wohlwollenden Zielen geprägt ist.

Lasst uns daher den Mut finden, Verantwortung zu übernehmen und uns von der Last der Schuld zu befreien, um ein erfüllteres und freieres Leben zu führen. Das wird auch zu einer friedvollen und wachstumsorientierten Gemeinschaft führen.

Heute Morgen wurde ich mal wieder von der Kälte geweckt. Beim Ausatmen konnte ich durch die Kälte meinen Atem sehen. Gefühlt war die Temperatur nahe dem Gefrierpunkt.

Als ich mich aufgrund dieser Tatsache noch etwas mürrisch im Schlafsack räkelte, vernahm ich um mich herum plötzlich lautes Getöse. Ich schreckte auf und wusste zuerst gar nicht, was los war. Ich öffnete so leise es eben ging den Reißverschluss des Zelteingangs und schaute vorsichtig nach draußen, um die Lage zu untersuchen.

Keine zwei Meter von meinem Nachtlager entfernt war es die Bande von Schwänen, die dieses Gezeter aufführte. Kaum hatten sie mich wahrgenommen, fauchten die beiden Elterntiere und bauten sich mit weit gespreizten Flügeln vor mir auf. Voller Schreck kroch ich sofort wieder ins Zelt zurück.

Nun saß ich da, zitterte mir einen ab und wusste nicht, was ich tun sollte. Ich hatte einfach null Erfahrung mit solchen Situationen. Zum Glück hatte ich Internet-Empfang und konnte somit die Suchmaschine befragen, was zu tun sei. Folgendes wurde empfohlen: Machen Sie sich so groß wie möglich und seien Sie ebenfalls so laut wie möglich.

Weil ich nicht ewig in dem Zelt zu bleiben gedachte, fasste ich einen Plan. Ich schnappte mir meinen Poncho, band ihn um die Wanderstöcke und sprang laut schreiend aus dem Zelt – mit meiner Wanderstock–Poncho–Bewaffnung voraus. Wie ein wilder Derwisch tanzte ich nun vor meinem Zelt herum, grölte undefinierbare Laute in die kalte Luft und wedelte wie bekloppt mit meinen Stöcken. Ich hoffe bis heute sehr, dass niemand dieses Schauspiel sehen konnte. Aber es funktionierte: die Schwäne machten sich tatsächlich aus dem Staub! Vielleicht aber auch nur, weil sie mit so einem Verrückten nichts zu tun haben wollten.

Ich schaute den großen Vögeln kurz noch skeptisch hinterher, ein wenig unsicher, ob sie es sich nicht doch noch einmal anders überlegen würden, dann machte ich mich langsam an die Frühstücksvorbereitungen. Während ich mir etwas Wasser kochte und meinen Kram zusammenpackte, sah ich, dass die Wiese voller Raureif war.

Erst langsam kam die Sonne zum Vorschein, der Reif verschwand, und die Kälte wich aus meinen Gliedern. Nun konnte ich aufbrechen.

Der Ort Sorge in Sachsen-Anhalt, mein heutiges Etappenziel, liegt mitten im Harz unweit Wernigerode. Keine zehn Kilometer neben Sorge befindet sich tatsächlich auch noch die Ortschaft Elend, und ich hoffte, dass die beiden unheilvollen Ortsnamen kein schlechtes Omen wären, vor allem in Bezug auf die vielen mich zu erwartenden Steigungen des Mittelgebirges.

Von den Bienen können wir noch einiges lernen.

Unterwegs kam ich an einer Stelle vorbei, an der ein Imker gerade seine Bienenstöcke pflegte.

Ich trat neugierig zu ihm, und er lud mich ein, ihn bei seiner Arbeit zu beobachten und zu filmen. Er gab mir eine Schutzhaube, bevor ich ihn zu den Bienenstöcken begleitete.

Früher als Kind hatte ich panische Angst vor Wespen und Bienen, eine echte Phobie. Dank des Imkers konnte ich nun eine völlig andere Sicht auf diese faszinierenden Tiere bekommen. Er erklärte mir, wie sozial und gemeinschaftlich die Bienen in dem Stock leben würden und wie unter ihrer fleißigen Fürsorge der Honig entstünde. Kurz bevor ich mich wieder verabschiedete, stach mich dann aber doch eine der Bienen, die sich in meine Kappe verirrt hatte am Kopf.

Wegen der vergangenen arg frostigen Nacht beschloss ich unterwegs, mir für heute Abend eine günstige Pension zu suchen. Ich hatte sowieso noch einige Geldreserven von den unterwegs eingesammelten Spenden übrig und fand, ich könne ruhig einen Teil davon ausgeben, um heute warm, ruhig und ohne aufgebrachte Schwäne zu schlafen.

Zwar freute ich mich über diese Aussicht, trotzdem quälte ich mich heute ziemlich über die Strecke. Ich stellte unterwegs fest, dass ich mich schonen und etwas langsamer gehen sollte. Mein Körper meldete sich mit klaren Anzeichen von Erschöpfung und die Beine waren schwer.

Landschaftlich zwar überragend schön, hält der Harz für Wanderer dennoch einige mühsame Herausforderungen bereit. Trotz dieser Tatsache begegnete ich hier einigen Tageswanderern auf dem Grenzweg. Die Tour war damit wenigstens nicht so einsam wie sonst.

Auf meinem Weg nach Sorge grübelte ich ein wenig über meine Reise nach. Jetzt, ungefähr bei der Hälfte des Weges, fragte ich mich fast selbst, was ich bis hierhin erlebt und welche Erfahrungen ich gemacht hatte. Und vor allem, welche Schlüsse ich daraus ziehen sollte.

Am Anfang der Reise war ich noch voller Ängste und Zweifel gewesen. Die Einsamkeit hatte mich in festem Griff gehalten. Derartige Gefühle tauchten auch immer noch auf, sie waren schließlich ein ganz natürlicher Teil von mir, aber sie bedrohten mich nicht mehr auf eine so existenzielle Weise wie zu Beginn. Mittlerweile hatte ich gelernt etwas mehr zu vertrauen – mir selbst und dem Leben.

Ich merkte das beispielsweise etwas später, als ich an meinen verstorbenen Vater dachte, und tiefe Traurigkeit in mir aufstieg. Ich konnte diese nun zulassen und fühlen. Hier hatte ich also schon eine wichtige Lektion gelernt. Eine ganz neue Art, unangenehme Gefühle zu erleben und sie als Teil von mir zu akzeptieren.

Ich freute mich darüber, und fühlte mich auch in meinem Vorhaben gestärkt, den zweiten Teil der Reise mehr zu genießen und mich mehr mit mir, meinem Leben und meiner Zukunft auseinanderzusetzen.
In Sorge fand ich nach kurzem Suchen eine kleine Pension, günstig, freundlich und sauber. Ich fand es traumhaft, in dem warmen Bett zu schlafen, und tatsächlich störten keine Schwäne weit und breit meine Nachtruhe.

Impuls: STILLE

Da gibt es eine Stimme, die keine Worte benutzt – höre ihr zu.
Rumi

Auf meiner Wanderung war ich oft allein und einsam – und doch fand ich zu Anfang nie meine innere Stille und Entspannung. Eine stetige Unruhe und innere Gedankengewitter begleiteten mich auf all meinen Wegen. Einsamkeit und innere Stille sind zwei völlig unterschiedliche Zustände. Ich habe zu einem späteren Zeitpunkt meiner Reise bemerkt, dass mein Kopf erst langsam stiller und ruhiger wurde. Ich konnte erst dadurch einen wirklichen Zugang zu meinen Gefühlen und mir selbst finden.

Ich möchte daher gerne mit dir diesen Impuls zur Magie der Stille teilen.

Vielleicht kennst du auch aus deinem Leben, dass in der hektischen Raserei des modernen Alltags die Stille und innere Gelassenheit oft verloren geht, übertönt von Lärm, Verpflichtungen und Ablenkung. Doch in den Momenten, in denen wir uns der Stille hingeben, erleben wir eine Magie, die unseren Verstand zur Ruhe kommen lässt und unserem Herzen Raum gibt, zu sprechen.

Stille ist dabei allerdings nicht nur die Abwesenheit von Ablenkung, Geräuschen oder gar Lärm, sondern vielmehr eine Einladung, uns selbst zu begegnen. Wenn das äußere Tönen verstummt, beginnt allmählich auch das innere Tosen aus Gedanken und Sorgen abzuklingen. Wir tauchen ein in eine Oase der Ruhe, in der wir uns mit unserer wahren Essenz verbinden können.

Wenn es um uns herum still wird, verspüren wir allerdings oft auch einen Widerstand. In der Stille treten Gefühle zutage, die wir ansonsten durch Ablenkung und Hektik zu unterdrücken versuchen. Das Verdrängen eben dieser Gefühle und das Vermeiden der stillen Einkehr ist aber immer ein falscher Weg und kann beispielsweise zu psychischer und physischer Krankheit oder auch Suchttendenzen führen.

In den stillen Momenten beginnt unser Herz zu flüstern. Es erzählt uns von unseren Träumen, Sehnsüchten und Leidenschaften, die im Getümmel des Alltags untergehen. Es enthüllt die Wahrheiten, die wir manchmal vor uns selbst verbergen und leitet uns zu einem tieferen Verständnis unserer Bedürfnisse. Unser Herz offenbart uns damit auch alte, nicht verheilte Wunden unserer Seele[21]. Die Magie der Stille öffnet vor allem aber unsere Sinne für die Schönheit der Welt um uns herum. Wir beginnen, Details wahrzunehmen, die uns sonst verborgen bleiben: die sanften Farben des Sonnenuntergangs, das Zittern der Blätter im Wind, das Lachen eines Kindes, ein schöner Geruch, der durch die Straßen zieht. Wir erfahren eine Verbundenheit mit der Natur, unserer Umwelt und der Menschheit, die ansonsten in der Hektik des Alltags untergeht.

Die Stille erinnert uns daran, dass wir mehr sind als unsere Gedanken, mehr als unsere Ängste und Sorgen. Sie lädt uns ein, in den gegenwärtigen Moment einzutauchen und die Präsenz des Lebens zu spüren. In dieser Präsenz beginnt das Herz zu sprechen, leise und dennoch kraftvoll. Die Herzenssprache vermittelt uns eine ganz eigene Welt an Gefühlen, die oft schwer in Worte zu fassen und dennoch lebenswichtig sind. Liebe, Mitgefühl, Freude, aber auch Trauer und Schmerz.

Ich lade dich ein, die Magie der Stille willkommen zu heißen und dich in ihr zu vertiefen. In den meditativen Momenten findest du einen Raum der Klarheit, des Friedens und der inneren Weisheit. In der Stille kannst du Antworten finden, die du im Lärm des Lebens überhörst.

---

[21] Du kannst hier auch dein Unterbewusstsein einsetzen, wenn Seele für dich nicht stimmig ist. Mit der Seele verbinde ich selbst allerdings auch diejenigen Erfahrungen, die in einem früheren Leben gemacht wurden.

Nach einer wundervoll geruhsamen Nacht fühlte ich mich beim Aufwachen ausgeschlafen und fit wie schon lange nicht mehr. Allerdings machten sich meine müden Beine auch sofort wieder bemerkbar. Mein Schienbein schmerzte beim Laufen zunehmend in den letzten Tagen. Und ausgerechnet für heute hatte ich mir eine Mammuttour vorgenommen. Elend lang und hoch zum Brocken. Was hatte mich bei diesen Ideen eigentlich geritten?

Während des Frühstücks im Gastraum rief ich nebenbei zur Sicherheit im Brockenhotel an, um ein Zimmer zu reservieren. Doch der Plan ging nicht auf – kein Zimmer war mehr zu haben. Zum Zelten wäre es oben am Gipfel viel zu kalt und zu windig geworden, weshalb ich den Brocken als Etappenziel schon streichen und einfach umgehen wollte.

Ein Gast am Nebentisch hatte allerdings wohl mitbekommen, welche Pläne mir durch den Kopf gingen, zumindest, dass es scheinbar um den Brocken und meine Wanderung ging. Er bot mir plötzlich eine Fahrkarte für die Gipfelbahn an. Seine Frau wäre erkrankt, er hätte die gekaufte Karte nun übrig und würde sie mir gerne schenken. Ich freute mich sehr über die Wendung der Voraussetzungen, bedankte mich für die Großzügigkeit und machte mich schnell los zu meinem neuen Ziel: der Zugstation am Fuße des Berges.

Ein Stück Romantik, die historische Brockenbahn.

Bis zu dieser Talstation der Brockenbahn waren es nur etwa acht Kilometer Fußmarsch. Dort nahm ich gleich die nächste Bahn und war bereits gegen zwölf Uhr oben auf dem Brocken, natürlich viel schneller als ursprünglich geplant. Als ich mich umschaute, war ich heilfroh, dort kein Zimmer bekommen zu haben.

So viele Menschen an einem Ort und die damit verbundene Hektik war ich nicht mehr gewohnt. Nach kurzer Planänderung verweilte ich trotzdem eine Weile am Gipfel, machte ein paar Erinnerungsfotos und nahm dann den Abstieg nach Ilsenburg in Angriff.

Auf dem Weg dorthin lernte ich Beate kennen. Wir liefen eine Weile zusammen bergab und vertieften uns nebenbei in richtig gute Gespräche darüber, was wir heute tun würden und welche Träume wir als Kind hatten. Wir beendeten unser Beisammensein bei einem von Beate gespendetem Kaffee, dann trennten sich unsere Wege wieder.

Ich lief dann weiter über Ilsenburg nach Stapelburg. Auf meinem Weg dorthin beschäftigte mich die Frage, wie ich meine Interessen und Fähigkeiten beruflich besser kombinieren kann. Ich kam vermutlich darauf, weil ich vorhin mit Beate auch berufliche Themen ausgiebig besprochen hatte.

Jetzt drehten sich meine Gedanken vor allem um die große Frage, ob ich mich noch einmal beruflich verändern sollte. Das stärkste Gegenargument war mein Alter, fand mein inneres Gegenüber. Über Fünfzig, da arbeitet man doch auf die Rente zu und tut sich keine großen Veränderungen mehr an. Oder etwa doch? Meine Vorstellungen waren hierzu konservativ geprägt, ich hatte sie mehr oder weniger deckungsgleich von meinen Eltern übernommen. Mein Vater und meine Onkel waren Beamte bei der deutschen Bundesbahn.

In meiner Kindheit und Jugend wollte ich zuerst Müllwagenfahrer, dann Schrankenwärter, Pastor und schließlich Pilot werden. In dieser Reihenfolge, wobei mich die Idee des Pastorenseins sehr lange begleitet hat. Weil ich durch eine Ausbildung zum Programmierer früher von der Bundeswehr entlassen werden konnte, landete ich schließlich bei der IT. Das hat mich dann auch sehr begeistert, alles schön logisch und berechenbar.

Dann habe ich aber vor einigen Jahren festgestellt, dass mir etwas fehlt. Ich war als Kind sehr sensibel und diese Seite ging im Laufe meines Lebens immer mehr unter. Deshalb machte ich neben meiner Selbstständigkeit als IT-Berater eine Ausbildung zum Mediator, Coach und zum Heilpraktiker (Psychotherapie). Diese Kombination aus Logos und Eros[22] ist inzwischen meine ideale Lebensform.

Hier und jetzt auf dem Weg war ich mit der entscheidenden Frage konfrontiert, in welche der beiden Richtung ich weitergehen möchte. Aber war es wirklich ein „Entweder-oder" oder konnte es auch ein „und" geben? Eine Antwort fand ich in diesem Moment noch nicht.

---

[22] Eros steht für die emotionale Herz-Intelligenz (die weibliche Qualität), Logos für die mentale Kopf-Intelligenz (die männliche Qualität).

Am Ende meines heutigen Weges erreichte ich bei einbrechendem Abend Papenburg trotz der „Abkürzung" mit der Bahn in totaler Erschöpfung. Niemals hätte ich es heute zu Fuß nach oben auf den Berg geschafft.

Zu meinem großen Glück traf ich hier schon nach kurzer Zeit auf einen Bauernhof mit freundlichen und großzügigen Betreibern. Nicht nur, dass mir das Ehepaar ohne Zögern anbot, mein Zelt zwischen den Koppeln aufzubauen. Sie luden mich auch gleich noch zur Brotzeit ein.

So aßen wir gemeinsam zu Abend und unterhielten uns dabei angeregt. Die Besitzer betrieben den Hof seit langer Zeit mit großer Leidenschaft und immensem Einsatz, sieben Tage in der Woche. Der Landwirt erzählte von seiner Arbeit mit einem strahlendem Leuchten in den Augen, das verriet, dass er hier seine Lebensaufgabe gefunden hatte.

Noch beim Einschlafen war ich ganz eingenommen von der Ausstrahlung des Mannes. Mit einer solchen Klarheit und einem solchen Leuchten möchte ich in Zukunft auch von meinem Beruf, oder besser meiner Berufung, sprechen können. Dies setzte ich mir in diesem Moment zum Ziel.

Umgeben von Schweinen, Schafen, Hühnern, Hunden und Katzen war meine Nacht zwar nicht gerade ruhig, aber im Zelt zu liegen und die Tiergeräusche zu hören, war für mich eine weitere besondere Erfahrung von so vielen außergewöhnlichen Eindrücken auf dieser Reise.

Impuls: VERPANZERUNG

Gastbeitrag von Stefan Becker[23]

Hab keine Angst davor langsam zu gehen,

sondern nur davor, still zu stehen.

Sprichwort, Quelle unbekannt

Eckhard ging auf dieser Wanderung durch die ganze Bandbreite seiner Gefühle. Als er durch die intensive körperliche und mentale Anstrengung seine Gefühle nicht mehr unterdrücken konnte, haben sie sich teilweise sehr heftig entladen. Dies fühlte sich dann im Nachhinein sehr befreiend an. In diesem kurzen Beitrag möchte ich dir einen kurzen Einblick in die Bildung von Blockaden und den daraus resultierenden Verpanzerungen geben.

Wann immer wir in unserem Leben mit Stress, Druck oder intensiven Erlebnissen und Emotionen konfrontiert sind, haben wir zwei Optionen: Wir können diese intensive Ladung bewusst durchfühlen, körperlich ausdrücken und auf diese Weise auch wieder loslassen (dies entspricht unserem organischen Reflex) oder wir unterdrücken die Gefühle und stellen uns taub (dies entspricht einem konditionierten Reflex).

Dauerhafte Blockaden entstehen immer dann, wenn wir mit einem starken oder sogar traumatischen Erlebnis konfrontiert sind, das wir nicht bewusst verarbeiten können. Dafür kann es mehrere Gründe geben: Wir haben noch gar nicht die Fähigkeit entwickelt (beispielsweise als Kind), mit solch intensiven Erfahrungen umzugehen und unser Körper geht in eine natürliche Schutzreaktion, um uns vor der Überforderung zu schützen. Oder wir unterdrücken die natürliche Verarbeitung des Gefühls aufgrund von sozialem Druck.

Im ersten Fall hätten wir als Kinder eigentlich einen geduldigen und mitfühlenden Erwachsenen gebraucht, der uns hält und anleitet, die Emotionen zuzulassen und zu verarbeiten. Aber dieses Glück hatten wohl die wenigsten von uns. Stattdessen haben wir gelernt, uns abzulenken („aber guck mal da: ein Flugzeug") oder unsere Gefühle zu unterdrücken („Jetzt stell dich nicht so an!"). In den meisten Fällen waren diese Erwachsenen nicht nur keine Hilfe,

---

[23] Stefan Becker ist der Entwickler von SonarBody. Auch ich verwende in meiner Arbeit als Therapeut und Coach hauptsächlich die Werkzeuge und Prozesse von SonarBody.

sondern sogar die Ursache für unseren Stress, weil sie uns mit unseren Gefühlen abgelehnt oder kritisiert haben, oder weil sie ganz einfach keine geborgene, sichere Familie für uns bieten konnten.

Die meisten von uns haben daher eine körperfremde Erziehung erfahren, bei der wir unsere organischen Impulse oft unterdrücken mussten:

- Wir lernten uns zu verstellen und so zu tun, als ob, damit niemand merkt, was wir wirklich fühlen.
- Wir unterdrückten unsere wahren Bedürfnisse, um Erwartungen zu erfüllen und geliebt zu werden.
- Wir lernten unter Druck und Stress zu funktionieren und taub für unsere eigenen Empfindungen zu werden.

Das Ergebnis ist immer das gleiche: All die unverarbeiteten Emotionen werden im System „eingefroren", ohne dass die gewaltige energetische Ladung darin verarbeitet werden kann.

Konkret bedeutet das eine dauerhafte energetische und körperliche Anspannung in deinem System. Die Tiefenmuskulatur ist dauerhaft angespannt und der gesamte Stress der Situation bleibt im Körper stecken. Dieses „anspannen, zusammenziehen und einfrieren" ist der sogenannte „konditionierte Reflex" und bildet den Körperpanzer. Er ist das Gegenteil des „organischen Reflexes", den du sehr gut bei Kindern beobachten kannst: bei Schmerz, Trauer oder Wut wird diese Energie nicht eingefroren, sondern direkt über den Körper ausgedrückt. Zum Beispiel durch Schreien, Weinen, Stampfen. Die gesamte Energie der Erfahrung wird durch den Körper verstoffwechselt und kann abfließen. Wenige Minuten später spielt das Kind wieder, als wäre nichts passiert.

Bereits um 5 Uhr war die kalte Nacht für mich beendet, denn das Orchester der Hoftiere spielte seine Morgensymphonie. Schon während der Nacht hatte ich bei den Proben immer mal wieder einen Vorgeschmack auf das Konzert bekommen können.

Es blieb mir also nichts anderes übrig, als mich für den Tag fertig zu machen. Ich hing die feuchten Sachen zum Trocknen auf und fing an zu packen. Dabei kamen mir meine Füße in den Blick und ich entschied, dass ich diese vor der heutigen Tour noch besser verarzten müsse. Durch die langen Touren der letzten Tage hatten sich wieder Blasen und offene Stellen gebildet. Wenn man sich überlegt, was diese paar Quadratzentimeter aushalten und leisten müssen, ist es kein Wunder, dass sie nach so einer langen Strecke entsprechend geschunden aussehen.

Um 7 Uhr kam der Landwirt vorbei, und wir unterhielten uns noch ein wenig. Mir schien, er wolle etwas loswerden, denn er ließ sich recht ausführlich über die Landwirtschaftspolitik aus. Er erklärte mir, wie die Subventionen an der falschen Stelle, nämlich nur bei den großen Landwirtschaftsfabriken und -konzernen landen würden. Also genau dort, wo das Fleisch „produziert" würde und wo Tiere nicht als Lebewesen, sondern als Stückgut betrachtet würden, hinter verschlossenen Türen. Bei den kleinen Betrieben, wo die Tiere noch Namen hätte und beim Grasen beobachtet werden könnten, käme hingegen so gut wie gar nichts von der Unterstützung an. Und das Schlimmste wäre, dass aufgrund der Subventionen, vor allem in der Getreideproduktion, viel zu große Mengen hergestellt würden, die entweder vernichtet oder in Drittländern vermarktet würden, wo dann aufgrund des Dumpingpreises keine eigene Landwirtschaft aufgebaut werden könne. Mir wurde plötzlich klar, wie irre und krank dieses System aus Lobbyismus und Gier teilweise geworden ist.

Der Mann berichtete mir diese Dinge, ohne zu jammern oder zu meckern, ganz sachlich. Er würde sowieso nicht mit der Arbeit in den Großbetrieben tauschen wollen, da er seinen Beruf, so wie er ihn ausübte, über alles liebte. Ich fand es überaus beeindruckend, wie dieser Landwirt trotz der widrigen Umstände voller Leidenschaft weitermachte und sich und seinen Werten treu blieb.

Nachdem wir uns mit guten Wünschen für die Zukunft verabschiedet hatten, brach ich in Richtung Hornburg auf. Die Berge lagen nun endlich hinter mir und das flache Land breitete sich vor mir aus. Ich freute mich über diesen nächsten Meilenstein und hoffte, die kommenden Wandertage würden leichter werden als die letzten.

Meine Wünsche wurden aber nicht erhört. Heute war es mal wieder Petrus, der mir einen Strich durch die Rechnung machte. Bei fünfunddreißig Grad im flachen Land zu wandern, mit nur wenigen schattenspendenden Bäumen am Wegesrand, war mal wieder eine körperliche Qual.

Ich trank viel Wasser, fühlte mich aber trotzdem schon bald vor allem physisch ziemlich ausgelaugt. Zudem hatte ich mich in der letzten Nacht etwas erkältet, was mir wohl auch ein wenig die Kraft raubte. Mental fühlte ich mich zwar recht stark, aber die lange Reise steckte mir in den Knochen und ich dachte voller Sehnsucht an den Zieleinlauf. Jetzt waren mein Wille und eine klare Ausrichtung gefragt, und ich musste gleichzeitig auch intensiv auf meinen Körper hören. Das war für mich eine

Kurze Verschnaufpause im Schatten.

neue Erfahrung, denn oftmals war ich früher über meine Grenzen gegangen, ganz nach dem Motto „Augen zu und durch".

Als ich am Ende dieses strapaziösen Tages gegen 18 Uhr Hornburg erreichte, hatte ich aufgrund meiner Erschöpfung längst entschieden, mir heute wieder eine Pension für die Nacht zu suchen. Darüber hinaus hatte ich auch den Beschluss gefasst, mir morgen Ruhe und Entspannung zu gönnen und einen Tag Pause zu machen. Ich fühlte mich bei dem Gedanken daran allerdings auch etwas unwohl, ein kleines schlechtes Gewissen machte sich bemerkbar.

In der Pension Reinhardt kam ich mit dem Besitzer in einen engeren Kontakt und ich bemerkte sofort, dass auch er sein kleines Gasthaus mit viel Herzblut betrieb. Er, wie auch der Landwirt, haben mit der Leidenschaft, wie sie ihrer Berufung nachgehen, einen bleibenden Eindruck bei mir hinterlassen.

Am Abend suchte ich mir eine kleine Gaststätte in der Nähe. Dort habe ich voller Genuss gut und reichhaltig gegessen, die Beine ausgestreckt und es mir gut gehen lassen. Zurück in meinem Gästezimmer sendete ich in Gedanken einen Gruß an Kai. Meine Füße freuten sich, endlich von den Wanderstiefeln befreit zu sein und in seinen ehemaligen Badelatschen zu stecken. Dort blieben sie allerdings nicht lange, denn ich kuschelte sie, wie auch alle meine anderen lädierten Körperteile, unter die warme und schützende Bettdecke. Was für eine Wohltat.

Impuls: KOMFORTZONE
Das Leben beginnt dort, wo die Komfortzone endet.
Neale Donald Walsch

Auf meiner Wanderung fühlte ich mich trotz der vielen Hindernisse, Schmerzen und Widerstände nach und nach immer lebendiger. Je weiter ich mich aus meiner alten Komfortzone herauswagte, desto aufmerksamer und intensiver konnte ich mich selbst fühlen und mich selbst und meine Umwelt mit allen Sinnen wahrnehmen.

Mit dem Begriff „Komfortzone" beziehe ich mich auf einen psychologischen Zustand, einen imaginären Raum, in dem man sich emotional und mental sicher fühlt, weil man sich in einer vertrauten Umgebung befindet, in gewohnten Verhaltensweisen agiert und keine großen Veränderungen zu erwarten hat.

Wo befindest du dich gerade? Ist dein Leben bestimmt durch Gewohnheiten, die zwar vielleicht anstrengend und zuweilen stressig aber trotzdem immer kalkulierbar sind? Oder riskierst du auch gerne mal etwas? Erlaubst du dir auch manchmal, „verrückt" zu sein?

In diesem Impuls geht es darum, dass die Grenzenlosigkeit des Lebens erst jenseits der Komfortzone beginnt.

In den behaglichen Gefilden unserer Komfortzone finden wir Vertrautheit, Sicherheit und Bequemlichkeit. Außerhalb dieses Raums aber werden wir wach und unsere Aufmerksamkeit wird automatisch gesteigert. Wir werden dort von unserer Psyche quasi dazu genötigt, unsere Sinne zu schärfen und unsere Intuitionen vermehrt zu nutzen. Denn dort, jenseits der Grenzen der Komfortzone, begibt man sich auf eine Reise ins Unbekannte. Hier warten ungeahnte Abenteuer des Lebens auf uns. Wenn wir bereit sind, diese unbekannten Orte zu erkunden, können wir erstaunliche Potenziale in uns aktivieren, Kräfte entfalten, von denen wir vorher noch nicht einmal etwas ahnten und Fähigkeiten entwickeln, von denen wir dachten, dass nur andere Menschen dazu in der Lage seien.

Vielleicht kennst du Menschen in deinem Umfeld, die du als unglücklich und frustriert wahrnimmst, die aber in ihrem Leben partout nichts ändern. Für diese Menschen bietet dieses gewohnte, aber unglückliche Leben eine gewisse Sicherheit. Sie geben sich aus Angst vor Veränderung mit dem zufrieden, was sie haben.

Dieses Verhaltensmuster ist durchaus nachvollziehbar, denn wir Menschen haben ein natürliches Bedürfnis nach Sicherheit und richten unser Leben in vielerlei Hinsicht danach aus. Versicherungsunternehmen beispielsweise profitieren genau davon und machen enorme Gewinne mit der Absicherung von allerlei Risiken und Gefahren.

Wenn du aber den Mut aufbringst, die Grenzzäune deiner Komfortzone zu überwinden, und du dich gegen deinen „inneren Schweinehund" durchsetzt, entfaltet sich dir eine Welt voller neuer Erfahrungen und Erkenntnisse. Der Zauber des Lebens wird erlebbar in den Momenten, in denen du dich in herausfordernde Abenteuer stürzt, in denen du das Neue und Ungewohnte erkundest. Hier findest du Kreativität, Lebendigkeit, Innovation und Selbstentfaltung.

Diese Überwindung wird nicht immer einfach sein. Ängste und Unsicherheiten können zu Begleitern auf deiner Reise werden, die dich aber letztendlich auch lehrt, genau mit diesen Hürden und Herausforderungen umzugehen. Wenn dir das gelingt, wirst du an ihnen wachsen.

Es versteht sich von selbst, dass dies nicht bedeutet, sich blindlings in unsichere Situationen stürzen. So ein Abenteuer muss zu dir, deinen Möglichkeiten und auch deinen Ressourcen passen. Und du brauchst tatsächlich auch immer mal wieder den Rückzug in die Komfortzone, andernfalls läufts du Gefahr, jedwede Sicherheit zu verlieren und dich zu überfordern. In diesem Sinne die richtige Balance zu finden, wird im nächsten Impuls detaillierter thematisiert.

Betrachte deine Komfortzone also nicht als Begrenzung, sondern als Sprungbrett zu Wachstum und Weiterentwicklung. Als Belohnung des Sprungs erwartet dich die Lebendigkeit, die du spürst, wenn du Herausforderungen meisterst oder deine Ängste überwindest. Das Abenteuer deines Lebens wartet auf dich jenseits der vertrauten Grenzen. Sei mutig, wage den ersten Schritt und entdecke die Grenzenlosigkeit deiner eigenen Möglichkeiten. In diesem Wagnis wirst du nicht nur das Unbekannte erobern, sondern auch eine erstaunliche Stärke in dir finden.

Was kann ich über diesen Tag schon groß berichten? Ich verweilte die ganze Zeit in Hornburg. Die Sonne schien, die Vögel sangen. Es ist nichts Aufregendes passiert.

Trotzdem war dieser Tag für mich auf seine eigene Weise ganz besonders. Auf der einen Seite genoss ich in allen Zügen seine Leichtigkeit und die Annehmlichkeiten des Rastens. Kein Etappenziel vor Augen, kein Rucksack auf dem Rücken, nur die schattigen Plätze der kleinen, hübschen Stadt.

Doch jedes Vergnügen wurde mir durch etwas getrübt, einen mich immer begleitenden Schatten. Eine diffuse Scham davor, nichts Produktives hervorzubringen, heute nichts zu erreichen, keine Erfolge zu verzeichnen. Die Blasen an den Füßen und meine Erschöpfung reichten mir nicht als Begründung, einfach mal „frei zu haben".

Während ich pausierte, erzeugten die Gedanken an das Vorhaben, einen besonders harten Weg gehen zu wollen, der mir Bewunderung und Anerkennung bringen sollte, Stress. Und ein schlechtes Gewissen: Wer soll einen Cappuccino schlürfenden Typen bewundern, der es sich im Schatten gemütlich macht? Ich war also noch immer abhängig von äußerer Anerkennung.
Es fiel mir schwer, das ganze Bild zu sehen. Ich dachte, die gewünschte Wertschätzung würde ich nur auf die harte Tour bekommen. Mich umtrieb eine Angst davor, irgendjemand könnte mein heutiges Verhalten kritisch bewerten. Da draußen würden nicht wenige schon gespannt auf den heutigen Eintrag im Blog warten. Nicht selten hatten mich solche Ängste zu falschen Entscheidungen getrieben. Ich hatte mich beeinflussen lassen und mich selbst verraten. Auch deshalb erkannte ich, dass es mir überhaupt nicht guttat, so zu denken. Es war ungerecht meinen bisherigen Erfahrungen, Entbehrungen und Strapazen gegenüber.

Wie ein Zeichen von oben kam mir da plötzlich ein kleiner Aushang der Kirchengemeinde vor die Augen, den ich beim Schlendern entdeckte: „Heute – jetzt heraustreten aus dem Trott, aus der Hetze, aus der Jagd …" Das war es! Ich beschloss also, meinen inneren Kritiker Oskar und das schlechte Gewissen auf stumm zu schalten, um den Tag bestmöglich nutzen und genießen zu können.

Aus diesem Impuls heraus setzte ich auch meinen vor einigen Tagen gefassten Entschluss um und gab mein Vorhaben auf, die ganze Strecke ohne eigenes Geld zu wandern. Ich ging in großen Schritten zum nächsten EC-Automaten und hob Einhundert Euro ab. Dieser für alle anderen Menschen so selbstverständliche Vorgang jagte mir einen Schauer über den Rücken. „Wow", dachte ich, „so viel Geld, und in der gleichen Sekunde noch konnte ich das damit verbundene Gefühl der Frei-

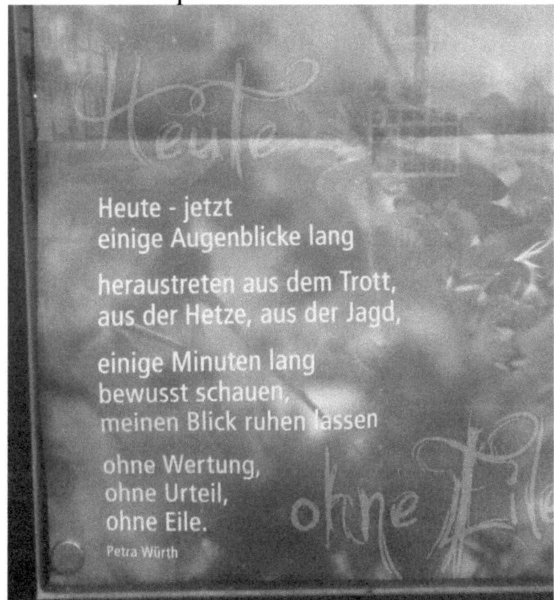

Das Motto des Tages: Eile mit Weile.

heit spüren."

Es ist schon erstaunlich, welche Mächte und Emotionen hinter ein paar bunt bedruckten Papierscheinen lauern.

Obwohl ich diesen Entschluss in keiner Weise mehr in Frage stellte, verblieb ein seltsames und irritierendes Gefühl in mir. Es war das Gefühl des Verrats an meinem eigenen Leistungsanspruch. Ich verspürte ein schlechtes Gewissen gegenüber meinem Versprechen, die Wanderung auf die harte Tour durchzuführen und empfand mein Tun ein Stück weit als Scheitern. Das wurde nochmals verstärkt, als ich diesen Entschluss in meinem Tagebuch auf der Internetseite veröffentlichte. Entgegen meinen Befürchtungen bekam ich zumeist positive Resonanzen.

Es dauerte aber eine Weile, bis ich meine negativen Gefühle und Gedanken „verarbeiten" konnte. Ich beschloss, mir nun etwas zu gönnen und besuchte ein hübsches Café. Jetzt fühlte es sich unheimlich gut an, etwas von einer Karte zu bestellen und mir den Luxus von Cappuccino und Kuchen zu gönnen, ohne ständig an mein erspartes Spenden-Budget zu denken.

Während ich voller Wonne die köstlichen Leckereien verspeiste, machte ich mir noch einmal mein Ziel für den zweiten Teil der Wanderung klar: Ab diesem Tag wollte ich meine wirklichen Lebensfragen und Visionen in den Mittelpunkt meiner Gedanken und Gefühle stellen. Ich würde versuchen, eine Antwort auf die Fragen zu finden, was ich im letzten Drittel meiner Lebenszeit noch erleben möchte. Auch würde ich gerne mehr Klarheit darüber bekommen, was ich als Mensch für die Welt und die nachfolgenden Generationen tun kann.

Aus meinem inneren Diskurs kam die Frage auf, was das Wesen von Erfolg ist. Mir wurde beim Grübeln darüber immer klarer, dass ich dann erfolgreich wäre, wenn ich mit einem Leuchten in den Augen von etwas berichten könnte wie der Landwirt gestern Abend von seiner täglichen Arbeit.

Auf diese Weise könnte ich möglicherweise irgendwann von einer wochenlangen Grenzwanderung berichten, kam es mir in den Sinn. Von einer äußerst beschwerlichen Reise, bei der ich mittendrin einmal entschieden hatte, einen Tag Pause zu machen, um danach gestärkt wieder weiterzumarschieren.

Das würde doch jeder verstehen, oder? Das würde den Erfolg nicht schmälern. Warum auch? Und vor allem: „Ist es wichtig, was die Anderen von mir denken? Es ist wie immer alles nur eine Frage der Betrachtung“, wurde mir klar, „oder besser noch: eine Frage der inneren Haltung!“

In diesem Moment war ich richtig froh darüber, noch einige Tage und Kilometer vor mir zu wissen, um mich weiterhin solchen Themen widmen zu können. Der Tag in Hornburg wurde aber auch von schönen Begegnungen begleitet. Die Fußpflegerin Siglinde bot mir eine kostenlose Behandlung meiner wunden Füße an, nachdem ich ihr in Kürze meine Geschichte erzählt hatte. Sie nahm mich kurzfristig in ihrem Terminkalender auf und erleichterte mir damit die weitere Reise enorm. In der hiesigen Apotheke haben sie mich mit Tape und Elektrolyten versorgt und in der Pension Reinhardt fühlte ich mich sowieso bestens versorgt. Ich fand einladende Lokale zwischen den hübschen Fachwerkhäusern, und bei drei Kugeln Eis überkam mich sogar kurz das Gefühl von echtem Kurzurlaub und einer viel zu selten erlebten Lebensfreude.

Am Abend vor dem Einschlafen konnte ich mit jeder Faser spüren, wie erholsam dieser Tag für meinem Körper gewesen war. Und am Ende hatte sogar mein zweifelnder und kritischer Geist aufgegeben, ein schlechtes Gewissen zu haben.

Impuls: SÄBELZAHNTIGER

*Wir tragen die Erinnerungen an die Zeit der Säbelzahntiger in
unseren Genen – die Abenteuerlust, die Fähigkeit zur
Anpassung und die Freude am Überleben.*
Unbekannte Quelle

Nun lade ich dich auf eine kleine und fiktive Fantasiereise ein:

Stell dir vor, du lebtest in einer längst vergangenen Zeit, in der das Leben scheinbar primitiver und vor allem viel gefährlicher war: in der Steinzeit. Dein Morgen beginnt mit den ersten Sonnenstrahlen, die durch die Höhlenöffnung hindurch den Tag ankündigen. In dieser ursprünglichen Welt bist du von deiner Familie umgeben, die noch im Schatten schläft.

Ein knurrender Magen erinnert dich daran, dass es Zeit ist, Nahrung zu beschaffen. Entschlossen machst du dich also auf den Weg in den nahegelegenen Wald. Die Natur begrüßt dich mit ihren wunderbaren Geräuschen und Düften. Du fühlst dich eins mit der Umgebung, aufmerksam und voller Energie. Deine Sinne sind geschärft, denn viele Gefahren lauern außerhalb der schützenden Höhle.

Plötzlich hörst du hinter dir ein Geräusch. Augenblicklich drehst du dich um und entdeckst etwas: da steht ein Säbelzahntiger! Todesangst steigt in dir auf, dein Herz beginnt zu rasen, dein Körper setzt Adrenalin frei und die Kampf- und Fluchtinstinkte übernehmen die Kontrolle. Alle nicht lebensnotwendigen Funktionen werden reduziert, um die komplette Energie für deine Flucht zu konzentrieren. Du rennst los, ohne nachzudenken, aus purem Reflex.

Mit Glück und Geschick entkommst du dem Raubtier und findest Schutz auf einem Baum. Die Angst pulsiert in dir, aber auch die Erleichterung, dass du überlebt hast. Du bemerkst, wie dein Herz rast, der Stress dich zittern lässt, dir Tränen der Erleichterung über das Gesicht rollen. Vielleicht spürst du auch eine Wut auf dich selbst, dass du nicht vorsichtiger warst.

Du nimmst dir dann die notwendige Zeit, um auf dem Baum zu regenerieren. Du spürst nach, schreist deine Wut heraus und bedankst dich bei deinem „Gott" für dieses Geschenk des Überlebens. Dein System kann somit herunterfahren, sich entspannen. Der Überschuss an Adrenalin und anderen Stresshormonen wird wieder abgebaut, dein körperliches System beruhigt sich und du hast deine Gefühle durch Weinen und Schreien ausgedrückt. Nach der notwendigen Regeneration steigst du nach einigen Stunden achtsam vom Baum, beschaffst deine Nahrung und kehrst wohlbehalten zu deiner Familie zurück. Am Lagerfeuer erzählst du dann von deinen Erlebnissen. ENDE.

Jetzt stellst du dir vielleicht die Frage, was diese Geschichte mit dir und deinem heutigen Leben zu tun haben soll. Wie viele Säbelzahntiger begegnen dir schon täglich? Keine, aber die Herausforderungen und Stresssituationen, denen du in unserer heutigen Welt ausgesetzt bist, können ähnlich bedrohlich wirken. Beängstigende Nachrichten, berufliche Probleme, Konflikte in Beziehungen, Geldsorgen, Krankheiten, globale Krisen – all diese Dinge können unseren Stress- und Angstmodus aktivieren wie das Raubtier bei unseren Vorfahren.

Dadurch werden oft die gleichen körperlichen Symptome ausgelöst wie bei dem Flucht- oder Kampfmodus. Herzrasen, Adrenalin, hoher Puls usw.

Leider werden wir in der modernen Welt von Informationen, Problemen und Hiobsbotschaften regelrecht überhäuft. Oft nehmen wir diese stressauslösenden Faktoren nur unbewusst wahr und verdrängen sie mit Ablenkung, dem Griff zum Rotweinglas oder einem Medikament, bis wir vom Leben die gelbe Karte bekommen. Überlastungsstörungen, Angstzustände, Suchterkrankungen oder andere krankheitsbedingte Symptome sind nicht selten die Folge dieser Verdrängung.

Denn genauso wichtig, wie das Annehmen und Meistern von Herausforderungen ist, benötigst du die anschließende Zeit der Regeneration. Wie viel Zeit nimmst du dir, um dich zu entspannen und wieder zu Ruhe zu kommen? Erlaubst du dir deine Gefühle auszudrücken, deine Wut zuzulassen und konstruktiv zu entladen, deine Tränen zu weinen, dich im sicheren Umfeld mitzuteilen? Erlaubst du dir manchmal, „Nein" zu sagen und dich gesund[24] abzugrenzen?

Unser Körper ist keine Maschine, sondern ein komplexes natürliches Wunderwerk, welches in vielerlei Hinsicht gepflegt und geachtet werden muss. Es liegt in deiner eigenen Verantwortung, gut für dich zu sorgen. In den Impulsen über die Angst und die Komfortzone habe ich bereits die Notwendigkeit der Regeneration angerissen.

---

[24] Mit „gesund" meine ich hier deine bewusste und für dich stimmige Entscheidung, die nicht aus dem Widerstand oder der Anhaftung, sondern aus deiner inneren Überzeugung kommt.

Es ist also von entscheidender Bedeutung für die physische und psychische Gesundheit, balancierte Routinen von An- und Entspannung in unseren Alltag zu integrieren, um unser volles Potenzial ausschöpfen zu können. Wenn wir uns ausschließlich von einem Abenteuer ins Nächste stürzen, laufen wir Gefahr, auszubrennen. Wenn wir uns zu lange in die Wohlfühlzone zurückziehen, könnten wir die Chancen des Lebens verpassen. Das kluge Hin- und Herpendeln zwischen diesen beiden Verhaltensmustern jedoch führt dazu, das Leben in allen Facetten zu erleben.

Ich lade dich ein, diese Balance zu finden und dich bewusst zwischen Herausforderungen und Regenerationsphasen zu bewegen. Entdecke die lebendige Entfaltung, die sich aus dem Wechselspiel ergibt, und lass uns unsere Heldengeschichten am Feuer teilen. Raus aus der Komfortzone, rein in die lebendige Fülle des Lebens!

Ich schlief erneut ausgezeichnet in meiner netten Pension und nahm mir heute extra etwas mehr Zeit für ein ausgiebiges Frühstück.

Als ich auf dem Weg dorthin den Wirt traf und ihm einen guten Morgen wünschte, schenkte er mir ganz nebenbei sein Motto für ein glückliches Leben. Auf meine Frage: „Wie geht es Ihnen?", antwortete er nämlich ganz selbstverständlich: „Heute ist mein allerbester Tag!"

Ich schaute wohl etwas verdutzt und fragte ihn, warum dies ausgerechnet heute so sei, und ob er vielleicht im Lotto gewonnen hätte. Daraufhin betrachtete mich der Wirt mit freudiger Miene und antwortete in ruhigem Tonfall: „Gestern ist vorbei und morgen hat noch nicht begonnen. Also ist heute der beste Tag." Zunächst fand ich den Spruch einfach nur gut und erwiderte ihn mit einem Lächeln. Als ich kurze Zeit später beim Frühstücken aber noch einmal darüber nachdachte, fand ich diese Aussage wirklich beeindruckend. Wenn man sie zu Ende denkt, bedeutet sie ja vor allem: Verharre nicht im Geschehenen und sorge dich nicht um Morgen. Jetzt und heute ist alles, was zählt. Nutze den heutigen Tag für dein Glück.

So weit war ich noch nicht, auch wenn es so einfach klingt. Oft haderte ich mit der Vergangenheit und träumte von meinen zukünftigen Zielen, wobei ich oft versäumte, mich auf angemessene Weise um das Leben im Hier und Jetzt zu kümmern, um das, was eigentlich zählte.

Jedenfalls beschloss ich, dass heute auch mein allerbester Tag werden sollte und brach nach dem Frühstück hochmotiviert auf, um bloß nichts davon zu verpassen.

Leider war aber schon nach wenigen Kilometern nicht mehr viel übrig von der anfänglichen Euphorie. Ich schleppte mich bei sengender Hitze über schattenloses, flaches Land den schier endlosen Plattenweg entlang. Die Sonne brannte unerbittlich, und der vor mir liegende Weg mit den elenden Betonplatten flimmerte nur noch vor meinen Augen. Kein Haus weit und breit und auch kein Mensch. Dafür schikanierten mich umso mehr Mücken und Bremsen, je weiter ich ging. Immer wieder wurde ich gestochen und gebissen. Ich verfluchte diese Biester und auch diesen Tag, der doch eigentlich mein allerbester werden sollte.

Als ich der Verzweiflung bedenklich nahegekommen war, traf ich auf einen anderen Wanderer, der mir entgegengekommen war. Heinz war 76 Jahre jung und erzählte mir mit leuchtenden Augen, dass er in vier Blöcken den Grenzweg entlangwanderte. Er wäre gerade bei Nummer zwei und würde sich wegen der heißen Tage und kühlen Nächte immer eine Pension als Nachtlager suchen. Als ich mich zustimmend über die klimatischen Bedingungen beschwerte, wischte Heinz das lässig beiseite und empfahl mir, es genauso zu machen wie er; nämlich morgens sehr früh aufzubrechen, um bereits gegen Mittag, also vor der großen Hitze, das jeweilige Etappenziel erreicht zu haben. Ich stellte in dem Moment etwas genervt fest, dass ich darauf eigentlich auch selbst hätte kommen können, ließ mir aber nichts anmerken. Vielleicht müsste ich auch erst Mitte siebzig werden, um so weit denken zu können.

Frust und Wut begleiteten mich weiter bis nach Jerxheim, meinem ursprünglichen Ziel. Die Mücken hatten mich inzwischen fast vollständig ausgesaugt. Ich beschloss, mir hier umgehend ein Anti-Mücken-Spray zu besorgen, konnte diesen Gedanken allerdings sofort wieder vergessen, denn außer einem bis auf Weiteres geschlossenem Imbiss gab es hier – wie auch sonst in den meisten Grenzdörfern – schlichtweg nichts außer den teilweise leerstehenden Wohnhäusern. Also blieb mir nichts weiter übrig, als die acht Kilometer nach Schöningen weiterzulaufen. Hier würde sich in jedem Fall etwas finden lassen.

Als ich in der kleinen Stadt gegen 16 Uhr eintraf, war mir sofort klar, dass sich die Anstrengung tatsächlich gelohnt hatte. Schattige Plätze, gut gelaunte Menschen, ein hübsches Café, ein Supermarkt, und endlich fand ich auch eine Drogerie, um mich gegen die Mücken zu rüsten.

Ich besuchte auch das Heimatmuseum und bekam hier eine kurze, kostenlose private Führung, obwohl das Haus eigentlich schon geschlossen hatte. Ich fand es traurig, was aus dieser einst reichen Stadt und ihrer Region geworden war. Zuckerrüben und Braunkohle waren nicht mehr gefragt und andere Einnahmequellen nicht in Sicht.

Also hatten schon vor Jahren die jungen Menschen begonnen, die Stadt zu verlassen. Alles ging nach und nach bergab.

Nach einem Cappuccino und einem leckeren Stück Kuchen kamen meine Lebensgeister wieder zurück, und ich beschloss, heute noch bis Hötensleben zu gehen, wo mich ein großer erhaltener Teil der Sperranlagen erwarten würde, die das Dorf einst umgeben hat. Auf dem Weg dorthin kam ich an einem riesigen Braunkohle-Abbau vorbei, einer wirklich hässlichen Narbe in der schönen Natur. Ich hatte mich zwar mit Spannung auf die Grenzanlagen in meinem Zielort gefreut, doch als ich dort ankam, empfand ich den Ort als unangenehm und bedrückend. Die ganze Brutalität der Teilung war hier zum Greifen nahe. So authentisch habe

Der riesige Schaufelbagger hinterlässt Narben in der Natur.

ich sie sonst nirgendwo fühlen können. Es macht einen fassungslos, wenn man bedenkt, was das damalige politische System alles getan hatte, um die eigene Wahrheit durchzusetzen.

Gedankenverloren machte ich mich danach auf die Suche nach einem Zeltplatz. Doch an diesem vermaledeiten „allerbesten" Tag sollte auch das nicht so einfach werden. Zunächst fand ich einen eigentlich sehr schönen Platz an einem nahen See. Dort traf ich allerdings auf eine Gruppe von Männern, die mich nicht nur misstrauisch beäugten, sondern auch nur sehr einsilbig und abweisend mit mir sprachen. Mein Bauchgefühl empfahl mir, hier nicht zu bleiben. Hier war bestimmt nicht der Schlafplatz, der auf mich gewartet hatte.

Also lief ich wieder zum Grenzweg und zurück nach Hötensleben. Dort traf ich Gott sei Dank nach kurzer Zeit auf Matthias, der mir ohne Umschweife anbot, auf dem Grundstück neben seinem Haus zu zelten.

Während ich mein Zelt dort aufbaute, unterhielten wir uns ein wenig, und später wurde ich von seiner Frau und ihm zu Nudeln mit Tomatensauce eingeladen.

Nach dem Essen fiel ich völlig erschöpft in den Schlafsack. Das Ende des Tages versöhnte mich mit den kräftezehrenden und nervtötenden Stunden davor. Ich habe beschlossen, Heinz' Rat zu folgen und morgen schon gegen 5 Uhr aufzubrechen, auch wenn ich damit eine Einladung von Matthias zum gemeinsamen Morgenkaffee ausschlagen musste.

Heute war vielleicht noch nicht der allerbeste Tag aller Zeiten gewesen, aber es war mein Tag. Und vielleicht war das sowieso auch alles nur eine Frage der inneren Haltung.

Impuls: INTUITION
Überall geht ein frühes Ahnen dem späteren Wissen voraus.
Alexander von Humboldt

Auf der Reise war mein Verstand aufgrund der anstrengenden Umstände oftmals überfordert, und es fehlten mir in diesen Momenten rationale Lösungen für meine Probleme. Bei der täglichen Schlafplatzsuche passierte es mir beispielsweise regelmäßig, dass mir mein Verstand signalisierte, sowieso keinen geeigneten Platz an diesem Ort finden zu können. Meine Ratio war nicht in der Lage, diesen negativen Gedanken sinnstiftende oder helfende Aspekte hinzuzufügen, doch als ich immer mehr meiner Intuition vertraute, kamen die Lösungen oft fast von allein.

Dieser Macht der Intuition möchte ich in diesem Impuls folgen und zeigen, was es bewirkt, diesem Flüstern des Herzens aufmerksam zu lauschen.

In unserer modernen Welt, die in großem Umfang von Rationalität und Logik geprägt ist, spielt unsere Intuition oft eine untergeordnete Rolle. Ich möchte dich jedoch ermutigen, einen Moment innezuhalten und dich damit auseinanderzusetzen, wie es gelingen kann, deine Intuition wiederzuentdecken, ohne deine mentale Kraft aus dem Blick zu verlieren.

In einer Zeit, in der unser Verstand oft den Ton angibt, ist es wichtig, die Balance zwischen Kopf- und Herzenergie wiederherzustellen. Diese außergewöhnliche Kraft der Intuition formt sich aus der Stimme deines Herzens und kann dir in Momenten den Weg weisen, in denen du allein mit deinem Kopf nicht weiterkommst.

Vielleicht hast du bei dir selbst bemerkt, dass dein Verstand dir oft rationale Lösungen und Strategien anbietet, um dich bei Entscheidungen zu leiten. Das ist gut und wichtig, jedoch nicht immer ausreichend. Die Macht deiner inneren Weisheit, die oft leise spricht, aber immer präsent ist, kann dich mit deinem wahren Selbst und deinen wirklichen Bedürfnissen verbinden. Die Kunst besteht darin, Kopf und Herz in Einklang zu bringen. Dein Verstand ist ein wertvolles Werkzeug, aber es braucht auch die Kraft des Herzens, es sinnvoll und zielführend zu verwenden.

Wenn du deine Intuition wiederentdeckst, lernst du auch, deinem „Bauchgefühl" wieder größere Aufmerksamkeit zu schenken. Oft steckt in diesen Empfindungen eine große Weisheit und sehr viel mehr, als der reine Verstand erklären kann. Dein Verstand kann Informationen, Erfahrungen und Wissen speichern. Diese Informationen stehen unserem Gehirn aber nur im bewussten Teil zur Verfügung, der nur ca. fünf bis zehn Prozent des Geistes ausmacht. Deine Intuition wird nicht nur aus deinen Erfahrungen und Gefühlen genährt, sondern du kannst je nach spiritueller Ausrichtung auch Informationen aus dem morphogenetischen Feld[25] erhalten.

Doch oft ignorieren wir diese leise Stimme und verlassen uns stattdessen auf äußere Einflüsse und rein rationale Entscheidungen. Wir suchen nach Beweisen und Fakten, anstatt unserem Inneren zu vertrauen. Denn die Intuition spricht oft weniger konkret zu uns, äußert sich in nuancierten Gefühlen als Antwort auf Signale, die uns im Alltag begegnen. Sie flüstert uns zu, wenn eine Entscheidung nicht stimmig ist oder wenn sich eine Chance auftut, die uns weiterbringen könnte. Wenn wir wachsam sind und aufmerksam diesem Flüstern lauschen, vielleicht auch nur kleinste körperliche Veränderungen wahrnehmen, können wir eine Verbindung zu unserer Intuition aufbauen.

Vielleicht kennst du aus deinem Leben folgende Situation: Du triffst eine rationale Entscheidung und dein Bauch krampft sich zusammen. Das könnte ein Resultat deiner Intuition sein, die du bewusst wahrnehmen und der du folgen solltest. Eine Magentablette hilft möglicherweise, den Krampf zu unterbinden, wirkt dann aber auch deiner Intuition entgegen.

Ich wünsche dir, dass du es schaffst, dich auch von deiner Intuition führen zu lassen und dass dein Verstand stets für eine kluge Umsetzung deiner Entscheidungen sorgt.

---

[25] Das morphogenetische Feld ist eine spirituelle Vorstellung eines globalen Energiefeldes, in dem alle Informationen und Erfahrungen der Menschheit gesammelt sind.

Ein Aufbruch um 5 Uhr ist heute Morgen unmöglich gewesen. Eine sehr unruhige Nacht und ein weiteres dieser kleinen stechenden Mistviecher machten mir einen Strich durch die Rechnung. Einer der unzählbaren Stiche hatte sich im Laufe der Nacht ausgerechnet an meinem linken – sowieso schon lädierten – Schienbein entzündet. Die schmerzende Stelle hatte mich bereits im

Ich stehe an der Grenzanlage in der „Todeszone".

Verlauf der Nacht äußerst schlecht schlafen lassen und war beim Aufwachen beunruhigend angeschwollen.

Weil die heutige Etappe sowieso eher kurz ausfallen sollte, hoffte ich dennoch, gut bis zum Ziel Helmstedt durchzukommen. Ich packte also in Ruhe alles ein und brach etwas später als geplant gegen halb sieben in Hötensleben auf.

Ich lief heute absichtlich ohne Eile, um mein Bein zu schonen, bemerkte aber dabei auch, dass gerade das langsame Wandern half, den Weg, die Reise und mich besser wahrzunehmen. Und so konnte ich die Tour sogar trotz der Schmerzen immer mehr genießen. Tatsächlich fühlte ich mich sogar mit jedem weiteren Schritt zufriedener und glücklicher.

Ich bin auch jetzt noch fest davon überzeugt, dass mich die Entbehrungen der ersten Tage auf eine gute Weise geprägt haben. Ich machte durch sie wertvolle Erfahrungen. Dennoch freute ich mich nun auch darüber, dass durch das gute Essen, die Unterkünfte und hin und wieder einen Kaffee die Gefühle der Entbehrung und der Schwere immer weiter verschwanden.

Helmstedt erreichte ich schon zur späten Mittagszeit.

Mich beschäftigten noch immer die Sperranlage in Hötensleben und die damit verbundenen Schicksale und Tragödien. In Helmstedt traf ich auf einen Mann, der in Hötensleben aufgewachsen war, und der mir eine Perspektive auf die Geschichte der Region vermittelte, die ich so gar nicht auf dem Radar hatte.

Er schilderte mir das Leben zu DDR-Zeiten, den Zusammenhalt im Dorf, die Feiern und dass sie nichts vermisst hätten, da sie die Umstände nicht anders kannten. Die Sperranlagen hätten zum Alltag einfach irgendwie dazugehört.

Der Mann war für mich kein „ewig Gestriger". Er war glücklich über die Wiedervereinigung, sagte mir aber auch, dass die Zeit in der DDR und in den Grenzgebieten oft zu einseitig beschrieben würde, und dass ihn das ein wenig ärgere.

Das war doch auf eine gewisse Weise auch genau mein Thema: aus den alten Glaubenssätzen herauszukommen, um die Dinge von mehreren Seiten aus betrachten zu können. Das fiel mir oft nicht leicht, ich hatte doch immer so gerne recht. Jedoch kann ich heute sehen, dass es mehrere Wahrheiten gibt, die oft gleichwertig nebeneinanderstehen dürfen.

In Helmstedt habe ich die Pension von Ulrike aufgesucht. Ulrike war eine ausgesprochen herzliche Frau, die mit ihrem Mann ein paar Fremdenzimmer neben ihrer Arbeit als Fußpflegerin betrieb. Ich fand es auf meiner Reise immer sehr spannend, in kleinen privaten Unterkünften zu übernachten und die Betreiber vor Ort kennenzulernen.

Am Nachmittag bin ich ein wenig durch die Stadt geschlendert und machte es mir mit einem Cappuccino in der Fußgängerzone gemütlich. Ich beobachtete mit Freude das Treiben um mich herum, das so anders war als die vielen einsamen Stunden auf Wanderschaft.

Am Abend gönnte ich mir vor dem Essen noch eine Massage, um meine müden Knochen wieder geradezurücken.
Abends, schon im Bett liegend, wurden die Schmerzen am Bein wieder schlimmer. Mit der Hoffnung auf eine gute Heilung schlief ich schließlich ein.

Impuls: STOLZ

Große Menschen sind stolz, kleine eitel.
George Gordon Byron

Bist du stolz auf dich? Dürfen wir trotz unserer Geschichte stolz sein? Was verbindest du mit Stolz und welche Bedeutung hat er für dich?

Kaum ein anderes Gefühl spielt in unseren Köpfen eine solch kontroverse Rolle wie der Stolz. Was in anderen Nationen und Kulturkreisen völlig selbstverständlich ist, betrachten wir Deutsche oft mit Argwohn und Abneigung. Gerade deshalb möchte ich den Stolz gemeinsam mit dir in diesem Impuls aus einer anderen Perspektive betrachten.

Schon in meiner Kindheit wurde das Gefühl von Stolz innerhalb meiner Familie sehr negativ betrachtet. Wir sollten nicht stolz sein und dies erst recht nicht offen zeigen oder formulieren.

Meine Eltern hatten den Zweiten Weltkrieg und damit eben auch die negativen Folgen von destruktivem Stolz erleben müssen. In der Folge haben sie für sich selbst eine extrem gegenteilige Haltung gewählt und Stolz geradezu dämonisiert.

Jedoch kann, von einer anderen Perspektive betrachtet, Stolz auch eine gesunde und positive Emotion sein, die unsere Leistungen und Fähigkeiten innerlich belohnt. Stolz hat so gesehen nichts mit egoistischen oder gar narzisstischen Tendenzen zu tun, sondern ist vielmehr die gesunde Wertschätzung unserer positiven Taten.

Stolz kann nicht nur auf individueller, sondern auch auf kollektiver Ebene auftreten und sich dann auf Leistungen oder Eigenschaften einer größeren Gruppe wie sogar einer ganzen Nation beziehen.

Stolz sollte als ein positives Element des Selbstwertgefühls betrachtet werden, das zu Selbstvertrauen und einem Sinn für Identität und Zugehörigkeit beiträgt.

Doch oft halten wir uns selbst davon ab, Stolz zu empfinden, weil wir uns mit Selbstzweifeln und Kritik belasten und unsere Erfolge zu wenig wahrnehmen.

Oder wir halten unterbewusst zu sehr an Glaubenssätzen unserer Erziehung fest (z. B. „Hochmut kommt vor dem Fall!" oder „Stolz ist die Wurzel allen Übels."[26])

Es ist also an der Zeit, uns wieder die Erlaubnis zu geben, stolz auf uns zu sein. Stolz auf unsere Erfolge, auf unsere Stärke, auf unsere Fortschritte und auch auf unsere Fehler, denn auch sie haben uns zu dem gemacht, wer wir heute sind. Jeder Schritt, den wir in unserem Leben gegangen sind, jeder Kampf, den wir durchgestanden haben, haben uns geformt und gestärkt. Indem du dem Gefühl deines gesunden Stolzes einen Raum gibst, holst du dir ein wichtiges Stück deiner eigenen Selbstwertschätzung zurück, achtest deine eigenen Werte, Erfolge und Wachstumsschritte und erkennst deine innere Schönheit an, ungeachtet negativer Bewertungen anderer.

Doch dies sollte auch bedeuten, dass man sich ehrlich und offen mit den eigenen Schwächen und Unvollkommenheiten auseinandersetzt, nur so kann man lernen, in Gänze stolz auf sich zu sein.

Auf einen weiteren wichtigen Aspekt zu diesem Thema möchte ich auch noch hinweisen: Trotz seiner potenziellen positiven Wirkung kann Stolz auch ungesund und schädlich werden, insbesondere dann, wenn er zu Überheblichkeit, Ignoranz oder einem übermäßigen Gefühl der Überlegenheit führt. Stolz kann sich in übertriebener Form manifestieren und zu einem Mangel an Empathie gegenüber anderen führen. Der eigene Stolz sollte niemals dazu verleiten, andere herabzusetzen.

Finde deinen Stolz als eine in dir ruhende Stärke und erkenne, dass du dir selbst genug bist, um glücklich und zufrieden zu sein. Von diesem Punkt aus kannst du dein Leben mit neuer Energie und Selbstvertrauen gestalten. Doch bleib immer wachsam, dass dein Stolz nicht in Arroganz und Ignoranz gegenüber anderen übergeht.

---

[26] Der Stolz ist eine der sieben Todsünden, die im Christentum beschrieben sind.

TAG 32

Freitag, 7. August 2015: Von Helmstedt nach Weferlingen (ca. 21 km)

Ich bin heute Morgen Punkt 5 Uhr aufgestanden und gegen 6.30 Uhr losgewandert. Diese Zeitplanung war für mich optimal. Morgens wachte die Natur langsam auf und die Temperaturen ließen sich beim Wandern gut ertragen. Wenn ich gut vorankam, erreichte ich mittags (spätestens am frühen Nachmittag) mein Ziel und hatte so noch genug Zeit, mich vor Ort etwas umzusehen und in Kontakt mit den „Einheimischen" zu treten.

Mit der Hetze und der Kilometer-Jagd der ersten Wochen waren mir diese Möglichkeiten nicht gegeben gewesen, oder besser gesagt hatte ich sie nicht nutzen können. Ziele vor Augen zu haben, ist super, sich darin zu verbeißen, ist aber eher schädlich für die Lebensfreude. Ich war schon oft in meinem Leben zu einseitig auf Ziele fokussiert gewesen, und genau das war zu Beginn der Wanderung auch passiert. Es waren die Impulse von Kai und auch die eine oder andere Rückmeldung aus dem Blog, die mich zur Anpassung meines Wanderziels gebracht hatten. Natürlich zahle ich für das frühe Aufstehen auch einen Tribut: spätestens gegen 9 Uhr abends fiel bei mir nun regelmäßig der Hammer. Insgesamt war es aber jetzt ein viel leichteres und glücklicheres Wandern.

Es ist mir immer eine besondere Freude gewesen, den Menschen entlang meines Weges zuzuhören. Mit der Zeit vernahm ich viele und interessante Geschichten zum Leben an der ehemaligen Grenze. Die Menschen in den Grenzdörfern zeigten sich größtenteils wirklich sehr offen.

Ich dachte heute auf meinem Weg an eine dieser Geschichten. Ich hatte sie gestern beim Abendessen im Lokal „Steinkrug" gehört. Dort hatte ich mit einem Ehepaar gemeinsam an einem Tisch gesessen. Der Mann hatte erzählt, dass er zu Zeiten der DDR bei der Feuerwehr gewesen war, und dass es eines Tages im Grenzstreifen ein Feuer gegeben hatte. Für die Löscharbeiten wurden sechs Feuerwehrleute zur Brandbekämpfung in den Einsatz gerufen. Sie wurden ihrerseits wiederum durch neunzehn Grenzsoldaten „vor einem Angriff des Westens beschützt". Der Löscheinsatz hatte auch erst beginnen dürfen, nachdem die Wachmannschaft vollständig vor Ort angetreten war und die notwendigen Sicherungsmaßnahmen der Soldaten abgeschlossen waren.

Glücklicherweise hatte es sich nur um ein brennendes Wachfahrzeug ohne Personenschaden gehandelt. Viel von dem Fahrzeug hätten die Leute nicht mehr retten können, als endlich mit der Brandbekämpfung begonnen werden konnte.

Ich war mir sicher, dass in jedem der Dörfer auf meinem Weg die eine oder andere spannende, berührende, traurige oder amüsante Geschichte aus der Vergangenheit erzählt werden könnte. Dieser Gedanke inspirierte und berührte mich. Überhaupt brachte mir die Tour heute viel Freude. Selbst der sich eintönig vor mir hinziehende Plattenweg konnte mir den Spaß nicht verderben. Ich bemerkte eine immer größere Dankbarkeit in mir, für meine Gesundheit, meine Beziehungen, für die Menschen, die ich traf und dem Luxus, mir Essen und Unterkunft leisten zu können. Dadurch stellte sich auch immer mehr ein tiefes Gefühl des Glücklichseins ein. Heute weiß ich, dass Dankbarkeit der erste Schritt zu einem glücklichen Leben ist.

Wie geplant erreichte ich in der Mittagszeit Weferlingen. Ich lief eine Weile durch die hübsche Kleinstadt mit ihren vielen Fachwerkhäusern und historischen Gebäuden.

Eine nette Dame vom Heimatverein zeigte mir in ihrer freien Zeit die Burg. Weferlingen ist im 19. Jahrhundert eine wichtige Stadt in der Region gewesen, da sich hier ein renommiertes Gymnasium befunden hatte.

Abends vor dem Einschlafen dachte ich noch ein wenig über die aktuelle

Die Ruine der alten Burg.

Strecke meiner Tour nach. Ich war nun im nördlichen Tiefland angekommen und freute mich darüber, keine Berge mehr erklimmen zu müssen. Ich nahm es als riesigen Gewinn wahr, nun bewusster und aufmerksamer zu reisen.

Endlich konnte ich wieder tiefe Freude empfinden. Für dieses Gefühl war ich über weite Strecken meiner Wanderung aufgrund meiner inneren Widerstände kaum empfänglich gewesen. Und an diesem Tag hatte ich noch dazu jede Menge Spaß gehabt.

Doch welchen Unterschied gibt es zwischen Freude und Spaß? Du kannst dich selbst einmal befragen, was du unter Freude und was du unter Spaß verstehst. Beides sind Emotionen, die oftmals gleichbedeutend verwendet werden, aber in Wahrheit durchaus unterschiedlich sind. Während Spaß ein kurzzeitig auftretendes und von äußeren Bedingungen abhängiges Vergnügen beschreibt, ist Freude ein tiefer, innerer und oft länger anhaltender Zustand, der weitgehend unabhängig von äußeren Umständen existiert.

Spaß wird durch äußere Stimulationen und Aktivitäten, eine lustige Unterhaltung, einen frechen Witz, heitere Geselligkeit, aufregenden Sex, den Sprung am Bungeeseil, ein lustiges Spiel, ein aufregendes Konzert oder Ähnliches ausgelöst. Auch können Alkohol oder andere Rauschmittel eine unterstützende Rolle spielen. Er zeigt sich nicht selten in einem Lachen und bietet Ablenkung und Genuss. Obwohl Spaß eine wichtige Rolle in unserem Leben spielt und uns Momente des Loslassens und der Entspannung ermöglicht, ist er oft flüchtig und nur selten nachhaltig.

Dieses schöne Gefühl der Entspannung und Leichtigkeit kann jedoch regelrecht süchtig machen. Seine Kurzlebigkeit kann dazu führen, dass wir ständig neue Stimulationen brauchen. Jedoch ist bei häufigem Auftreten des Stimulationsreizes irgendwann eine Sättigung erreicht, sodass ein neuer, stärkerer Impuls kommen muss, um den erwünschten Effekt zu bekommen. Das kann dann regelrecht zu einer Sucht nach Spaßimpulsen führen.

Freude jedoch ist vielmehr ein tiefes, inneres Lebensgefühl, das aus einem Zustand der Zufriedenheit, der Dankbarkeit, des Friedens und der inneren Erfüllung resultiert. Freude ist weniger von äußeren Umständen abhängig und kann sogar in schwierigen und herausfordernden Zeiten erhalten bleiben. Sie ist eng mit einem Gefühl der inneren Ruhe, der eigenen Akzeptanz oder auch einer spirituellen Verbundenheit verknüpft. Freude kann aus Dankbarkeit, innerem Wachstum, aus der Erfüllung von Zielen, aus der Liebe zu einem Menschen oder aus dem Finden von Bedeutung und Sinn im Leben entstehen.

Spaß und Freude können im selben Moment bestehen, jedoch liegen die Unterschiede in ihrer Tiefe und Langfristigkeit. Während Spaß also eine angenehme Ablenkung von den Herausforderungen des Lebens bietet, kann Freude eine dauerhafte Quelle des Glücks und der inneren Erfüllung sein, die auch in schwierigen Zeiten Bestand hat.

Es ist wichtig, sowohl Spaß als auch Freude in unserem Leben zu haben, aber es lohnt sich, den Fokus auf die Kultivierung der Freude zu legen, da sie uns eine tiefere Form des Glücks und der Zufriedenheit bietet. Indem wir lernen, Freude unabhängig von äußeren Faktoren zu empfinden, können wir ein Leben führen, das reich an innerem Frieden, Zufriedenheit und einem tiefen Sinn für unsere Glückseligkeit ist.

Ich möchte dir gerne empfehlen, bei dir selbst einmal zu überprüfen, wie viel Spaß du brauchst und ob du auch in Stille, Stress, Langeweile oder der Monotonie des Alltags Freude in dir fühlen kannst.

TAG 33
Samstag, 8. August 2015: Von Weferlingen nach Oebisfelde (ca. 19 km)

Ich blieb auch heute Morgen meinem Rhythmus treu, machte mich im Morgengrauen fertig und startete gegen 8 Uhr meine heutige Tour. Die Wanderung nach Oebisfelde war landschaftlich nicht besonders schön und insgesamt wenig spektakulär. Der Weg zog sich heute über viele Straßen, vom Plattenweg war fast nichts zu sehen.

Weil mir mein schmerzendes Bein zu schaffen machte, hätte ich gerne zwischendurch eine kleine Rast bei einem Schluck Kaffee gemacht, leider gab es aber, wie so oft unterwegs in den Dörfern, keinerlei Cafés oder Gaststätten.

Ein Einheimischer berichtete mir, dass in den letzten zehn Jahren alle gastronomischen Betriebe nach und nach geschlossen worden wären. Vorher hätte es in jedem Dorf eine eigene Gastwirtschaft gegeben, die auch immer ein zentraler Ort für das Dorfleben und das soziale Miteinander gewesen war. Seitdem fehlten diese Plätze als wichtiger Dreh- und Angelpunkt der Dorfgemeinschaft. Ich fand diese Entwicklung traurig – und jetzt, als ich sogar Geld ausgeben hätte dürfen, fehlten mir die Möglichkeiten dazu.

Ich machte schließlich unterwegs bei einem Holzstapel am Wegesrand eine kleine Pause. Im gemütlichen Halbschatten war ich kurz eingedöst, als plötzlich zwei Männer im Auto vorbeikamen und fragten, ob alles okay wäre und ob ich vielleicht Geld oder etwas zu Essen bräuchte. Ich freute mich sehr über ihre Empathie und bedankte mich freundlich mit dem Hinweis, dass ich nichts bräuchte. Ich fand das tatsächlich erstaunlich, denn mittlerweile nahm ich immer mehr das äußere Erscheinungsbild eines Vagabunden an. Nachdem sie weitergefahren waren, machte auch ich mich wieder auf den Weg.

Während ich lief, sinnierte ich darüber, wie sehr meine Wertschätzung für die Menschen auf dem „einfachen" Land und die Dorfgemeinschaften gewachsen war. Früher hatte ich diese Menschen eher belächelt, hatte eine festgefahrene und abwertende Meinung über das Leben auf dem Land.

Nun freute ich mich über jede einzelne Begegnung und fand es ausgesprochen interessant, den Menschen, ihren unterschiedlichen Standpunkten und Lebenserfahrungen näherzukommen.

Mit diesen guten Gedanken als Begleiter genoss ich die Etappe immer mehr und erreichte gut gelaunt gegen Mittag mein Etappenziel Oebisfelde. Der kleine Ort hat ebenfalls eine lange und ereignisreiche Historie und bietet interessante Sehenswürdigkeiten.

Bei der Kirche traf ich auf zwei überaus freundliche ältere Damen, die das Gotteshaus gerade mit Blumen schmückten. Sie führten mich ein wenig herum, zeigten mir die Kirche und ließen es sich auch nicht nehmen, nebenbei von ihrem Leben im Dorf zu erzählen.

Ich freute mich über die Offenheit der Damen und fand es erstaunlich, mit welcher Selbstverständlichkeit sie auch von Krieg, Besatzung, Teilung und Wiedervereinigung berichteten. All der Kummer des Lebens, all die einschneidenden Erlebnisse haben ihnen den Lebensmut und die Fröhlichkeit nicht nehmen können.

Später gönnte ich mir einen Cappuccino und dachte noch ein wenig über die Kraft, Ruhe und Fröhlichkeit der beiden Frauen nach. „Davon sollte ich mir eine Scheibe abschneiden", schlussfolgerte ich. Wie schnell ich allein schon beim Gedanken, den Zug verpassen zu können, meine innere Gelassenheit und Freude verlieren konnte. Das sollte sich in Zukunft ändern.

Im Café lernte ich auch eine nette Mutter mit ihren beiden Söhnen kennen. Es stellte sich heraus, dass die Frau Jägerin war und ihre Naturverbundenheit auch an ihre beiden Söhne (sie waren vier und sechs Jahre alt) weitergegeben hatte. Stolz berichteten mir die beiden Kinder, welche Tiere in der Region lebten und welche sie heute schon gesehen hatten. Es machte mir riesigen Spaß, mich mit den beiden Jungs zu unterhalten.

Am späten Nachmittag suchte ich dann die Pension Peters auf, bei der ich mir bereits vorab ein Zimmer reserviert hatte. Schon die telefonische Kontaktaufnahme war ein Erlebnis gewesen.

Ich hatte das Vergnügen gehabt, meine Reservierung mit der „Grande Dame" des Hauses zu besprechen. Wie sich später herausstellte, war die gute Frau bereits neunundachtzig Jahre alt. Am Telefon sprach sie mit einer unglaublich wachen, kräftigen und freundlichen Stimme, sehr sympathisch. Als ich später ihre Tochter kennenlernte, die inzwischen das Geschäft führte, erlebte ich die gleiche Freundlichkeit und Offenheit.

Als ich mich am Abend zur Ruhe legte, behandelte ich vor dem Schlafen noch mein schmerzendes Bein mit einem Quarkwickel nach einem alten Hausrezept meiner Frau.

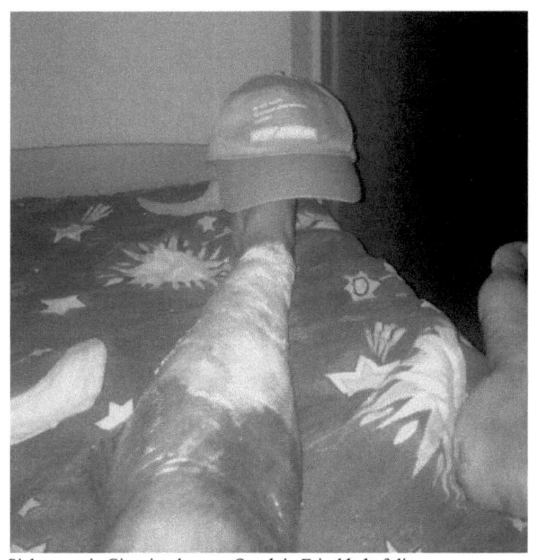
Sieht aus wie Gips, ist aber nur Quark in Frischhaltefolie.

Während ich es mir also mit der Quarkpackung an der Wade gemütlich gemacht hatte, blickte ich noch einmal auf meinen bisherigen Weg zurück. Mir wurde immer klarer, wie blind und verbohrt ich die ersten Tage meiner Wanderung verbracht hatte. Es war mir zu Beginn immer nur darum gegangen, die jeweilige Etappe möglichst schnell hinter mich zu bringen.

Es erinnerte mich an mein Leben der ersten 45 Jahre, in denen ich ziemlich „blind" dem Ziel „Höher, schneller, weiter!" hinterhergejagt bin, ohne wirklich zu leben.

Ich war stolz darauf und zutiefst glücklich darüber, dass ich inzwischen gelernt hatte, über den Tellerrand zu schauen und meine Ziele nun so zu verfolgen, dass ich dabei mehr Lebensfreude empfinden konnte. Das alles fühlte sich nun sehr viel besser an, richtiger und sinnstiftender.

Wenn sich nun noch mein Bein an der allgemeinen Verbesserung des Wohlbefindens beteiligen würde, dachte ich, könnte ich morgen vor Glück über den Grenzweg schweben.

Impuls: SELBSTVERANTWORTUNG

*Wir sind es gewohnt, uns zu beklagen und andere Menschen für unser
Leben verantwortlich zu machen.*
Dabei entgeht uns das Wichtigste: die Freiheit!
Osho

In den sieben Wochen meiner großen Reise habe ich viel über die Macht der
Selbstverantwortung erfahren. In Momenten, in denen ich früher oft gejammert und die Verantwortung für die Misere äußeren Umständen und anderen
Menschen zugerechnet hatte, konnte ich nun niemanden und nichts dafür verantwortlich machen, dass es mir schlecht ging. Einfach deshalb, weil ich allein
war und ich mir diese Bürde nun einmal selbst auferlegt hatte.

Ich möchte in diesem Impuls ein ziemlich heißes Eisen anfassen. Ich bin
mir darüber bewusst, dass meine Gedanken durchaus das Potential haben, dich
zu triggern und vielleicht auch zu verärgern. Aber das Thema liegt mir sehr
am Herzen, da ich immer mehr wahrnehme, dass sich viele Menschen vermehrt in Opferrollen begeben und noch dazu glauben, von irgendjemandem
gerettet werden zu müssen. Vielleicht vom Partner, von den Eltern oder vom
Staat. Bitte verstehe mich an dieser Stelle nicht falsch, es gibt selbstverständlich viele Menschen, die fremde Unterstützung benötigen und auch bekommen sollen. Mir geht es hier vielmehr um die innere Haltung.

Trägst du auch hin und wieder die innere Haltung eines Opfers? Oder bist
du bereit, als Schöpfer deines Lebens die volle Verantwortung für dein Glück
und dein Leben zu übernehmen?

In unserem Leben befinden wir uns immer wieder in Situationen, in denen
wir uns fragen, warum uns bestimmte Dinge widerfahren. Es ist menschlich,
nach Gründen und Ursachen zu suchen, und das ist sicherlich auch ein wichtiger Aspekt der Selbstreflexion. Doch es gibt einen entscheidenden Unterschied zwischen einer gesunden Suche nach Verständnis und dem Einnehmen
einer Opferrolle. Die Selbstverantwortung, das bewusste Übernehmen der
Kontrolle über unser Leben, ist ein Schritt weg vom Opfersein und hin zur
eigenen Lebensgestaltung.

Die Opferrolle, die viele von uns (diesbezüglich schließe ich mich ein) gelegentlich einnehmen, bietet zunächst einen vermeintlichen Vorteil: Sie entlastet uns von der Verantwortung für unsere Lebenssituation. Sie erlaubt es
uns, die Ursachen für Misserfolge, Enttäuschungen und Schwierigkeiten

äußeren Umweltfaktoren oder anderen Menschen zuzuschreiben. Dies kann vorübergehend Trost spenden, da es uns vor der unangenehmen Aufgabe bewahrt, unsere eigenen Entscheidungen und Handlungen kritisch zu hinterfragen. Es ist einfach und scheinbar auch plausibel, die Schuld auf andere Menschen oder widrige Umstände abzuwälzen.

Doch der Haken an der Opferrolle ist, dass sie uns in einen Zustand der Machtlosigkeit versetzt. Sie entzieht uns die Möglichkeit, Probleme und Schwierigkeiten aktiv anzugehen und Veränderungen herbeizuführen. In der Opferrolle sind wir nur Passagiere in unserem Leben, die Richtung unseres Weges wird von äußeren Einflüssen bestimmt. In der Folge haben wir das Gefühl, dass wir keine Wahlmöglichkeiten haben und nicht aktiv über unser Leben entscheiden können, was langfristig zu Frustration, Resignation und einer tiefen Unzufriedenheit mit uns selbst führen kann.

Stattdessen sollten wir die Opferrolle ablegen und Selbstverantwortung übernehmen. Auf diese Weise befreit und ermächtigt, erkennen wir, dass wir die Schöpfer unserer eigenen Realität sind. Wir haben die Macht, unsere Entscheidungen, Handlungen und Reaktionen bewusst zu wählen. Wir können unser Leben in die Richtung lenken, die unseren Werten, Träumen und Zielen entspricht.

Der Weg zur Selbstverantwortung beginnt mit ehrlicher Selbstreflexion. Dies erfordert, dass wir innehalten und uns selbst fragen, welche Entscheidungen wir getroffen haben, die zu unserer aktuellen Situation geführt haben. Wie haben wir auf dazugehörige Herausforderungen reagiert? Welche eigenen Muster und Gewohnheiten haben möglicherweise zu Problemen geführt oder positive Entwicklungen behindert? Diese Selbstreflexion ermöglicht es, einen Bezug zwischen unseren Handlungen und den entsprechenden Ergebnissen zu erkennen.

In dem Impuls „Gedanken" wurde ja bereits der Zusammenhang der eigenen Gedanken und dem Leben betrachtet.

Ein weiterer Schritt besteht darin, bewusst Entscheidungen zu treffen und Verantwortung für die korrespondierenden Handlungen und Reaktionen zu übernehmen – auch diejenigen anderer im Umfeld agierender Menschen. Das bedeutet, dass wir uns nicht länger in der Vergangenheit oder den äußeren Umständen verlieren, sondern uns darauf konzentrieren, wie wir in der Gegenwart agieren können, um unsere Zukunft zu gestalten. Es erfordert allerdings die Bereitschaft, aus Fehlern zu lernen und gegebenenfalls Veränderungen vorzunehmen.

Selbstverantwortung bedeutet nicht, dass wir alle Herausforderungen im Leben kontrollieren und alle Ziele erreichen können. Es bedeutet jedoch, dass wir die Kontrolle über unsere inneren Haltungen und Entscheidungen übernehmen. Es ermöglicht uns, aktiv unser eigenes Schicksal zu gestalten und ein erfülltes, zielgerichtetes Leben zu führen. Indem wir die Opferrolle ablegen und Selbstverantwortung übernehmen, können wir die Freiheit und die Gesamtheit der Möglichkeiten entdecken, die uns das Leben bietet. Und natürlich brauchen wir dazu manchmal Unterstützung von außen, selbstverständlich sind wir gewissen Situationen und Umständen machtlos ausgeliefert. Es ist die innere Haltung bzw. die Frage, wie wir damit umgehen, die zwischen Eigenverantwortung und Opferverhalten entscheiden.

Beginne, dein Leben zu gestalten, indem du Verantwortung für deine Gedanken und Handlungen übernimmst. Reflektiere regelmäßig deine Ziele und setze klare Schritte, um sie zu erreichen. Entwickle ein zu dir passendes Wertegerüst und kultiviere eine positive Einstellung gegenüber Herausforderungen, indem du sie als Chancen zum Wachsen und Lernen betrachtest. Suche nach Unterstützung und Inspiration in deinem Umfeld, um dich auf deinem Weg zu stärken. Sei geduldig mit dir selbst und erkenne, dass Selbstverantwortung ein fortwährender Prozess ist, der es dir ermöglicht, ein erfülltes und selbstbestimmtes Leben zu führen.

TAG 34

Sonntag, 9. August 2015: Von Oebisfelde nach Brome (ca. 25 km)

Heute bin ich wieder einmal etwas später gestartet als ursprünglich geplant. Weil ich in der Pension Peters einfach viel zu gut geschlafen hatte, blieb ich einfach länger im Bett und kam deshalb auch erst gegen halb acht auf meinen Weg in Richtung Brome.

Die Etappe heute war landschaftlich sehr viel interessanter als gestern, da ich durch das Biosphärenreservat Drömling kam, eine kaum besiedelte und wirklich schöne Moor- und Feuchtlandschaft. Die Sonne schien kräftig und glitzerte über die vielen Wasserläufe. Am Vormittag waren die Temperaturen noch erträglich, doch ab Mittag hatte die Sonne bereits die Lufttemperatur auf über dreißig Grad ansteigen lassen. Ich lief deshalb bewusst in einem ruhigen Tempo,

Der Wanderer im Drömling.

auch weil im Verlauf der Tour die Schmerzen im Bein wieder schlimmer wurden. Ich war nun gezwungen, in regelmäßigen Abständen Pausen einzulegen.

Mehr und mehr zerrten Hitze und Schmerzen an meiner Moral, und ich kam nach längerer Zeit mal wieder in meinen Fluch-Modus. Nur noch die schöne Vorstellung von einer frischen Dusche und einem weichen Bett trieben mich die Kilometer voran.

Kurz vor Brome kam ich an einem Bauernhof vorbei, auf dem sich auch ein Heimat- und Grenzmuseum befand. Ich traf den Besitzer an und unterhielt mich mit ihm bei einer Tasse Kaffee.

Der Hof hatte ursprünglich seinen Eltern gehört, die ihn viele Jahre bewirtschaftet hatten. Sogar während des Krieges – so gut es eben ging. Nach der Staatsgründung der DDR war die Familie enteignet worden.

Dies geschah als „Aktion Ungeziefer", bei der unbequeme oder verdächtige Grenzbewohner enteignet und umgesiedelt worden waren. Die Familie flüchtete daraufhin durch die noch durchlässige Grenze in den Westen. Nach der Wiedervereinigung hatte der jetzige Besitzer den Hof zurückerhalten und ihn teilweise zum Museum ausgebaut, um die Geschichte des Landguts zu bewahren.

Als ich Brome erreichte, suchte ich auf direktem Wege die Pension Jürgens auf, ein schönes und angenehmes Gasthaus mit überaus netten Gastgebern – wie so oft auf meiner Tour. Hier traf ich auf ein Ehepaar, das den gesamten Weg des Grünen Bands[27] mit dem Rad fuhr – im Alter von fast 70 Jahren!

Ich fragte mich, ob ich in dem Alter noch solche Anstrengungen vollbringen können würde. An diesem Abend fühlte ich mich jedenfalls schon allein von der heutigen Strecke völlig entkräftet und nicht besonders motiviert. Da zudem die Schmerzen in meinem Bein immer schlimmer wurden, beschloss ich, den Reiseplan zu ändern und morgen auf direktem Wege die lange Tour bis nach Salzwedel zu gehen, um dort wieder einen Ruhetag einzulegen.

Ich war zwar überzeugt von dem Plan, fragte mich allerdings etwas skeptisch, ob ich morgen die ganze Strecke bis Salzwedel auch schaffen würde. Wie schon heute, würde es morgen sehr stark darauf ankommen, Willen und Durchhaltevermögen zu zeigen. Gleichzeitig würde ich aber auch darauf achten müssen, die Signale meines Körpers ernst zu nehmen. Mit einem großen Ziel vor Augen neigte ich oft dazu, eben diese Signale zu ignorieren.

Neben den körperlichen Symptomen verspürte ich an diesem Abend auch eine gewisse mentale Müdigkeit. Ich fühlte mich nicht unglücklich oder frustriert, sondern war einfach insgesamt ziemlich „platt". Die geplante Ruhepause würde mir sicher guttun, davon war ich überzeugt. Bis dorthin lagen allerdings noch zweiunddreißig Kilometer Wanderweg vor mir.

---

[27] Das Grüne Band Deutschland ist das erste gesamtdeutsche Naturschutzprojekt: Es wurde kurz nach dem Mauerfall am 9. Dezember 1989 ins Leben gerufen. Es bezeichnet den Geländestreifen zwischen der ehemaligen innerdeutschen Grenze und den Grenzanlagen auf östlicher Seite. Der 1393 Kilometer lange und 50-200 Meter breite Geländestreifen soll ein Grüngürtel bleiben bzw. es wieder werden. Der Geländestreifen reicht von Travemünde im Norden bis zum Dreiländereck bei Hof.

Impuls: NATUR

Wer den Weg zur Natur findet – findet auch den Weg zu sich selbst.
Klaus Ender

Ich befand mich fünfzig Tage lang bis auf wenige Momente durchgehend in der Natur. Es gab kaum Ablenkung durch andere Menschen und auch mein Medienkonsum war auf ein Minimum beschränkt. Die wahre Kraft der Natur, ihre heilsame Wirkung auf mein Wesen konnte ich jedoch erst richtig wertschätzen, nachdem ich wieder zurück in meinen Alltag angekommen war. Ich habe dann damit begonnen, die Magie der Natur in mein Leben zu integrieren und bin heute regelmäßig draußen und möchte auch dich dazu inspirieren, es mir gleichzutun.

In unserer zunehmend technisierten und künstlichen Welt (denk nur beispielsweise an KI – die Künstliche Intelligenz oder deine eigene tägliche Bildschirmzeit am Smartphone) verlieren viele Menschen den Kontakt zu ihren natürlichen Wurzeln und damit auch zu einem Teil ihres ursprünglichen menschlichen Wesens. Das moderne Leben, geprägt von Bildschirmen, Datenströmen und der ständigen Jagd nach Bedeutsamkeit hat uns in vielerlei Hinsicht von dem abgeschnitten, was uns als Menschen ausmacht. Inmitten einer Flut von künstlichen Reizen und virtuellen Welten verlieren wir oft den Bezug zu unserer natürlichen Umwelt und damit auch unserer ursprünglichen Seele. Die ständige Präsenz von Social Media, perfekt inszenierten Bildern und übertriebenem Konsum kann uns in eine Welt entführen, die uns von unseren natürlichen Werten und den wahren Bedürfnissen entfremdet.

Wir sind so sehr damit beschäftigt, auf der Karriereleiter voranzukommen und materiellen Reichtum anzuhäufen, dass wir oft vergessen, was es wirklich bedeutet, lebendig zu sein. Wir verlieren den Kontakt zu den einfachen Freuden des Lebens, zu unseren Beziehungen, zur Natur und zu denjenigen Lebenselementen, die uns wirklich erfüllen können.

Inmitten dieser Herausforderungen bleibt die Natur eine unerschütterliche Kraftquelle der Heilung und der Erneuerung. Die Natur bietet uns eine Zuflucht vor der künstlichen Hektik des modernen Lebens. Sie erinnert uns daran, dass wir Teil eines größeren Ganzen sind, das unser Wohlbefinden in großem Maße prägen kann.

Indem wir uns wieder mit der Natur verbinden, können wir unsere Sinne schärfen, unsere Gedanken klären und unseren Geist beruhigen. Wir können die unermessliche Schönheit erfahren, die in der natürlichen Welt vorhanden ist und uns von der Umklammerung der künstlichen Realität ein Stück weit lösen.

Die regelmäßige Rückkehr zur Natur ermöglicht es dir, dich mit deinen inneren Werten und Bedürfnissen zu verbinden, dich zu erden und eine tiefe Dankbarkeit für das Leben zu entwickeln. Sie lehrt dich, die Schönheit und Einfachheit des Seins zu schätzen und dich auf das Wesentliche zu konzentrieren. Die Kraft der Natur liegt in ihrer Fähigkeit, dich mit dem zu verbinden, was dich als Mensch ausmacht, und dich daran zu erinnern, wie wahre Erfüllung und Freude oft in den einfachen und natürlichen Dingen des Lebens zu finden sind.

Diese natürliche Umgebung zeigt uns, wer wir wirklich sind, Teil eines größeren Ganzen, verbunden mit allen anderen Lebewesen und den Elementen dieser Welt. Sie lehrt uns Demut und Mitgefühl, während sie uns gleichzeitig auffordert, unsere eigene Einzigartigkeit zu schätzen.

Das bedeutet natürlich nicht, dass du aus dem alltäglichen Leben vollkommen aussteigen sollst. Ruhe und Kraft in der Natur zu finden, bieten dir jedoch die Möglichkeit, den fordernden Impulsen unseres technisierten Alltags etwas Gutes, Gesundes und Beruhigendes entgegenzusetzen.

Auch wenn heute ein beeindruckend langes Stück Wegstrecke vor mir lag, hatte ich beschlossen, richtig auszuschlafen, um möglichst regeneriert in diese Tagestour zu starten. Ich frühstückte noch in der Pension und nahm gegen 8 Uhr mein Ziel in Angriff, möglichst direkt und schnell Salzwedel zu erreichen.

Zunächst war ich sehr zufrieden mit dem Verlauf der Etappe. Mir ging es erstaunlich gut, und ich kam überraschend schnell voran. Leider blieb es jedoch nicht dabei. Nach etwa zehn Kilometern verspürte ich das erste Mal wieder den stechenden Schmerz im Schienbein. Bei Kilometer zwanzig musste ich schließlich aufgeben und die Etappe beenden.

Zunächst hockte ich mich an den Wegesrand, um zu überlegen, wie es nun weitergehen und wo ich hier in der Nähe etwas zu Essen und einen Schlafplatz finden könnte. Weitermarschieren war jedenfalls keine Option, so viel war klar. Besonders ärgerte ich mich über den Umstand, dass ich nun nicht bis Salzwedel kommen würde, um dort meinen geplanten Ruhetag zu verbringen. Hier im Hinterland fühlte ich mich unwohl und hatte keine Möglichkeit zur Nahrungsbeschaffung. Außerdem wollte heute nicht im Zelt übernachten, sondern hatte mir bereits die Annehmlichkeiten eines Gasthauses in den schönsten Facetten vorgestellt.

Da kam mir plötzlich die Idee, die restlichen zehn Kilometer per Anhalter zu fahren. Es war ewig her, dass ich zuletzt den Daumen am Straßenrand gehoben hatte. Ich schämte mich zunächst wieder einmal vor mir selbst und versuchte deshalb, meinen Wunsch ein Auto anzuhalten, irgendwie nebensächlich aussehen zu lassen. Eigentlich hatte ich darauf gehofft, dass die Autofahrer es trotzdem mitbekommen würden und mir eine Mitfahrt anbieten. Wenn sie einfach weiterfuhren, könnte ich mir innerlich sagen: „Ich wollte ja gar nicht". So funktionierte das aber nicht, meine Versuche blieben erfolglos.

In meinem Leben hatte ich schon oft darauf spekuliert, dass andere meine Bedürfnisse erahnen und mir Hilfe anbieten würden. Damit hatte ich aber nur selten Erfolg gehabt. „Wie also sonst", fragte ich mich, „komme ich an mein Ziel?"

Mir wurde klar, dass es nicht anders gehen würde als mein Bedürfnis nach einer Mitfahrt deutlicher zu äußern, trotz meiner Sorge vor möglicher Ablehnung. Mir wurde bewusst, dass ich Ähnliches doch bereits auf dieser Wanderung sehr ausgiebig trainiert hatte, nicht zuletzt bei der Nahrungsbeschaffung.

Also änderte ich mein Verhalten. Ich schaute den Autofahrern möglichst offen ins Gesicht und hielt den Daumen deutlich sichtbar nach oben. Ihre Reaktionen waren nun äußerst interessant. Ich kannte diese auch von mir, wenn ich manchmal hinter dem Steuer saß und Anhalter am Seitenstreifen gesehen hatte. Viele Fahrer schauten zunächst interessiert, bremsten auch kurz ab, entschieden sich dann doch zum Weiterfahren. Sie fragten sich vermutlich, mit was für einem Typen sie es da möglicherweise zu tun hätten. Zu meiner Jugendzeit war das Trampen noch alltäglicher, es wurde damals noch weniger mit Gefahr in Verbindung gebracht.

Glücklicherweise ging mein Plan Dank der neuen Vorgehensweise auf. Schon nach kurzer Zeit nahm mich zunächst ein Transporter und anschließend noch zwei weitere Autos jeweils ein Stück mit. So erreichte ich mit deren Hilfe schließlich am frühen Nachmittag das historische Salzwedel in Sachsen-Anhalt.

Das Erlebnis mit dem Trampen brachte mir heute eine wichtige Erkenntnis: Wenn man etwas nicht mit voller Absicht macht, zu wenig Elan hat oder das Selbstvertrauen fehlt ist die Aussicht auf Erfolg auch entsprechend gering. Die eigene Ausstrahlung verrät die Unsicherheit. Wie hätte mir ein Autofahrer vertrauen sollen, wenn ich es selbst nicht tat? Erst als ich wirklich zu meinem Vorhaben stand, strahlte ich eben genau das aus und wurde prompt auch mitgenommen.

In Salzwedel lief ich erst ein wenig durch die wunderschöne Altstadt und fand etwas später ein wenig abseits des Zentrums eine schöne Pension, die zu einem Reiterhof gehörte. Von meinem Zimmer aus hatte ich einen herrlichen Blick auf die Pferdekoppel.

Ich freute mich auf den geplanten Ruhetag. Endlich konnte ich mein schmerzendes Bein etwas schonen und auch die Stadt noch ein wenig erkunden.

Dort sah ich ein Schild mit der Information: „Lübeck 117 km". Damit war allerdings die Luftlinie gemein, die tatsächliche Wanderstrecke war sicherlich doppelt so weit.

Motivationsschub, ich komme meinem Ziel immer näher

Diese Aussichten gefielen mir und ich beschloss – anders als beim letzten Mal – die Pause diesmal von Anfang an wirklich zu genießen, ohne mich wegen der Rast schlecht zu fühlen.

Impuls: SCHAM

Wo Scham ist, ist Tugend.
Sprichwort, unbekannte Quelle

Das Gefühl der Scham war für mich während der gesamten Wanderung die am heftigsten auftretende und zugleich schlimmste Empfindung. Vor allem in den Momenten, als ich mich wertlos und klein fühlte, wie es bei der Bitte um Nahrungsmittel der Fall war, erlebte ich einen Zustand kaum auszuhaltender Scham. Diese Scham wurde von einer tiefen Angst gespeist, dass andere Menschen mich als schwach, unvollkommen und wertlos bezeichnen und mich dafür verurteilen könnten.

Kennst auch du dieses Gefühl, „im Boden versinken" zu wollen? Hast du geheime Träume, Gedanken oder Gefühle, die lieber niemand erfahren sollte, weil du sie für peinlich hältst?

Für mich persönlich ist Scham eine der intensivsten und schmerzhaftesten Emotionen, die ich kenne. Dieses Gefühl ist eine komplexe und oft quälende Erfahrung, die eng mit unserem Selbstwertgefühl und unserer Wahrnehmung von Akzeptanz verbunden ist. Sie tritt auf, wenn wir das Gefühl haben, dass unsere Persönlichkeit oder unser Verhalten von anderen negativ bewertet oder abgelehnt wird, und dass dies zu einer Abwertung oder Ablehnung unserer Person führen könnte.

Scham kann sich auf sehr unterschiedliche Situationen beziehen. Sei es auf peinliche Situationen, in denen wir uns demütigend oder unmoralisch anderen gegenüber verhalten oder auf das Gefühl, dass wir nicht den Erwartungen entsprechen, die andere an uns haben. Oft ist die Scham auch das Ergebnis der Werte und Moralvorstellungen, die uns durch unsere Erziehung und Umwelt vorgegeben wurde. Es ist sicherlich einmal sehr sinnvoll zu erforschen, welche dieser vorgegebenen „Richtlinien" sich für dich persönlich stimmig und richtig anfühlen.

Scham ist deshalb so schmerzhaft, weil sie in tiefer Beziehung zu unserer eigenen Identität und unserem Selbstwertgefühl steht. Sie führt dazu, dass wir uns falsch und unwert fühlen. Scham drängt uns dazu, unsere vermeintlichen Makel und Schwächen vor anderen zu verbergen, um Verurteilung und Ablehnung zu vermeiden.

Wenn wir uns weiterentwickeln und unseren Selbstwert stärken möchten, ist es letztendlich notwendig, sich der eigenen Scham zu stellen. Es ist wichtig, sich mit ihr auseinanderzusetzen und ihre Ursprünge zu verstehen, da sie üblicherweise aus tief verwurzelten emotionalen Verletzungen und verborgenen Ängsten hervorgeht. Indem wir die Herkunft unserer Scham verstehen, können wir beginnen, störende Glaubenssätze zu hinterfragen und negative Selbstbilder beiseitezuschieben. Wir können lernen, uns mitfühlend und liebevoll zu betrachten und uns zu erlauben, Fehler zu machen, ohne dabei unser Selbstwertgefühl zu beeinträchtigen. Fehler sind letztendlich menschlich und nichts, wofür wir uns schämen müssen.

Die Transformation der Scham in Selbstliebe benötigt ein hohes Maß an Selbstreflexion und fördert damit unser emotionales Wachstum. Wir müssen die Bereitschaft aufbringen, uns mit unseren tiefsten Ängsten und Schattenseiten auseinanderzusetzen und sie anzunehmen, anstatt sie zu verdrängen.

Wir können somit lernen, uns selbst zu vergeben und uns als würdig und liebenswert anzunehmen, unabhängig von unseren vermeintlichen Fehlern oder den moralischen Vorgaben der Gesellschaft.

Nachdem ich wach geworden war, lag ich – ganz entsprechend dem Ruhetagsmotto – noch eine Weile im Bett und dachte über meine Reise nach. Ich fand, heute wäre eine gute Gelegenheit, zurückzublicken und eine Zwischenbilanz zu ziehen.

Ich war genau vor fünf Wochen zu diesem Abenteuer aufgebrochen. Über achthundert staubige Kilometer hatten mich meine Füße getragen. Ich konnte sagen, dass ich inzwischen wirklich viel erlebt und erfahren hatte – Gutes wie Schlechtes.

Ich habe wunderbare, freundliche, gütige und interessierte Menschen getroffen, die mir geholfen und mich inspiriert haben. Ich war aber auch auf Ablehnung und Missgunst gestoßen. Ängste haben mich begleitet, Einsamkeit, Schmerzen und Traurigkeit. Es gab andererseits auch die Momente der Freude über das Erreichte und darüber, diesen Weg, die Natur und die menschlichen Begegnungen erleben zu dürfen. Dies alles war eine einzigartige Gelegenheit, die ganze Bandbreite an Gefühlen und Erfahrungen zu erleben.

Als ich vor fünf Wochen die ersten Schritte ging, war ich davon überzeugt, eine harte, herausfordernde Männertour hinzulegen. Ich wollte der Welt, mir selbst und meinem verstorbenen Vater beweisen, wozu ich fähig bin und welche Hürden ich überwinden könnte. Inzwischen war ich mir zwar gar nicht mehr sicher, ob dieser Ansatz der richtige gewesen war, konnte aber mit Fug und Recht behaupten, mich auf diese Weise durchgeschlagen zu haben. Ich wusste nun sogar, dass ich eine Weile ohne Geld zurechtkommen kann, und wie man bei Gewitter zeltet, ohne Sorge davor haben zu müssen, hinfort geschwemmt zu werden.

Die Erfahrungen der ersten Wochen waren zwar nicht immer einfach zu verdauen gewesen, haben mich aber definitiv in meiner Unabhängigkeit gestärkt, und gaben mir nun Mut und Selbstvertrauen für das Kommende.

Vor allem aber hatte ich gelernt, mich meinen Ängsten zu stellen und auch Gefühle wie Traurigkeit und Einsamkeit in ihrer Gänze anzunehmen, ohne sie bekämpfen oder unterdrücken zu müssen. Dieser Umstand würde mir auch in Zukunft helfen, mir selbst und meiner Umwelt gegenüber authentischer und mitfühlender zu begegnen.

Der Ruhetag tut mir gut.

Nachdem ich etwa auf der halben Wegstrecke beschlossen hatte, von dort an die innere Reise zu mir selbst mehr in den Fokus zu nehmen hatte ich zunehmend das Gefühl, über den Tellerrand schauen und mich und meine Umwelt bewusster wahrnehmen zu können. Das Reisen war nun viel mehr von Genuss und Freude geprägt – wenn nicht gerade das geschwollene Bein schmerzte.

Nun, das Bein wurde durch die Schonung langsam besser. Ich beließ es deshalb heute bei eher kurzen Spaziergängen, um höchstens mal ein Restaurant oder Café aufzusuchen, legte das Bein ansonsten meist nach oben und ruhte mich aus.

Am Nachmittag erinnerte ich mich an die zahlreichen Begegnungen auf meiner Reise. Ich fand es faszinierend, wie viel die Menschen zu geben bereit waren, wenn ich ehrlich und ohne Vorurteile auf sie zugegangen war – fast wie ein neugieriges Kind. Die Menschen gaben mir Unterkunft, Nahrung, Geld, manchmal kleine Geschenke. Vor allem aber öffneten sie ihre Herzen, um mir etwas von ihrem Innersten zu geben. Ich bekam ein kleines Stück ihres Lebens, ihrer Sehnsüchte, ihrer Sorgen und ihrer Träume, und das war stets das Wertvollste von allem gewesen.

Eine besondere Unterstützung waren mir auch meine „Begleiter" im Internet[28] geworden. Sie haben mich in schwierigen Phasen der Reise immer wieder aufgebaut, und darüber war ich unglaublich dankbar.

Am Abend beendete ich meinen gedankenreichen Tag mit einem richtig guten Gefühl im Bauch. Ich hatte den Tag ganz ohne Reue genießen können. Ich war froh, dass die Pause meinem Bein geholfen hatte und freute mich mit Spannung auf den kommenden Tag. Morgen würde ich wieder zurück sein auf meiner großen Tour.

---

[28] Ich habe jeden Tag einen kurzen Tagesbericht ins Internet gestellt und auch entsprechende Rückmeldungen in Form von Kommentaren bekommen.

Impuls: WOHLFÜHLRAUM

Der Raum, den du für dich selbst schaffst, ist der Ort,
an dem du dich selbst finden wirst.
Unbekannte Quelle

An diesem Tag fühlte ich mich rundum wohl. Ich hatte mich die ganze Zeit über am richtigen Ort und in der richtigen Umgebung befunden und meine Gefühle hatten sich entsprechend der positiven Umstände entwickelt.

Im alltäglichen Leben gibt es aber natürlich auch immer wieder Tage, an denen ich mich schlecht, gestresst, wütend, traurig oder genervt fühle. Dann schaffe ich mir regelmäßig meinen Wohlfühlraum, um dort auch diese Gefühle frei, offen und ehrlich ausdrücken zu können.

Diesen Wohlfühlraum – den Raum, in dem du dich wohl-fühlen kannst – möchte ich in diesem Impuls näher beschreiben.

Erlaubst du dir, deine Gefühle und Wahrheiten frei auszudrücken? Oder hältst du dich eher zurück? Vielleicht ist diese Zurückhaltung in alten, unbewussten Erinnerungen begründet, als dir beigebracht wurde, deine Gefühle (vor allem die negativen) zu verbergen, weil andere Menschen damit nicht umgehen konnten.

Kleine Kinder drücken ihre Gefühle noch ungefiltert und ehrlich aus, egal ob Freude, Schmerz, Wut oder Trauer. In dem jungen Stadium ihres Lebens haben sie noch keine Verbote und Einschränkungen erfahren. Sie nehmen sich ihren Raum, um sich authentisch auszudrücken.

Doch im Laufe der Kindheit wird uns beigebracht, den Ausdruck unserer Gefühle zu kontrollieren und teilweise auch zu verbergen. Wir werden bewusst oder unbewusst von unseren Eltern konditioniert. „Stell dich nicht so an", „Das tut doch gar nicht weh", „Sei ruhig, dann bekommst du auch ein Bonbon".

Als Kinder sind wir abhängig von den Eltern, die unsere Vorbilder und Lehrer sind. Im späteren Leben werden viele dieser frühkindlich erzwungenen Konditionierungen nicht mehr in Frage gestellt und werden damit zu unbewussten Verhaltensmustern.

Doch die unterdrückten Gefühle sind in unserem Körper gespeichert und wirken. Nur weil sie unterdrückt wurden, sind sie nicht einfach weg. Möglicherweise äußern sie sich irgendwann in Form von körperlichen oder seelischen Leiden, psychischen oder sozialen Problemen wie beispielsweise der

Unfähigkeit, echte Nähe zuzulassen. In allen Fällen führt diese Unterdrückung zu einer Reduzierung des eigenen und wahrhaftigen Ausdrucks[29]. Um diesen wieder stimmlich, energetisch und körperlich zulassen zu können, brauchen wir einen geschützten Raum, in dem wir uns sicher fühlen, und die alten Konditionierungen uns nicht im Wege stehen: den Wohlfühlraum. Dies ist der Raum, in dem wir uns wieder wohl-fühlen können.

Dieser Raum besteht aus zwei wichtigen Komponenten, dem physischen und dem imaginären Raum. Der physische Raum ist der Raum, in dem du dich ungestört, unbeobachtet und sicher fühlst. Es ist ratsam, diesen Raum für dich schön und angenehm zu gestalten, sodass du dich dort schon beim Betreten wohlfühlst.

Die zweite Komponente ist der imaginäre Raum, der Raum, den du dir mit deiner Vorstellungskraft erschaffst. Stell dir vor, du hast einen heftigen Konflikt mit einer anderen Person und du stellst dir diese Person vor deinem geistigen Auge vor. Spür in dich hinein und stelle fest, wie viel Abstand du in deinem imaginären Raum zu der Person brauchst, damit du dich gut und sicher fühlst? Dies kann eine Entfernung in Metern oder auch Kilometern sein.

Du bildest in Gedanken um dich herum diesen Raum, indem du einen Kreis mit der entsprechenden Entfernung ziehst. Dann schiebst du die Person durch eine Handbewegung aus diesem Raum und ziehst anschließend eine Grenze, die diese Person nicht überwinden kann. Dies kann eine Mauer, ein Zaun, ein Feuerreif oder Ähnliches sein. Nun hast du deinen imaginären Wohlfühlraum geschaffen und kannst nachspüren was sich geändert hat. Du kannst das Ganze noch sicherer machen, indem zu verkündest: „Dies ist mein Raum und nichts und niemand darf hier hinein außer ich erlaube das".

In diesem Wohlfühlraum kannst du nun die ganze Bandbreite deiner Gefühle frei ausdrücken.

Erlaube dir deine Wut, deine Trauer, deinen Schmerz und auch deine natürliche Lebensfreude.

Sei mutig und werde in dieser Beziehung wieder ein Stück Kind. Wahrscheinlich ist es anfangs sehr ungewohnt und du kommst dir albern vor. Doch überwinde diese Grenze, auch wenn du zu Beginn die Gefühle noch etwas theatralisch üben musst.

---

[29] Siehe dazu auch den Impuls: Stimme.

TAG 37
Mittwoch, 12. August 2015: Von Salzwedel nach Lüchow (ca. 22 km)

Der Pausentag in Salzwedel hat mir richtig gutgetan, trotzdem spürte ich die Belastung der letzten fünf Wochen deutlich in meinen Knochen. Ich hätte heute Morgen eigentlich auch gut die Wanderschuhe an den Nagel hängen und bis zum Nachmittag im Bett bleiben können.

Andererseits erinnerte ich mich an das Hinweisschild nach Lübeck, welches mich in Salzwedel angelächelt hatte. Ich bildete mir kurz ein, die Ostsee schon riechen zu können. Das motivierte mich nun zum Endspurt. Also hieß es natürlich: „Raus aus den Federn und Wanderschuhe geschnürt!"

Zunächst entschied ich mich dazu, einen kleinen Umweg durch ein Naturschutzgebiet zu machen, der sich wirklich lohnte. Ich kam an Mooren, Feuchtwiesen und Teichlandschaften vorbei, wanderte durch herrlich kühle Wälder. Viele Vögel waren zu sehen und vor allem zu hören, die Natur zeigte sich in ihrer schönsten Pracht.

Vielleicht lag es an der beeindruckend schönen Umgebung oder an mir selbst dass ein außergewöhnliches Erlebnis in mir auftauchte: „Ich konnte mich irgendwie selber von außen sehen und betrachten". Dieses Gefühl war ganz plötzlich da, ich fühlte mich kurz wie in Trance, dann verschwand es auch schon wieder in dem Moment, als ich mir darüber bewusst wurde. Das Ganze war wie ein kurzes Aufblitzen eines bisher selten erlebten, sehr intensiven Glücksgefühls. Es war eine völlige Stille und ein absoluter Friede in mir. Es ist schwer zu beschreiben, man muss es erleben.

Überhaupt war der Wandertag heute besonders schön, und ich erreichte Lüchow am Nachmittag sogar fast schmerzfrei. Ich suchte hier nach einer Pension und fand die „Wendeschänke", die von zwei Schwestern betrieben wird. Ein einfaches Haus, das zwar mit finanziell geringem Aufwand, dafür aber mit umso mehr Leidenschaft und Liebe zum Detail geführt wird.

Ich lief später durch die kleine Stadt und stieß plötzlich völlig überraschend auf ein Rolling Stones Museum.

Mit allem hätte ich hier gerechnet, nur nicht mit so etwas. Ich ging hinein und lernte den Betreiber kennen. Er war seit vielen Jahren Vollblut-Fan, und seine idealistische Ader hatte ihn dazu gebracht, seinen Job als erfolgreicher Manager hinzuschmeißen, das Museum zu gründen und über die Jahre allerlei Exponate aus der ganzen Welt zu sammeln.

Auch hier spürte ich sofort, wie viel Herzblut in seinem Projekt steckte. Allein der Willkommens-

Zu welcher Sorte Mensch gehörst du?

spruch neben dem Eingang hat mich sofort angesprochen.

In der Pension traf ich am späten Abend auf drei Männer, die in Lüchow beruflich zu tun hatten. Sie hatten es sich in der Lobby mit ein paar Getränken gemütlich gemacht, und ich setzte mich dazu, weil ich aufgrund ihrer nicht ganz lautlosen Anwesenheit sowieso nicht hätte schlafen können.

Sie nahmen mich freundlich in ihrer Mitte auf, wir kamen ins Reden, und irgendwann landete einer der Männer bei seiner Lebensgeschichte, die mich unglaublich berührte.

Er erzählte mir, dass er als Kind regelmäßig von seinem Vater schwer geschlagen wurde. Oft wegen nichts, und in der damaligen Zeit hatte das ganze Umfeld noch weggeschaut. Er sei halt ein schwer erziehbares Kind, hätte der Vater geantwortet, wenn doch jemand einmal die Wunden und blauen Flecken ansprach. Das hätte den meisten damals als Antwort gereicht. Er sei der einzige von vier Geschwistern gewesen, der misshandelt wurde. Alle anderen, wie auch seine Mutter, hätten weggeschaut und geschwiegen.

Nach einer weiteren schweren Misshandlung sei er im Alter von 14 Jahren von daheim ausgerissen und hatte auf der Straße gelebt, bei Punks und unter Brücken, sei tagsüber in die Schule gegangen und hat nebenbei gejobbt.

Zwischendurch sei er immer wieder aufgegriffen und nach Hause gebracht worden, wo ihn aber natürlich gleich die nächste Tracht Prügel erwartete, weshalb er immer so schnell wie möglich wieder weggelaufen war. Später entdeckte er die Wirkung von Drogen, um seine körperlichen und seelischen Schmerzen zu betäuben. Schließlich landete er ganz am Boden, sah keinen Ausweg mehr und wollte sich im Alter von 19 Jahren selbst das Leben nehmen. Danach hatte er eine Therapie begonnen und dort gelernt, sein Leben eigenverantwortlich zu gestalten.

Nun war er clean, hatte einen Job, lebte in einer glücklichen Partnerschaft und hat sich, wie ich fand, zu einem wirklich interessanten und sympathischen Menschen entwickelt.

Seine Geschichte berührte mich sehr und zeigt mir auch, wie viel Glück ich selbst mit meinem Entwicklungsumfeld gehabt hatte, obwohl dieses nun auch nicht gerade perfekt gewesen war. Aber was bedeutete in diesem Zusammenhang überhaupt „perfekt"? Jedenfalls fand ich es phänomenal, wie sich die Persönlichkeit eines Menschen trotz widrigster Umstände entwickeln kann. Das zeigte mir, was alles möglich ist, wenn man es wirklich will.

Ich dachte auch später im Bett noch darüber nach. Mir wurde immer klarer, und das zeigten mir solche Lebensgeschichten, dass man nicht in der Vergangenheit stecken bleiben sollte, sondern vielmehr eine positive Ausrichtung auf die Zukunft braucht. Wenn man etwas verändern möchte, muss man sich auf den Weg machen und sich nicht scheuen auch fremde Unterstützung anzunehmen.

Ich empfand großen Respekt vor diesem Menschen, der sein Leben angepackt hatte, statt sich hängen zu lassen und die äußeren Umstände dafür verantwortlich zu machen. Wir können uns leider nicht bewusst aussuchen, in welche Familien und Umstände wir geboren werden.

Bestimmt kämpften da draußen gerade viele traurige Seelen um ein winziges Stück vom großen Kuchen des Glücks, kam es mir in den Sinn. Manche taten dies bestimmt auch ohne Erfolg. Einen Versuch sollte es aber immer Wert sein, fand ich, vielleicht auch nur in der Ausrichtung auf ein besseres nächstes Leben[30].

---

[30] Hiermit meine ich die karmische Bindung bei der Reinkarnation, wenn du daran glaubst.

Impuls: PRÄGUNGSJAHRE

Ein Kind ist kein Gefäß, dass gefüllt,
sondern ein Feuer, das entzündet werden will.
François Rabelais

Die Begegnung mit den drei Männern und ihren Lebensgeschichten hat mich nachhaltig berührt. Ich neigte früher dazu, schnell über Menschen Urteile zu fällen. Doch wenn ich ihre Lebensgeschichten erfahre, ändert sich mein Bild nicht selten ins Gegenteil. So war es auch heute.

Über Auswirkungen der frühkindlichen Prägungszeit[31] habe ich später viel nachgedacht, und möchte dazu meine Gedanken mit dir teilen.

Die Lebenswege der Menschen können in nahezu viele Richtungen gehen. Viele Kreuzungen erwarten uns auf dem Weg, an denen wir uns entscheiden müssen, welchen Kurs wir einschlagen. Spannend finde ich die Frage, inwieweit spätere Entscheidungen eben durch diese frühkindlichen Erfahrungen beeinflusst werden. Selbstverständlich entwickeln wir uns weiter, jedoch bleiben die grundlegenden Persönlichkeitsanteile so lange wirksam, bis wir uns darüber bewusstwerden und sie absichtsvoll ändern. Dieser Weg erfordert allerdings Mut, Willenskraft und die Bereitschaft, sich auf einen emotional herausfordernden Prozess einzulassen.

In den ersten sieben Lebensjahren, der frühkindlichen Prägezeit, werden die Grundlagen gelegt, aus denen das Mosaik unserer späteren Existenz geformt wird. Die Kindheit prägt unsere Überzeugungen, unser Verhalten, unsere Emotionen, unsere Werte und die Art und Weise, wie wir Beziehungen pflegen. Wir sind uns später kaum darüber bewusst, welch starke Auswirkungen sie auf unser Leben als Erwachsener haben. Die unsichtbaren Fäden der Vergangenheit bilden ein komplexes Netz, das uns in den konditionierten Denk-, Fühl- und Verhaltensmustern gefangen hält.

Als Kinder waren wir auf die Liebe und Zuneigung unserer Eltern angewiesen. Wir mussten lernen, uns anzupassen und damit auch Aspekte unseres Wesens zu unterdrücken, um Ablehnung, Kritik und vielleicht sogar Strafe zu vermeiden. Möglicherweise haben wir auf diese Weise unsere wilde und

---

[31] „In den ersten sieben Lebensjahren (Prägungsjahre) sind Kinder wie ein Aufnahmegerät, das immer mitläuft. Alles, was sie sehen und hören, nehmen sie ungefiltert ins Unbewusste auf." Quelle: Dr. Bruce Lipton

sensible Seite versteckt, unsere Tränen unterdrückt und unsere Wut heruntergeschluckt, um nicht abgelehnt zu werden.[32]

Doch im Laufe der Jahre erkennen wir unter Umständen, dass etwas mit uns nicht stimmt. Wir nehmen innere Widersprüche wahr und spüren, dass wir nicht wirklich unser angestrebtes Leben führen, sondern von Überzeugungen gefangen sind, die gar nicht unserem Wesen entsprechen. In solchen Momenten stehen wir auch wieder vor einer Kreuzung und können uns nun entscheiden, ob wir den Mut haben, unbekannte Pfade zu betreten, die uns Wachstum und Heilung bieten, oder ob wir uns weiterhin vor unangenehmen Wahrheiten wegducken möchten, dafür aber auf den angestammten Bahnen bleiben.

Die Prägungen der Vergangenheit mögen dich geformt haben, aber sie müssen nicht länger deine Wegweiser sein. Nimm die Verantwortung mutig an und lenke von nun an dein Leben selbst. Auf diese Weise wirst du wachsen und an Selbstliebe gewinnen.

---

[32] Wie wir diese unterdrückten Gefühle wieder aufleben lassen können, beschreibe ich im Impuls zum Wohlfühlraum.

TAG 38
Donnerstag, 13. August 2015: Von Lüchow nach Dannenberg (ca. 21 km)

Heute wachte ich, trotz der mich beim Einschlafen begleitenden melancholischen Gedanken, mit einem richtig positiven Gefühl auf. Ich kam gut aus dem Bett und machte mich auch gleich auf den Weg Richtung Dannenberg.

Wandern im flachen Land neben der Jeetzel.

Ich nahm heute von vornherein einige kleinere Umwege in Kauf, weil ich mir vorgenommen hatte, einen großen Teil der Etappe entlang der Jeetzel, einem kleinen Nebenfluss der Elbe zu wandern.

Wie erhofft, erwartete mich eine imposante Landschaft, wenn auch diese schönen Eindrücke durch die Hitze zu verglühen drohten. Ich fand immer mehr meinen natürlichen Rhythmus, der es mir erlaubte, meine Gedanken schweifen zu lassen. Trotz der weiterhin bestehenden Herausforderungen konnte ich die Schönheit des Weges annehmen und genießen.

Auf halber Strecke traf ich eine nette Dame, die mit ihrem Hund unterwegs war. Ich nutzte die Gelegenheit und unterhielt mich eine Weile sehr angeregt mit ihr, während wir nebeneinander herliefen.

Wir sprachen irgendwann über Schwiegermütter, ein, wie ich finde, oft herausforderndes Thema. In diesem Zusammenhang erzählte sie von ihrem Mann, einem zwar beruflich erfolgreichen Manager, der sich allerdings, dies berichtete sie mit deutlicher Enttäuschung, mit fünfzig Jahren noch immer nicht von seiner Mutter abgenabelt hatte. Jahrelang habe sie deshalb in ständigem Wettstreit mit ihrer Schwiegermutter gelegen.

Nun hätten sie und ihr Mann keinen anderen Ausweg mehr gefunden, als sich zu trennen, obwohl sie einander wirklich geliebt hätten. Zu einer Therapie sei der Mann nicht bereit gewesen, sagte sie traurig, weil er aus ihrer Sicht das eigentlich offensichtliche Problem gar nicht erkannt habe. Für ihn sei alles normal und gut gewesen. Er hätte sie in dieser Beziehung als ungerecht und eifersüchtig empfunden.

Ich dachte später noch lange über dieses sehr spezielle Thema nach. Aus eigener Erfahrung, aber auch aus Schilderungen von Bekannten, war es mir sehr vertraut. Ich kenne auch die Perspektive von jungen Männern, die gegen ihre Schwiegerväter bestehen müssen.

Solche Gedanken und Themen kamen jetzt beim Wandern immer wieder hoch und beschäftigten mich teilweise über viele Kilometer. Was ich sonst im Alltagsstress wegschob, kompensierte oder verdrängte, fand hier seinen Platz und seine Zeit. Ich empfand es in diesem Moment als echte Wohltat, jetzt die Möglichkeit zu haben, in Ruhe vor mich hinzuspüren und mir solche Fragen stellen zu können.

Ich kam am Nachmittag in Dannenberg an und suchte mir eine schöne Ecke für mein Nachtlager auf dem örtlichen Zeltplatz.

Meine Nachbarn waren ein holländisches Paar, um die fünfzig Jahre alt, das jedes Jahr für zwei Wochen gemeinsam mit dem Fahrrad irgendwo durch Europa fuhr, um auf Zeltplätzen zu übernachten und sich dabei zu „erden". Sie erzählten mir, dass sie beide beruflich stark eingebunden seien und in der schnelllebigen Welt nicht den Kontakt zum Boden verlieren wollten. Diese Einstellung gefiel mir.

Am Abend kochte ich mir eine Suppe und schlief sehr gut ein. Das Übernachten auf dem Boden hatte auch auf mich eine sehr „erdende" Wirkung. Nur auf einer dünnen Unterlage zu liegen und den Boden zu spüren, verband mich auf angenehme Weise mit der Natur und meinen eigenen Gefühlen.

Nach meiner Reise wurde ich oft gefragt, ob und vor allem woher ich wusste, dass ich mein Ziel erreichen würde. Tatsächlich wusste ich es überhaupt nicht, aber selbst in den schwierigsten Momenten habe ich ganz tief in mir etwas gespürt, das mich immer weitergehen ließ: mein Urvertrauen.

Dieses Urvertrauen liegt im Herzen eines jeden Menschen und hält unsere innere Welt zusammen. Vom ersten bis zum letzten Atemzug ist es eine natürliche Ressource die wir leider oft vergessen. Diese Quelle der inneren Stärke hilft uns, selbst in den stürmischsten Zeiten Halt zu finden und Trost zu erfahren. Jedes Kind hat einen völlig natürlichen Zugang zu seinem Urvertrauen, später verlieren wir genau diesen oft durch schmerzhafte oder traumatische Erfahrungen.

Besonders in den frühkindlichen Prägejahren befinden wir uns in einem Zustand der besonderen Abhängigkeit von unseren Eltern oder anderen Personen, die für uns verantwortlich sind. Sie sind unsere Vorbilder, fast unsere „Götter", wir vertrauen ihnen blind. Sie ernähren uns, bilden uns und geben uns mehr oder weniger emotionale Nähe. In dieser Zeit formt sich das Urvertrauen als erstes Grundgefühl von Sicherheit, Selbstständigkeit, Selbstvertrauen und dem Glauben an eine wohlwollende Umwelt.

Wenn Säuglinge und Kleinkinder liebevolle Fürsorge, Wärme und Geborgenheit erfahren, wird das Urvertrauen gestärkt. Werden aber Grundbedürfnisse (wie Nahrung, Zuwendung, körperliche Nähe, Schutz und Trost) unzureichend befriedigt, oder werden Kinder sogar mit Vernachlässigung, Missbrauch oder Gewalt konfrontiert, werden sie auch in späteren Jahren Schwierigkeiten haben, Vertrauen zu anderen Menschen, zu sich selbst und zum Leben zu entwickeln.

Das Urvertrauen, das wir in der Kindheit entwickeln, begleitet uns bis ins Erwachsenenalter hinein und beeinflusst unser Selbstbild und unsere Beziehungsfähigkeit enorm. Menschen mit einem stabilen Urvertrauen haben in der Regel eine positive Einstellung zu sich selbst und anderen. Sie verfügen über ein gesundes Selbstwertgefühl und können auf selbstverantwortliche Weise auf die Herausforderungen des Lebens reagieren.

Das Urvertrauen ist somit auch eng mit dem Vertrauen in uns selbst verbunden. Es bildet die Grundlage dafür, an unsere eigenen Fähigkeiten und Stärken zu glauben. Wenn wir ein solides Urvertrauen haben, zeigen wir uns mutig und offen für neue Erfahrungen. Wir können uns aber auch gut vergeben und aus Fehlern lernen, weil wir wissen, dass wir trotzdem geliebt werden und wertvoll sind.

Ein gefestigtes Urvertrauen ermöglicht uns auch, gesunde und erfüllende Beziehungen zu anderen Menschen aufzubauen. Es hilft uns, Vertrauen in andere zu entwickeln, uns emotional zu öffnen und uns auf Andere in empathischer Weise einzulassen.

Wenn diese Ressource in der Kindheit nicht ausreichend gestärkt oder durch traumatische Erfahrungen erschüttert wurde, ist es dennoch möglich, es im Erwachsenenalter wieder aufzubauen. Dabei ist es aus meiner Erfahrung sehr hilfreich sich externe Hilfe und Unterstützung zu holen.

Es ist nie zu spät, sich wieder mit diesem ursprünglichen Vertrauen zu verbinden und es als eine Ressource der inneren Stärke und Geborgenheit in uns zu tragen, ganz nach dem Motto „Es ist nie zu spät für eine glückliche Kindheit!"

Die Nacht auf dem Campingplatz war zwar schön ruhig, allerdings konnte ich mich die ganze Zeit nicht recht entscheiden, ob ich den Schlafsack schließen oder lieber geöffnet lassen sollte. Es war wie verhext: entweder ich fror oder ich schwitzte. Jedenfalls bekam ich offensichtlich irgendwann etwas zu viel Kälte ab, was ich beim Aufwachen anhand eines kratzenden Halses und einer Schnupfnase feststellen musste.

Ich ließ mir davon aber nicht die gute Laune verderben und gab gegen 9 Uhr mit gepacktem Rucksack und geschnürten Wanderstiefeln den Startschuss zu meiner heutigen Tour. Die Etappe sollte mich entlang der Elbe über Damnatz und das Strachauer Rad nach Hitzacker bringen. Ab Damnatz würde ich dann auch wieder entlang der alten Grenze laufen, die genau in der Mitte der Elbe lag. Der Plan stellte zwar einen Umweg dar, aber ich wollte gerne den sehr beliebten Elbeweg wandern.

Der Fluss selbst hatte sich allerdings aufgrund der langen und heißen Sommerperiode vor meiner Wanderung ziemlich ausgetrocknet gezeigt. Deshalb fuhren die meisten Fähren nicht mehr, und weil über die Elbe als ehemaligem Grenzfluss nur sehr wenige Brücken gebaut worden waren, musste ich die Entscheidung treffen, auf welcher Seite ich gehen wollte. Ich blieb auf der westlichen Seite, um mein Ziel letztendlich nicht schwimmend erreichen zu müssen.

Einige Kilometer vor Hitzacker zog, mal wieder, ein Gewitter auf, und ich fragte mich, ob es eine gute Entscheidung gewesen war, die Umwege in Kauf zu nehmen. Aber ich erreichte die kleine Fachwerkstadt nicht nur rechtzeitig vor dem Unwetter, sondern auch genau pünktlich zu einer gerade beginnenden Stadtführung, der ich mich begeistert anschloss.

Unsere kleine Gruppe hatte Glück, denn der engagierte Stadtführer machte uns nicht nur auf allerlei interessante Sehenswürdigkeiten und ihre Geschichten aufmerksam, er brachte uns auch immer wieder herzlich zum Lachen. Wir alle konnten spüren, mit wie viel Leidenschaft er den Gästen die Historie seiner Stadt näherbringen mochte. Am Abend schlief ich in einer kleinen Pension.

Impuls: DAS INNERE KIND[33]
Alles, was wir als Erwachsene werden, geht darauf zurück,
wer wir als Kinder waren, wie wir behandelt wurden
und was unsere Ideen und Werte geprägt hat.
Wir sind, wer wir waren – nur größer.
Joy Fielding

Ich hatte lange Zeit meines Lebens kaum Erinnerungen an meine Kindheit. Auf dieser Wanderung allerdings bin ich meinem inneren Kind immer nähergekommen.

Zunächst äußerte sich dies aber eher unbewusst durch Ausbrüche von Wut, Traurigkeit, und Verzweiflung aber auch durch Scham. Im Nachhinein sehe ich es so, dass damit mein inneres Kind endlich gesehen und gehört werden wollte. Alte Schmerzen und Verletzungen drängten vehement an die Oberfläche und verlangten nach Heilung.

Den Zugang zu seinem inneren Kind zu finden und sich dessen unbefriedigten Bedürfnissen anzunehmen, ist ein sehr komplexer und teilweise mit großen Schmerzen verbundener Prozess, der im Normalfall mit psychotherapeutischer Begleitung einhergehen sollte, um mögliche Retraumatisierungen zu verhindern. Weil mir das Thema aber wirklich sehr am Herzen liegt, möchte ich trotzdem einige Aspekte dessen in diesem Impuls anreißen.

Die Heilung des inneren Kindes beginnt mit einem Blick in die tiefsten Schichten unserer Seele, um zunächst Verletzungen und Traumata aus der Kindheit zu erkennen. Im weiteren Prozess geht es darum, diese Verletzungen anzunehmen, neu einzuordnen und schließlich zu heilen.

Unsere Seele kann durch schmerzhafte Erfahrungen, Vernachlässigung oder Missbrauch verletzt worden sein, und braucht entsprechende Heilung. Der heilsame Weg des inneren Kindes beginnt mit der liebevollen Annahme und Würdigung dieser verletzten Anteile in uns. Als ein Akt der Selbstliebe beginnen wir uns als Ganzes so anzunehmen, wie wir sind. Wir respektieren bisher verdrängte Gefühle als Teil von uns und verstehen alle Erfahrungen (auch die negativen) als Abschnitte unseres Lebensweges.

---

[33] Das Konzept des inneren Kindes kommt aus der Psychologie. Es beschreibt, vereinfacht gesagt, den unbewussten kindlichen Anteil in uns Erwachsenen. Oft beinhaltet es auch die noch nicht geheilten Verletzungen aus der frühkindlichen Prägung.

Heute Morgen entschied ich mich erneut dazu, auf dem Westufer des Flusses zu bleiben. Hier sollte es einen schönen Wanderweg entlang der Elbtalauen geben, hatte man mir berichtet.

Dieser Elb-Höhenweg war zwar einige Kilometer länger und anstrengender lag aber dafür in herrlicher Natur, wie ich schon nach kurzer Strecke feststellen konnte. Ich musste allerdings den Weg sehr achtsam gehen da aufgrund des starken nächtlichen Regens einige Stellen unterspült und brüchig waren.

Das „himmlische Wasser" störte meinen Genuss an diesem Wandertag kein bisschen, denn heute war ich zum ersten Mal seit Tagen schmerzfrei. Ganz im Gegenteil: Ich verspürte über weite Strecken ein sehr tiefes Gefühl von Glück und Zufriedenheit.

Unterwegs erreichte ich im Örtchen Tiessau. Hier befand sich das „Maison de la Marionette". Herr Dr. Manfred Fortmann war nicht nur der Besitzer des Cafés, sondern auch Marionettensammler, begnadeter Puppenspieler, Lebenskünstler, Naturliebhaber und überhaupt ein ziemlich außergewöhnlicher Mensch.

Eigentlich war das Café nur sonntags geöffnet, aber ich hatte Glück, denn weil heute eine Bibelgruppe zu Gast war, präsentierte Herr Fortmann einige seiner vielen Puppen. Er erweckte sie auf fantastische Art und Weise zum Leben, ließ sie miteinander interagieren und aufregende und lustige Abenteuer erleben. In den Botschaften der Szenen ging es vor allem um ein verantwortungsvolles Leben im Einklang mit der Natur. Dass ihm die Umwelt und das friedvolle menschliche Miteinander am Herzen lag konnte jeder im Raum deutlich spüren. So erreichte er auch mein Herz.

Ich freute mich wie ein Kind, fühlte mich auch tatsächlich in die Kindheit zurückversetzt und fand die Vorstellung jedenfalls so unglaublich, so beeindruckend und so schön, dass ich den ganzen Tag dort hätte verweilen können.

„Ich werde diesen Ort irgendwann in meinem Leben noch einmal besuchen",

Der Puppenspieler von Tiessau

beschloss ich im Stillen und wünschte mir auch, dass alle Menschen dies einmal erleben könnten.[34]

Als ich später weiterzog, fiel mir auf, dass seine große Kunst vermutlich genau darin lag, mit seinem magischen Spiel das innere Kind in uns zu erwecken. Ich hatte schon vor einiger Zeit erkannt, dass ich meine kindlichen Impulse nicht unterdrücken, sondern ihnen neben all der erwachsenen und reifen Rationalität auch ausreichend Raum geben sollte. Ich sah plötzlich ein Ideal von mir selbst vor meinem geistigen Auge: einen erwachsenen, reifen, berührbaren und kraftvollen Mann mit der Freude und der Fantasie eines neugierigen Kindes.

Mit so schönen und stärkenden Eindrücken kam ich nach einem rundum gelungenen Wandertag müde und glücklich nach Neu Darchau, wo ich in der Pension „Elvers" von freundlichen Gastgebern herzlich empfangen wurde. Frau Elvers half mir zudem aus der Patsche, indem sie meine durchnässte Kleidung in den Trockner warf. Andernfalls hätte ich am kommenden Tag wieder in nassen Sachen weitergehen müssen.

Ich gönnte mir zum Abschluss dieses wunderbaren Tages ein gutes Abendessen in einem kleinen Restaurant. Welch ein Luxus!

---

[34] Leider musste ich während des Schreibens feststellen, dass das „Maison de la Marionette" inzwischen nicht mehr existiert.

Impuls: ROLLENSPIEL

Sei du selbst, alle anderen gibt es schon.
Oscar Wilde

Der Puppenspieler hat mich begeistert und mir zugleich verdeutlicht, welch unterschiedliche Rollen ich selbst im Leben zumeist unbewusst einnehme.

Unser Leben führt uns immer wieder in sehr unterschiedliche Situationen. Je nach Konstellation neigen wir dazu, jeweils eine andere Maske zu tragen um den Erwartungen anderer gerecht zu werden oder um uns vor möglicher Ablehnung zu schützen. Sie mögen uns zwar vorübergehend ein Gefühl von Sicherheit geben, doch allmählich können sie uns auch von unserem wahren Ich entfremden. Ich lade dich ein, dich deiner Masken bewusst zu werden und sie abzulegen, um immer mehr authentisch zu leben.

Stell dir vor, du spielst die Hauptrollen in einem Bühnenstück namens „Mein Leben". In jedem Akt – sei es in der Familie, im Arbeitsleben oder in deiner Freizeit – übernimmst du automatisch verschiedene Rollen. Zum Beispiel die eines engagierten Elternteils, des zielstrebigen Mitarbeiters, des hilfsbereiten Freunds oder des unterhaltsamen Partygasts. In jeder Rolle trägst du die dazu passende Maske. Das strenge Gesicht eines erziehenden Vaters, das aufgesetzte Lächeln eines strebsamen Untergebenen, der mitfühlende Ausdruck des emphatischen Gefährten oder die des

coolen Spaßvogels. Diese Rollen und Masken haben wir im Laufe der Zeit erlernt und perfektioniert und sie geben uns eine gewisse Sicherheit.

Während wir diese Rollen spielen, kommt es immer wieder vor, dass wir uns innerlich fragen, wer wir eigentlich wirklich sind. Es ist wie ein unvollständiges Puzzle, bei dem entscheidende Teile fehlen, und daher bleibt das Bild von uns selbst unvollkommen.

Der erste Schritt zur Freiheit liegt im Erkennen unserer Rollen und Masken. Frag dich selbst, ob diese Rollen dich unterstützen und dir erlauben, dich authentisch zu zeigen, oder ob sie dich eher einschränken und dich von deiner wahren Essenz distanzieren.

Es ist in Ordnung und oftmals notwendig, verschiedene Rollen im Leben einzunehmen. Es ist jedoch von wesentlicher Bedeutung, dass wir uns dieser Rollen bewusst sind und dadurch immer authentischer werden können.

Nur so können wir immer mehr erfahren, wer wir wirklich ohne all diese aufgesetzten Rollen und Masken sind.

TAG 41
Sonntag, 16. August 2015: Von Neu Darchau nach Neu Wendischthun (ca. 19 km)

Ich bin nach einem gemeinsamen Frühstück mit anderen Gästen gegen 9 Uhr aufgebrochen und lief zunächst über den E6 Höhenweg weiter auf der ehemaligen Westseite der Grenze.

Das Wetter war immer noch sehr wechselhaft, was meiner Wanderfreude aber auch heute morgen nicht schadete. Ich entwickelte zu dieser Zeit zunehmend Freude an der Wanderung. Ich traf viele, unglaublich interessante Menschen, denen ich ohne meine verrückte Idee niemals begegnet wäre. Ich erfreute mich an der Natur und daran, einfach unterwegs zu sein. Die Reise selbst war in den Mittelpunkt gerückt, obwohl ich natürlich nach wie vor noch das Ziel und vor allem das Wiedersehen mit Christine herbeisehnte.

Ich bin heute Morgen gefragt worden: „Hast du eigentlich auf dieser Wanderung gefunden wonach du suchst?" Diese Frage hat mich heute während der Etappe immer wieder beschäftigt und ich konnte sie weder klar mit „ja" noch mit „nein" beantworten.

Ich erinnerte mich daran, wie ich noch am Anfang der Reise darauf gewartet hatte, dass es irgendwann mitten auf dem Weg plötzlich laut knallt, alles erstrahlt in hellem Licht und ich werde erleuchtet, kenne von da an die Antworten auf alle Fragen des Lebens.

Das ist so selbstverständlich nicht passiert. Die Antworten und Erkenntnisse kamen vielmehr sehr leise und unauffällig zu mir. Sie ergeben sich aus meinen Gefühlen während der Wanderschaft, den Begegnungen mit anderen Menschen und den Ereignissen, die mich berührten. Inzwischen war ich offen und bereit, mich emotional berühren zu lassen, und vielleicht war es auch genau das, wonach ich eigentlich gesucht hatte. Im normalen Alltagsleben wäre ich niemals an diesen Punkt gekommen. Dort war ich in meinem eigenen Schutzpanzer gefangen, den ich mir im Laufe des Lebens zugelegt hatte, um nicht verletzt werden.

Wenn ich auf dieser Reise Menschen traf, gab es keine Ablenkung, keine äußeren Erwartungen oder auf mich wartende Termine. Alles war im Hier und Jetzt, das machte die Begegnungen besonders intensiv.

Darüber hinaus traf ich auch immer wieder Menschen, die mir (meistens ohne es zu beabsichtigen) einen Hinweis für meinen weiteren Weg gaben –

ich musste eigentlich nur zuhören und alles in Ruhe auf mich wirken lassen, ohne vorab die Menschen oder gar ihre erste Erscheinung zu bewerten.

Nach einer Weile fand ich, genug über das Thema sinniert zu haben und beantwortete die ursprüngliche Frage für mich selbst so: „Ich habe aufgehört zu suchen, ich lasse mich finden". Das fühlte sich in diesem Augenblick sehr stimmig an.

Später kam ich zu meiner Überraschung trotz Niedrigwasser an einer fahrbereiten kleinen Fähre vorbei, mit der ich zum anderen Ufer und somit auf die Ostseite übersetzte.

Dort wanderte ich noch einige Kilometer weiter, bis ich zu dem kleinen Dorf Neu Wendischthun kam, wo ich in der „alten Schule" ein kleines Einzelzimmer ergatterte. Ich kam dort mit einigen älteren Bewohnern ins Gespräch, und sie erzählten mir von der damaligen Zeit, den Entbehrungen und dem Leben an diesem Ort.

Da dieses Dorf unmittelbar an der Grenze lag, hatten dort nur diejenigen Menschen leben dürfen, die als regimetreu und zuverlässig eingestuft worden waren. Alle anderen mussten bei einer „Säuberungsaktion" innerhalb von wenigen Stunden ihre Sachen zusammenpacken und das Dorf verlassen. Eine Erklärung oder Entschädigung in irgendeiner Form hatten sie nicht erhalten.

Die ganze Dorfgemeinschaft war nun zu einer gefährlichen Mischung aus verschworener Gemeinschaft und gemeinen Denunzianten geworden. Sobald irgendein Verdacht aufgekommen war, dass ein Dorfmitglied sich kritisch oder auffällig benahm, war teilweise gleich die ganze Familie ohne Anhörung oder Verfahren innerhalb von wenigen Stunden ausgesiedelt worden. Es hätte immer Misstrauen und ständige Angst geherrscht, gleichzeitig wären die Menschen im Dorf jedoch nach wie vor auch aufeinander angewiesen gewesen.

Eine besonders berührende Geschichte kam mir zu Ohren, als mir eine Frau mit Tränen in den Augen vom Tod ihrer Mutter berichtete, mit der sie ursprünglich in dem Dorf gelebt hatte. Zur Beerdigung hätten ihre außerhalb lebenden Familienangehörigen (die eigene Tochter und ihre Familie) nicht in das Sperrgebiet einreisen dürfen.

Oft konnte ich solchen Geschichten nur mit großem Unglauben lauschen, denn ich fragte mich immer wieder: „Warum habt ihr euch das gefallen lassen"? Mittlerweile weiß ich aus den Erfahrungen der heutigen Zeit wie schnell gesellschaftliche Spaltung und Einteilung in „Gut und Böse" entstehen kann.

Später genoss ich in dem angeschlossenen Gasthaus ein leckeres Abendbrot und ein kühles Bier. Ich machte es mir draußen gemütlich und betrachtete dabei die deutlich sichtbaren aber inzwischen verheilten Wunden meiner Füße.

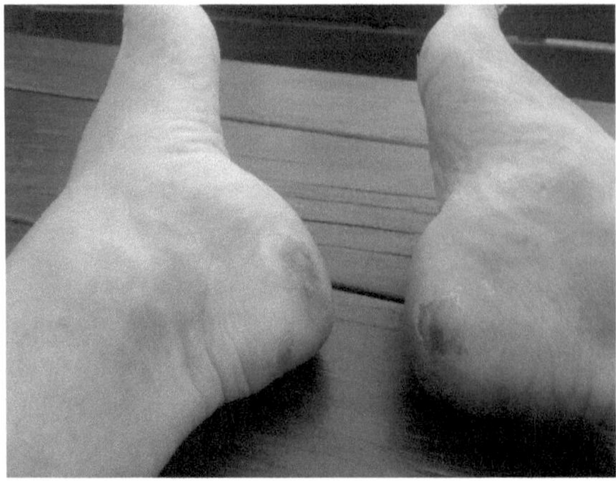
Spuren der Wanderung.

Mir wurde in diesem Augenblick noch einmal der Wandel vom schmerzhaften Anfang bis zum heutigen Glücksempfinden sehr bewusst. Es hatte sich in der Tat gelohnt, diese schwierige Phase zu durchschreiten und jetzt die Früchte dieses Prozesses zu ernten.

Mit diesen Gedanken ging ich auf mein kleines Zimmer und schlief mit großen Glücksgefühlen ein.

Impuls: ERLEUCHTUNG

Erleuchtung bedeutet sich über die Gedanken zu erheben.
Eckhart Tolle

Ich hatte tatsächlich dieses, von spirituellen Konzepten beeinflusste, Bild einer Erleuchtung in meinem Kopf. Plötzlich erscheint ein helles Licht, alles ist klar, ich schwebe durch das Leben und habe nur noch Leichtigkeit in mir. Ich suchte diesen berühmten Baum des Buddha, aber auf meiner Reise gab es nur Eckhard-Bäume. Doch mittlerweile habe ich eine andere, für mich stimmige Definition von Erleuchtung gefunden: „Erleuchtung bedeutet wieder ein Strahlen in den Augen zu bekommen." Es beginnt bereits, wenn du dich auf die Reise begibst, um zu einer tieferen Verbindung zu dir selbst zu gelangen. Wenn wir diesen Zustand der Erleuchtung[35] anstreben, strahlen wir ein Charisma aus, das von innerer Ruhe und Gelassenheit geprägt ist. Unsere Präsenz wird spürbar, denn wir sind fest mit unserer Wahrheit und unseren Werten verankert.

In diesem Zustand machen wir uns unabhängiger von äußeren Einflüssen. Wir folgen zielstrebig und mit festem Schritt unserem Lebensweg und lassen uns nicht von den Wirrungen der Welt ablenken. Wir handeln nicht im Versuch, den Erwartungen anderer gerecht zu werden, sondern aus einem tiefen Verständnis unserer eigenen Bestimmung heraus. Im Umgang mit unseren Mitmenschen strahlen wir Mitgefühl und Berührbarkeit aus während unsere Gedanken klar ausgerichtet sind. Wir verstehen, dass wahre Stärke in der Fähigkeit liegt, unsere Empathie mit unserem ungetrübten Verstand zu verbinden, um nicht nur uns selbst, sondern auch anderen zu dienen.

Die Reise zu deiner „Erleuchtung" ist nicht immer einfach, und sie erfordert Hingabe, Mut, Geduld und viel Selbstreflexion. Es wird auf dem Weg Hindernisse und emotionale Herausforderungen geben. Der Weg deiner Erleuchtung ist letztendlich dein individueller Lebensweg. Du wirst dabei nicht den Weg von Buddha, Jesus oder eines anderen Menschen gehen, sondern deinen eigenen. Jedoch können unsere Lehrer und Vorbilder eine wertvolle Inspiration und ein Leitfaden für unsere Entwicklung sein.

---

[35] Ich beschreibe die Erleuchtung auf einer eher oberflächlichen Ebene. In den Lehren der Meister und Gurus geht dies noch viel tiefer.

TAG 42

Heute Morgen bin ich gegen 9 Uhr von der Herberge aufgebrochen. Vorher habe ich mich beim Frühstück noch ein wenig mit der Betreiberin unterhalten.

Auch sie erzählte sehr freimütig von ihrem Leben zur Zeit der Grenze hier im Ort. Zur Elbe hätten sie nie gehen können, weil der ganze Bereich zum militärischem Sperrgebiet deklariert worden war. Sie berichtete auch von Nachbarn, die mitten in der Nacht umgesiedelt worden waren – ohne einen offiziellen Beschluss, nur aufgrund willkürlicher Verdachtsmomente.

Als ich diese Geschichte vernahm, wurde mir wieder mit aller Deutlichkeit bewusst, wie dankbar ich über mein Leben in einem sicheren Umfeld sein kann.

Mit diesem Gefühl im Herzen begann ich meine heutige Tour. Überhaupt war es heute wieder ein sehr schöner Wandertag, auch wenn zwischendurch ein schweres Gewitter über mich hinwegfegte. Daran hatte ich mich aber inzwischen gewöhnt. Ich vertraute darauf, meine Sachen später irgendwann wieder trocknen zu können. Gerade dieses Vertrauen sorgte dafür, dass ich sorglos und glücklich wandern und jeden Schritt und jeden Atemzug in dieser schönen Natur am Deich genießen konnte. So intensiv hatte ich das vorher noch nicht erlebt.

Dieser Zustand stellte sich in den kommenden Tagen immer wieder ein. Leider konnte ich mich nicht willentlich oder bewusst in diese Sphären lenken, merkte aber, dass es hilfreich war, möglichst frei zu wandern und einfach alles auf mich zukommen zu lassen.

Später traf ich auf meinem weiteren Weg einen Techniker vom Hochwasserschutz.

Er erzählte mir von verschiedenen Hochwasserphasen der letzten Jahre und wie knapp diese Region im Jahr 2013 von einer echten Katastrophe verschont wurde. Das Wasser stand damals nur noch zwanzig Zentimeter unter der Deichkrone. Letztendlich wurde das Desaster an diesem Ort nur dadurch verhindert, dass im vorderen Flusslauf der Deich gebrochen war und die Flutwelle dadurch hier abgeschwächt wurde. Des einen Dorfes Leid war des Anderen Rettung.

Er erzählte mir auch, dass er früher lange bei den Grenztruppen gewesen war und deshalb selbst heute immer noch angefeindet würde. Auch wenn er sich aus heutiger Sicht anders entscheiden würde, wäre er schließlich damals als Jugendlicher mit dem System und den Glaubenssätzen aufgewachsen. Durch die einseitige Manipulation der Medien hat er an das System geglaubt. Er war sehr dankbar, dass es bei ihm keinen einzigen Grenzvorfall gegeben hätte. Somit ist ihm, im Gegensatz zu anderen Grenzsoldaten, diese belastende Erfahrung des Schießbefehls erspart geblieben.

Sowjetstern
Nach dem Einmarsch der Roten Armee in Boizenburg am 1. Juli 1945 überwachten die sowjetischen Soldaten bis 1952 auch die Demarkationslinie zur Britischen Besatzungszone.
In dieser Zeit fertigten der Boizenburger Tischler Albert Freiheit und sein Freund Friedrich Reddöhl aus Holzresten einen Sowjetstern, der zunächst im Büro der KPD am Markt 4 aufgehängt wurde. Die einzelnen Teile des Sterns waren auf eine Sperrholzplatte geleimt. Die Rückseite dieser Platte hatte einen braunen Farbanstrich. Als die Farbe im Laufe der Jahre verblasste, wurde ein ursprünglich dort aufgetragenes Hakenkreuz sichtbar.
Foto H. May, 1997

Das Treffen mit dem ehemaligen Grenzer und heutigem Hochwasser-Schützer machte mir einmal mehr deutlich, wie falsch es oftmals ist, ein Verhalten zu beurteilen, wenn der Kontext der Handlung nicht oder nur sehr schwer nachzuvollziehen ist. Wir urteilen oft aus der heutigen Sicht und dem heutigen Wissen über Menschen, die in früheren Zeiten unter ganz anderen Bedingungen und Überzeugungen gelebt und gehandelt haben.

Darüber dachte ich noch eine Weile nach, bevor ich plötzlich auch schon Boizenburg erreichte. Hier nahm ich mir wieder ein Zimmer in einer einfachen, hübschen Pension.

Am Abend kochte ich mir in der kleinen Küche eine leckere Tütensuppe und war froh, dass es heute nur noch eine „ehemalige" Grenze gab und dort keine Grenzsoldaten mehr mit ihren Schusswaffen patrouillierten.

Impuls: HOFFNUNG

Hoffnung ist nicht die Überzeugung, dass etwas gut ausgeht, sondern die Gewissheit, dass etwas Sinn hat, egal wie es ausgeht.
Vaclav Havel

In meinen Gesprächen mit den Bewohnern des ehemaligen DDR-Grenzgebietes hörte ich immer wieder davon, dass sie trotz aller Schikane die Hoffnung auf andere Zeiten, Freiheit und ein besseres Leben nie aufgegeben hätten.

In unseren heutigen turbulenten, unsicheren und konfliktreichen Zeiten ist die Hoffnung manchmal das einzige Leuchtfeuer, das unseren Pfad in der Dunkelheit erhellt, wenn wir keine rationalen Lösungen mehr erkennen können.

Mit Hoffnung meine ich kein abstraktes, naives Wunschdenken, sondern einen tief verwurzelten Glauben an die Möglichkeit von Veränderung und Besserung, der uns trotz aller Widrigkeiten vorantreibt. Inmitten von Chaos und Verwirrung ziehen wir Kraft aus der Hoffnung, dass unsere Anstrengungen nicht umsonst sind, und dass unser Handeln einen Unterschied ausmachen kann.

Viele Menschen suchen in schweren Zeiten Trost und Hoffnung in Kirchen oder Religionen. Daran ist nichts Falsches, allerdings geben sie dadurch die Macht und Verantwortung oft an andere ab. Dies kann Gott, der Priester, der Staat, der Partner usw. sein.

Daher ist es sinnvoll, die Hoffnung wieder in sich selbst zu aufzubauen.

Die Hoffnung ist eng mit unserem Urvertrauen verknüpft, jenem tiefen inneren Glauben, der uns lehrt, dass das Leben an sich Sinn stiftet, und dass wir letztendlich aufgehoben und geschützt sind. In der Tiefe unseres Seins brennt das Feuer der Hoffnung immer weiter, selbst wenn die Welt um uns herum in dunklem Dunst verschwindet. Sie ist der Funke des Guten in Zeiten der größten Verzweiflung.

Such in der Hoffnung nicht nur Trost, sondern finde auch die Kraft, die Welt um dich herum zu einem besseren Ort zu machen.

TAG 43

Heute war ein besonderer Tag. Mein Plan sah vor, dass ich in genau sieben Tagen die Ziellinie überschreiten würde, was nach jetzigem Stand der Dinge auch zu schaffen sein sollte. Fast schon wehmütig dachte ich kurz daran, wie ich vor sechs Wochen aufgebrochen bin, und dass mir jetzt plötzlich nur noch sieben Tage meiner langen, intensiven Reise bleiben würden.

Sechs Wochen war ich nun schon von Christine getrennt. Ich freute mich unbändig darauf, sie in schon einer Woche am Priwall bei Travemünde in meine Arme zu schließen. Dann würde eine Reise ihr Ende nehmen, deren Eindrücke ich wahrscheinlich erst nach langer Zeit richtig verarbeitet haben würde.

Jetzt schmunzelte ich darüber, dass ich zu Beginn des Weges die vor mir liegenden Kilometer so schnell wie möglich hinter mich zu bringen wollte. Nun, als das Ende der Reise nahte, genoss ich jeden einzelnen Schritt und freute mich über jeden weiteren Tag. Die Reise selbst war so wechselhaft wie das Leben: als Heranwachsender hatte ich möglichst schnell älter werden wollen, heute würde ich die Zeit oft am liebsten anhalten.

Die letzte Woche würde jedenfalls bestimmt sehr schnell vorübergehen, zumal mich ab übermorgen mein guter Freund Thomas für zwei Tage begleiten würde. Ich freute mich schon jetzt auf die gemeinsame Zeit, nahm jetzt aber erst einmal den heutigen Tag in Angriff.

Es regnete fast die ganze Zeit, welch eine Überraschung. Ich genoss dennoch den stetigen Wechsel der Bedingungen und die sich immer aufs Neue verwan-

Blick vom Grenzweg auf die Elbe

delnde Landschaft um mich herum. Und selbst an den steileren Anstiegen verlor ich nichts von meiner positiven Energie.

Hier und da waren die Spuren der Grenzanlage noch erhalten. Direkt an der östlichen Seite der Elbe trotzten einige übriggebliebene Zaunpfähle dem Verfall.

Ich kam am frühen Nachmittag völlig durchnässt in meiner Pension in Lauenburg an. Als Erstes legte ich die Regensachen ab und setzte mich ins Café an ein Fenster, um mir einen heißen Cappuccino zu gönnen.

Ich blickte in Ruhe hinaus und bemerkte dabei, dass ich langsam einen Geruch verströmte, den ich aus Berghütten kannte, wenn abends die heimkommenden Skifahrer und Wanderer die Behausung befüllten. Bei der ständigen Nässe bekam ich die Wäsche kaum getrocknet. Viel zum Wechseln hatte ich auch nicht im Rucksack, und diese Sachen waren inzwischen ebenfalls klamm geworden.

Noch nahm man mich aber wenigstens als Gast in den Pensionen, Restaurants und Cafés auf. Trotzdem wünschte ich mir für den kommenden Tag eine Unterkunft mit Waschmaschine und Trockner.

Mit diesem Gedanken schlief ich im trockenen Bett ein.

Impuls: HERZKRAFT

Das Herz hat Gründe, von denen der Verstand nichts weiß.
Blaise Pascal

Wenn du denkst, es geht nicht mehr weiter, dann gibt es in dir eine unerklärliche Kraft, die jenseits des Verstandes liegt. Diese Kraft ist deine Herzkraft, und in Verbindung mit deiner Seele bildet sie eine Einheit, die unseren rationalen Verstand übersteigt.

Doch wird diese Kraft nur in Verbindung mit einer dir wirklich heiligen Sache, deiner Lebensmission, aktiviert. Vielleicht kennst du den Film „Soweit die Füße tragen"? Es ist ein Film über einen deutschen Gefangenen in Sibirien nach dem Zweiten Weltkrieg, der schier übermenschliche Qualen und Mühen auf sich nimmt, nur um zu fliehen und zu Fuß nach Deutschland zu seiner Familie zurückzukehren.

Dieser Mann ist eigentlich weit über seine physischen Möglichkeiten gegangen und hat, angetrieben von seinem Herzenswunsch, seine Familie wiederzusehen, diese schier unmögliche Wanderung überlebt. Wenn du einmal an der Stelle stehst, dass dein Verstand sagt „Es geht nicht" und dein Herz dir zuflüstert: „Tu es trotzdem" musst du auf dein Herz vertrauen, dass diese Kraft existiert.

„Unmöglich sagt der Verstand,
Riskant sagt die Angst,
Sinnlos sagt der Zweifel,
Mach es sagt das Herz."
(unbekannter Verfasser)

TAG 44
Mittwoch, 19. August 2015: Von Lauenburg nach Langenlehsten (ca. 28 km)

Der Tag begann mit einer äußerst unangenehmen Situation.

Ich war nach dem Aufstehen zunächst schnell unter die Dusche gehüpft, zog meine klammen Wandersachen an und packte danach schnell meine Sachen zusammen, um mich anschließend in einem kleinen Lauenburger Café mit einem ausgiebigen Frühstück für die kommende Etappe zu stärken.

Zunächst genoss ich das leckere Mahl, stellte dann aber fest, dass sich die Gäste vom Nebentisch offensichtlich und ganz bewusst umsetzten, um den Abstand zu mir möglichst groß zu halten.

So etwas hatte ich auch noch nicht erlebt. Eingebildet hatte ich mir das jedenfalls nicht, dessen war ich mir sicher. Mir ist durchaus klar gewesen, dass ich nicht besonders gut roch, aber war es inzwischen wirklich schon so schlimm geworden? Immerhin konnte ich den Impuls der Leute nachvollziehen, trotzdem erfüllte es mich mit Wut und Scham, als ich wie ein Aussätziger allein am Rande saß - in meiner Dunstwolke.

Ich brachte den Rest des Frühstücks etwas schneller zu Ende als gedacht, und war danach ganz froh, wieder allein unterwegs zu sein.

Strömender Regen begleitete mich den ganzen Tag, und heute fiel es mir etwas schwerer, mich so vollkommen und glücklich dabei zu fühlen wie gestern. Trotzdem empfand ich die Wanderung als intensiv und schön. Lange Zeit lief ich am Elbe-Lübeck-Kanal entlang. Allein der Name der Stadt an der Ostsee ließ mich hochmotiviert voranschreiten.

Zwischendurch bekam ich auch noch eine Nachricht mit dem Bild einer aufgeschlagenen Zeitung geschickt. Ein Lokalblatt aus meiner Heimatstadt Hamm hatte doch tatsächlich meiner Grenzwanderung eine ganze Seite gewidmet. Jetzt wurden meine Beine noch leichter, und die fast dreißig Kilometer des Tages kamen mir vor wie ein Klacks.

Was nie vergessen werden darf.

Getrübt wurde meine Stimmung allerdings, als ich an folgendem Gedenkstein vorbeikam.

Aber auch das gehörte zu meiner Reise. Es war die Begegnung mit einer schaurigen Vergangenheit, auf die ich natürlich entlang der alten Demarkationslinie immer wieder stieß.

Ich erreichte gegen 17 Uhr Langenlehsten und fand in dem kleinen Örtchen die Pension Kohn.

Ich fragte die Betreiberin gleich, ob ich hier vielleicht meine Wäsche waschen und trocknen könnte, da sie wohl etwas riechen würde.

Frau Kohn war eine sehr freundliche Gastgeberin, die aber auch nicht gerade auf den Mund gefallen war. In direktem Ton antwortete sie mir: „Sie riechen nicht, Sie stinken wie ein Iltis!" Daraufhin lächelte sie, ließ sich meine Wäsche geben und steckte sie flugs in die Waschmaschine und Trockner.

Am frühen Abend kam Thomas vorbei. Wir gingen zusammen essen und unterhielten uns dabei sehr intensiv.

Thomas hatte ich über meine Frau Christine kennen- und schätzen gelernt. Er hatte Christines Vater, der an Leukämie erkrankt war, bis in seinen Tod liebevoll begleitet. Thomas hatte aus meiner Sicht als Arzt eine gute Balance aus Schulmedizin und Naturheilkunde gefunden. Mit seiner Haltung hat er auch mich immer wieder inspiriert, nicht nur die Symptome zu lindern, sondern nach den Ursachen von Schmerzen und Krankheiten zu suchen.

Ich konnte mich auch immer sehr gut mit ihm über spirituelle Themen und tiefe Gefühle austauschen. So haben wir uns auch an diesem Abend unter anderem über das Thema der Seelenreisen unterhalten.

Aufgrund tradierter Denkweisen[36] habe ich mit diesbezüglichen Konzepten und Ideen noch nicht viel anfangen können und war zunächst sehr kritisch.

---

[36] Dieses Wort ist von Tradition abgeleitet. Es bedeutet also in meinem Kontext, dass ich aufgrund meiner Erziehung früher noch nicht viel mit diesen spirituellen Konzepten anfangen konnte.

Inzwischen erkenne ich immer mehr, dass es Dinge gibt, die ich nicht mit meinen bekannten Sinnesorganen und meinem Wissen erfassen und beweisen kann.

Für morgen haben wir uns einiges vorgenommen. Es geht über mehr als dreißig Kilometer zum Schaalsee. Ich freute mich beim Einschlafen sehr darüber, die Etappe mit frisch gewaschenen Sachen angehen zu können. So etwas wie heute Morgen wollte ich so schnell nicht wieder erleben.

Impuls: VERGEBUNG

Vergebung ist der Duft, den die Blume abgibt,
nachdem sie von jemandem getreten wurde.
Marc Twain

Die vielen Gedenksteine und -tafeln berührten mich zutiefst, machten mich sehr nachdenklich, aber auch wütend. Heute gewinne ich immer mehr die Überzeugung, dass wir uns alle deutlich mehr in Vergebung üben sollten. Dies gilt sowohl für unsere persönlichen wie auch für die gesellschaftlichen Beziehungen. Uns allen würde eine wohlwollendere und vergebende Haltung guttun, um die oft tiefen Gräben der Spaltung zu überwinden.

In der Vergebung, die in aufrichtiger Weise von Herzen kommt, liegen erstaunliche Kräfte verborgen. Sie ist ein Geschenk an andere und uns selbst, um uns vom bösen Geist des Hasses und der Anklage zu befreien und unser Herz für Frieden und Heilung zu öffnen. Vergebung ist kein Akt der Schwäche, sondern ein Zeichen von innerer Stärke und wahrer Größe.

Manchmal werden wir von respektlosem Verhalten, verletzenden Aussagen oder sogar physischen Attacken anderer vehement in unserem Wesen getroffen. Die Folgen sind nicht selten Gefühle wie Wut und Hass, die uns daran hindern, frei und glücklich zu sein. Vergebung jedoch kann diese Verstrickungen lösen und uns aus dem Verharren in Vergangenem befreien.

Vergebung bedeutet nicht, dass wir alles, was uns angetan wurde, akzeptieren oder gutheißen müssen. Um zu vergeben, müssen wir noch nicht einmal in Kontakt mit anderen treten, um mögliche Konflikte zu bereinigen. Vergebung bedeutet vielmehr, dass wir mittels einer inneren Haltung die Verstrickungen des Hasses und Grolls auflösen, die uns mit anderen verbindet. Hass und Liebe sind letztendlich zwei Seiten einer Medaille, die uns emotional bindet. Wir erlauben uns somit, die im Hass gebundene Energie zu befreien und sie stattdessen für konstruktive und herzverbundene Prozesse einzusetzen.

Zu vergeben ist alles andere als einfach. Es erfordert Mut und Entschlossenheit, sich dem Schmerz zu stellen, die Wut hinter sich zu bringen und den Weg der Heilung einzuschlagen und dich aus den emotionalen Verstrickungen zu lösen. Wenn du dich für die Vergebung öffnest, erfährst du dadurch eine tiefe Befreiung und einen inneren Frieden, den du zuvor vielleicht nicht einmal kanntest.

Vielleicht haben auch dich in der Vergangenheit Menschen respektlos behandelt, beleidigt, gedemütigt oder verletzt, und das Geschehene setzt dir so sehr zu, dass du voller Wut daran denkst? In diesem Fall möchte ich dich motivieren, deine Vergebungsarbeit zu beginnen. Dies wird dir die Möglichkeit eröffnen, dich mit deiner Lebensausrichtung zu beschäftigen, statt dauerhaft mit dem Groll der Vergangenheit verbunden zu sein. Das ermöglicht dir ein freies, selbstbestimmtes und von positiven Gedanken geleitetes Leben zu führen.

TAG 45
Donnerstag, 20. August 2015: Von Langenlehsten Groß Zecher (ca. 22 km)

Thomas und ich starteten heute Morgen in dichtem Nebel und erreichten unser Ziel in strahlendem Sonnenschein.

Vor uns lag eine weite Wanderstrecke bis zum Schaalsee, auf den wir uns

Der Blick für die Schönheit der Natur.

beide freuten. Als die Sonne langsam durch den Nebel stach, konnten wir im Morgentau unzählige Spinnennetze bewundern. Eine unglaubliche Schönheit der Natur, die ich so auch noch nicht gesehen hatte.

Die Strecke selbst war leider nicht besonders attraktiv. Die Elbe lag inzwischen hinter uns, und wir liefen einen großen Teil des Weges entlang befahrener Landstraßen. Aber das Wetter war deutlich besser als in den letzten Tagen, und außerdem freuten wir uns beide darüber, gemeinsam wandern zu können.

Schon nach kurzer Zeit wurden unsere Gespräche immer intensiver. Es ging um die Natur des Lebens und die unterschiedlichen Wege zum Glücklichsein. Wir waren uns einig, dass es keinen Königsweg gibt, sondern dass jeder Mensch seine eigene Richtung finden muss.

Ich jedenfalls konnte inzwischen sagen, dass ich mein Leben als erfüllt und glücklich empfand. Ich war froh über die Wege, die ich inzwischen ging und nahm es als großes Geschenk wahr, mir Zeit für dieses Abenteuer nehmen zu können und dabei eine Partnerin an meiner Seite zu wissen, die mich hierin unterstützte.

Als ich begann, über Christine zu sprechen, merkte ich, wie unglaublich gespannt ich war, sie wiederzusehen. Ich fragte mich auch, wie es wohl werden würde, wenn wir uns nach so langer Zeit wieder begegneten. Ich hatte mich verändert. Auch Christine würde sich weiterentwickelt haben.

Was das wohl für unsere Beziehung bedeuten würde? In Momenten wie diesen konnte ich unser Wiedersehen kaum noch erwarten und war dennoch auch unsicher und angespannt.

Wir hatten zwar sporadisch über WhatsApp® Kontakt, um zu wissen, dass es dem Anderen so weit gut geht. Einen tieferen Austausch hatten wir nicht, daher wussten wir nicht, was diese Zeit mit dem unserem Partner gemacht hat.

Am späten Nachmittag erreichten wir den Campingplatz von Groß Zecher direkt am schönen Schaalsee. Es war hier zwar sehr idyllisch, leider bot der Platz jedoch keinerlei Gastronomie oder Einkaufsmöglichkeit. Damit hatten wir nicht gerechnet und mussten uns zunächst mit einer doppelten Portion Tütensuppe zufriedengeben – die Feier anlässlich unseres ersten gemeinsamen Wandertages hatten wir uns eigentlich etwas anders vorgestellt.

Der Abend wurde dann aber doch noch von zwei benachbarten Campern gerettet, die uns ein paar Flaschen Bier spendierten. So konnten Thomas und ich also doch noch auf die gemeinsame Etappe anstoßen.

Das Einschlafen gestaltete sehr unruhig, da eine Familie den ganzen Platz mit ihren Streitigkeiten in Aufruhr versetzte. Ich selbst wollte mich allerdings nicht einmischen und war auch zu faul, um aufzustehen und sie auf die Einhaltung der Nachtruhe hinzuweisen. Also versuchte ich mich mit positiven Gedanken abzulenken, dachte an Thomas und die Freude, die ich über seine Anwesenheit empfand. Und ehe ich mich versah, war ich auch schon im Land der Träume.

Impuls: UNTERBEWUSSTSEIN

Bis du das Unbewusste bewusst machst,
wird es dein Leben lenken, und du wirst es Schicksal nennen.
C. G. Jung

In den unergründlichen Tiefen unseres Seins liegt das Unterbewusstsein verborgen, jene mystische Kraft, die uns im Stillen durch das Leben lenkt und uns unbemerkt aber in beachtlicher Weise beeinflusst.

Unser tägliches Leben spielt sich zu ca. funfundneunzig Prozent[37] in diesem verborgenen Reich, unserem Unterbewusstsein, ab. Nur der kleine restliche Teil findet im bewussten Licht unserer Aufmerksamkeit statt.

Doch wie finden wir den Weg, um diese beiden mächtigen Kräfte, Bewusstsein und Unterbewusstsein, in harmonischem Einklang zu vereinen und dadurch das Fundament für tiefgreifende Veränderungen unseres Lebens zu legen?

Ich möchte dich zu folgendem fiktiven Gedankenspiel einladen:

Stell dir einmal vor, dass dein Bewusstsein ein kleines, wendiges Schnellboot ist, das voller Enthusiasmus einen neuen Kurs (also eine neue Idee) einschlägt. Du hast eine klare Vorstellung von diesem Vorhaben, das dich antreibt und ein prickelndes Gefühl der Vorfreude auf die zu erwartenden Ergebnisse. Dein Schnellboot, gelenkt von deinen bewussten Gedanken, kann mit atemberaubender Geschwindigkeit in neue Richtungen aufbrechen, bereit, jeden Wellengang zu bezwingen. Somit ist es äußerst flexibel und immer bereit für ein neues Abenteuer. Du gibst also Vollgas und fährst voller Elan und Energie los.

Doch tief unter der Oberfläche des Wassers gibt es ein mächtiges, beharrlich dahingleitendes U-Boot: dein Unterbewusstsein. Vor langer Zeit hast du diesem U-Boot einen Kurs vorgegeben, den es seitdem konsequent verfolgt. Vielleicht ist dir entfallen, dass du diesen Kurs einst gesetzt hast, oder er liegt so weit zurück in der Vergangenheit, dass sich sie sich im Nebel der Erinnerung verloren haben. Wahrscheinlich wurzelt er tief in den Prägungen deiner Kindheit.

---

[37] Quellen aus dem Internet, zum Beispiel:
https://www.spektrum.de/frage/verarbeitet-das-gehirn-95-prozent-aller-informationen-unbewusst/1616926

Die beiden Boote sind durch ein starkes und unzerstörbares Seil miteinander verbunden. So steuerst du also mit deinem Speedboot voller Tatendrang in eine neue Richtung und du kannst auch eine kurze Zeit den neuen Kurs voller Enthusiasmus fahren. Doch plötzlich spannt sich das Seil straff und dein Speedboot wird je gestoppt. Das starke U-Boot zieht dich dann wieder zurück auf den alten Kurs. Wenn du jetzt nicht aktiv die Kommunikation zu deinem U-Boot, also dein Unterbewusstsein suchst, wirst du enttäuscht deinen neuen Kurs aufgeben und irgendwann einen neuen Versuch mit gleichem Ergebnis starten. Die entscheidende Frage ist deshalb, wie du die gewünschte neue Richtung wirklich erreichen kannst.

Im ersten Impuls habe ich das Thema „Veränderung" mit dir geteilt. Dein ganzes System ist auf Kontinuität ausgelegt. Änderungen bedeuten Energieaufwand und Risiko. Die Schlüssel zur Veränderung liegen in der bewussten Überzeugungskraft, die du auf dein Unterbewusstsein ausübst. Dieser Prozess erfordert einen starken Willen und Ausdauer. Du musst beharrlich an deinem neuen Ziel festhalten und bewusst aktive Schritte in Richtung Veränderung unternehmen. Das kann durch positive Affirmation[38], Visualisierung oder andere aktive Schritte in Richtung des neuen Ziels erfolgen. Du solltest deinem Unterbewusstsein immer wieder versichern: „Ich meine es ernst, ich möchte diesen neuen Kurs einschlagen, und ich setze jeden Tag aktiv dafür ein Zeichen." Wenn dein U-Boot, also dein Unterbewusstsein, erkennt, dass du es wirklich ernst meinst, wird es seinen Kurs ebenfalls ändern.

Der Weg zur Veränderung mag mitunter mühsam sein, doch die Belohnung ist eine Neuausrichtung deines Lebens.

---

[38] In diesem Zusammenhang meine ich die bewusst formulierten positiven Gedanken und ausgesprochenen Sätze, die dich unterstützen, deine neue Ausrichtung in das Unterbewusstsein zu integrieren.

TAG 46

Freitag, 21. August 2015: Von Groß Zecher nach Salem (ca. 11 km)

Wow! Ich habe vor zwei Tagen die magische Marke von eintausend gewanderten Kilometern hinter mich gebracht. Was für eine persönliche Grenzüberschreitung! Ich war deswegen unheimlich stolz, zufrieden, aber auch so aufgeregt, dass ich heute Morgen schon um 6 Uhr aufwachte. Es hatte nicht wenige Momente bis hierhin gegeben, an denen ich stark daran gezweifelt hatte, dieses Abenteuerzu schaffen, und ich fand, das war durchaus ein guter Grund, mir selbst auf die Schultern zu klopfen.

Die Nacht ist unangenehm kühl gewesen. Am Morgen war alles um uns herum voller Tau, und auch die Sachen im Zelt waren über Nacht klamm geworden. Thomas und ich holten uns trotz der frostigen Temperaturen eine Extraportion Erfrischung im See und brachen danach gegen 10 Uhr auf.

Auf dem Weg galten meine Gedanken noch weiter meinem großen Meilenstein und den Gefühlen, die das Erreichen dessen bei mir verursachten. Was war das für ein Gefühl? Stolz? Ja, ich war stolz! Dieses Gefühl hatte ich mir lange im Leben verwehrt. Stolz war eine Tugend, die bei mir durch meine Erziehung eher negativ besetzt war. Ich neigte sogar eher noch dazu, meine eigenen Leistungen zu relativieren und kleiner zu machen als sie waren.

Aber diesmal ließ ich dieses Gefühl zu. Eintausend Kilometer war ich quer durch Deutschland gewandert, davon vier Wochen ohne Geld, die meiste Zeit allein, und oft unter widrigen Bedingungen. Das war für mich eine echte Grenzüberwindung und darauf konnte ich mit bestem Gewissen stolz sein. Ich genoss dieses Gefühl sogar, denn es manifestierte meine eigene Wertschätzung.

Die Strecke heute war im Vergleich zu gestern eher kurz. Thomas und ich genossen das Wandern bei gutem Wetter durch eine sehr schöne Landschaft. Ich war froh und dankbar, gute Freunde wie ihn zu haben, die mich annahmen, wie ich war, mir an der passenden Stelle wohlwollend „in den Hintern traten", mich in Krisen unterstützten, meine Potentiale förderten und mich als Freund wertschätzten. Die gemeinsame Zeit mit Thomas (und auch mit Kai) gab mir eine extra Ladung Männerenergie. Das war wirklich etwas Besonderes.

Wir trafen am späten Nachmittag am Campingplatz in Salem ein.

Der hiesige Besitzer war von der Wanderung so angetan, dass er uns kostenlos auf dem Platz zelten ließ.

Mein Zeltlager im Sonnenschein.

Das Wetter war auch am Abend immer noch herrlich. Der Sonnenuntergang zog sich über Stunden dahin und tauchte den ganzen Platz in eine ganz besondere Atmosphäre voller Energie und Wärme.

Viele jüngere Leute waren hier und ließen sich von der aufgeladenen Stimmung anstecken. Die Zeltwiese wurde immer mehr zur Partylocation. Es wurde angestoßen, getanzt, gelacht und gesungen. Bestimmt haben sich an diesem Abend auch einige Herzen gefunden.

Meine Nacht wurde aufgrund der Feierlichkeiten naturgemäß etwas unruhig, aber ich freute mich dennoch an der ausgelassenen Stimmung und der unbändigen Freude, die von den Jugendlichen auch zu mir herüberflog.

Impuls: ABSCHIED

Abschiede sind Tore zu neuen Welten.
Albert Einstein

Vor etwa sieben Wochen hatte ich von Christine und meinem gewohnten, sicheren und bequemen Leben Abschied genommen. Dieser Moment war schmerzhaft und traurig, doch hat er mir die Möglichkeit eröffnet, mir selbst auf ganz neue Weise zu begegnen.

Abschied zu nehmen, ist ein unausweichlicher Teil des Lebens. Irgendwann werden wir alle damit konfrontiert, eine Trennung hinzunehmen. Sei es der Abschied von geliebten Menschen, treuen Gefährten, ans Herz gewachsenen Haustieren, besonderen Besitztümern, bedeutsamen Orten oder auch vertrauten Berufswegen – sie alle können bis zum Abschied unser Leben tief geprägt und uns in wichtigen Zeiten begleitet und uns Sicherheit gegeben haben.

Doch trotz der Trauer und des Schmerzes, die Abschiede mit sich bringen, bieten sie auch eine einzigartige Gelegenheit, die Vergangenheit in neuem Licht zu betrachten und aus ihr zu lernen, um neue Pfade zu beschreiten.

Es lohnt sich, Abschiede nicht nur als ein schmerzhaftes Zurücklassen dessen, was uns bekannt, geliebt und vertraut war, zu betrachten, sondern auch als Übergänge, die uns vorwärtsbringen können. Es kann ein sehr emotionaler und kraftraubender Prozess sein, diejenigen Dinge in Frieden und Trauer gehenzulassen, die einst Teil unseres Lebens waren, um Platz für die Zukunft zu schaffen. Ich selbst habe diese positive Form des Abschieds in einem Moment erlebt, vor dem ich vorher immer die denkbar größte Angst hatte. Als ich nämlich meinen Vater auf seinem letzten Weg begleitete, durfte ich erleben wie Trauer und Angst vor seinem Abschied hinter der unermesslichen Dankbarkeit für die gemeinsame Zeit verblassten.

Ich halte es dennoch für enorm wichtig, auch der Trauer im Abschied den nötigen Raum zu geben. Beides gehört zusammen. Vielleicht hast du aus Angst vor den gewaltigen Gefühlen schon einmal die Trauer unterdrückt, dir nicht die Zeit genommen, das zu ehren, was einst war.

Doch es ist nie zu spät, diesem Abschied die Aufmerksamkeit und Wertschätzung zu schenken, die er verdient.

Ein Abschied mit Herzverbundenheit beginnt mit der Akzeptanz der Situation, der Anerkennung deiner Emotionen und der Wertschätzung für das, was einmal war. Es bedeutet, die Erinnerungen zu umarmen und die Lehren zu schätzen, die die gemeinsame Zeit gebracht hat.

Jeder Mensch trauert unterschiedlich lange und anders. Lass dir nicht von außen einreden, wie und wie lange du trauern „darfst". Nimm dir deine Zeit, es ist wichtig die Trauer und den damit verbundenen Schmerz in der Tiefe zu fühlen. Ohne Trauer können wir den Verlust nicht wirklich verarbeiten und die gemeinsame Zeit wertschätzen.

Es ist jedoch wichtig, nicht in der Trauer zu verharren, sondern nach der erforderlichen Zeit wieder mit neuem Lebensmut weiterleben.

Ich habe einige Klienten durch ihre Trauerphase begleitet und es ist immer wieder berührend, wenn der tiefe Schmerz durchfühlt wurde und „Phönix aus der Asche" wieder ins Leben kam.

Thomas verabschiedete sich schon gegen 8 Uhr von mir. Ich fand es traurig, dass er nun nicht mehr bei mir sein würde. Andererseits waren es von hier aber auch nur noch drei Tage, die mein Abenteuer andauern würde, und ich fand es so gesehen irgendwie passend, mich auf der Zielgeraden meiner Wanderung wieder ganz auf mich selbst zu konzentrieren.

Heute ging es zunächst weiter Richtung Ratzeburg. Ich habe während des Frühstücks versucht, am Zielort eine Unterkunft zu reservieren. Wegen des inzwischen prächtigen Wetters war allerdings über das Wochenende bereits alles ausgebucht. „Also gut", sagte ich zu mir selbst, „laufe ich eben einfach los und lasse mich überraschen."

Vielleicht lag es daran, dass ich wieder allein lief, vielleicht an der unruhigen Nacht. Jedenfalls fühlte ich mich heute körperlich ziemlich ausgelaugt. Die Beine und mein Rücken schmerzten, und auch mental war ich müde.

Ich wusste, dass im Bergsport in der Phase bei dem Gipfelerlebnis, wenn die große Anstrengung dem Ende entgegengeht und man schon das Ziel vor Augen hat, die meisten Unfälle passieren. Also hieß es für mich, wachsam und konzentriert zu bleiben.

Ich beschloss unterwegs, die letzten Tage zu nutzen, um noch einmal die Reise nachzuempfinden. Ich hatte in den letzten Wochen so viele unterschiedliche Erfahrungen gemacht, dass ich das alles noch gar nicht richtig verarbeitet konnte. Ich dachte an das eine oder andere Erlebnis, musste viel schmunzeln, und plötzlich fand ich das Wandern trotz meiner Erschöpfung richtig angenehm.

Ich lief ganz gemächlich bis Ratzeburg und von dort weiter bis zum Campingplatz „Zur schönen Aussicht" in Römnitz, von wo aus ich tatsächlich eine solche auf den Ratzeburger See hatte. ch machte am Abend noch einen Abstecher nach Ratzeburg und sah mir diese hübsche, komplett vom Wasser umgebene Kleinstadt an. Währenddessen stellte ich mir die Frage, ob und wie die Reise mein Bewusstsein geprägt und an welchen Punkten sich meine Haltung verändert hatte.

Auf jeden Fall hatte ich nicht nur gelernt, sondern auch tief verinnerlicht, dass jeder Weg, mag er auch noch so weit sein, mit dem ersten Schritt beginnt. Das klang ein wenig nach Plattitüde, war mir aber unterwegs zu einer wichtigen Erkenntnis geworden. Nicht selten war es eben jener erste Schritt, der mir am schwersten gelang. Hatte ich diesen hinter mich gebracht, liefen sich alle folgenden fast von selbst.

Große Müdigkeit beim Endspurt.

Auch hatte ich erkannt, dass ich die tausend Kilometer niemals hätte durchhalten können, wenn das Ziel der Reise nicht eine echte Herzensangelegenheit gewesen wäre, angetrieben von einer für mich großen Vision. Mein Herz hatte nach dieser Herausforderung in der Natur verlangt, bei der ich an meine Grenzen kam und bestimmte persönliche Eigenschaften stärken konnte. Dies waren vor allem der Umgang mit Einsamkeit, Angst, Entbehrungen und das intensive Gefühl von Traurigkeit. All dies hatte ich in den ersten Wochen intensiv erlebt.

Es war nicht so, dass ich diese Gefühle und Situationen nun gerne erlebte. Viel mehr hatte ich jetzt einen natürlichen Umgang mit diesen intensiven Gefühlen und Empfindungen bekommen. Ich hatte gelernt, sie anzunehmen und zu fühlen, statt zu bekämpfen.

Meine Vision hatte sich im Verlauf der Reise gewandelt. War ich noch zu Beginn beseelt von der Idee, am Ziel einen epischen Einmarsch hinzulegen, bejubelt von begeisterten Massen, bewundert von der Prominenz, war es nun vielmehr der Wunsch, dass die Erlebnisse während meiner Reise andere Menschen inspirieren würden, ebenfalls ihre Träume zu leben und sich auf ihre eigene große Reise zu begeben (und natürlich meine Vision, am Ziel von Christine als ihr Held mit Kartoffelsalat und Frikadellen empfangen zu werden). Dies war letztendlich auch der entscheidende Impuls, um dieses Buch zu schreiben.

Ich war gespannt, wie sich das „normale" Leben nach meiner Rückkehr anfühlen, und was ich von dieser Reise in meinen Alltag mitnehmen würde. Ich erkannte eine gewisse Gefahr, die hier gewonnenen Erkenntnisse im Trott des Alltags wieder zu verlieren und nahm mir fest vor, dem in Zukunft mit großer Aufmerksamkeit entgegenzuwirken.

Am Ende der morgigen Etappe würde ich Lübeck erreichen. Heimatliche Gefilde erwarteten mich. Das Ziel rückte unaufhörlich näher, und mir war, als könnte ich die Ostsee schon riechen.

Impuls: GLÜCK

Glück ist, wenn das, was du denkst, was du sagst und was du tust,
in Harmonie miteinander sind.
Mahatma Gandhi

In welchen Momenten bist du glücklich? Wer oder was löst Gefühle des Glücks in dir aus und wie äußert sich dieses Gefühl bei dir?

Was ist überhaupt Glück? Diese Frage durchzieht die gesamte Geschichte der Menschheit.

Glück ist natürlich in erster Linie ein Gefühl, eine ganz individuelle Empfindung. Als Konzept entzieht es sich jedoch einer einfachen und einheitlichen Definition, präsentiert es sich doch wie ein schillerndes Juwel, das für jeden Einzelnen unterschiedliche Facetten offenbart. Für jeden von uns hat Glück eine einzigartige Bedeutung, die mit unseren Beziehungen, Erfahrungen, Erinnerungen und Sehnsüchten verwoben ist.

Der Zugang zum Glücklichsein ist oft von zahlreichen Hindernissen gesäumt. Wir ziehen durch die Irrgärten des Lebens, verlaufen uns dort manchmal und stoßen auf Sackgassen und Abgründe. Doch der Schlüssel zum Glück liegt nicht in der Vermeidung von Schmerz und Leid, sondern in der Fähigkeit, auch inmitten der dunkelsten Stürme einen Funken Hoffnung und Gelassenheit zu bewahren. Denn manchmal kann sich Glück sogar neben der tiefsten Traurigkeit und Verzweiflung existieren. Es ist wie ein verborgener Schatz, der darauf wartet, entdeckt zu werden, auch wenn die Welt um uns herum in Dunkelheit versinkt. In diesen Momenten kann Glück zum Beispiel bedeuten, Trost in Gemeinsamkeiten zu finden, die uns mit unseren Liebsten verbinden oder Kraft aus der Überwindung von Hindernissen zu schöpfen.

Das Geheimnis des Glücks ist Akzeptanz – Akzeptanz der Unvollkommenheit des Lebens und der Fähigkeit, auch in schwierigen Momenten Gutes und Schönes zu erkennen. Glück bedeutet manchmal, die pure Gegenwart zu schätzen und jeden Moment bewusst zu leben, ohne vergangenen Möglichkeiten nachzutrauern oder sich um die Zukunft zu sorgen.

Der Schlüssel zum Glück liegt in der Fähigkeit, dankbar[39] zu sein, dies zu fühlen und auszudrücken.

---

[39] Siehe dazu auch den Impuls: Dankbarkeit.

Glück verlangt nicht zwangsläufig nach besonderen Ereignissen und schon gar nicht nach materiellen Besitztümern, sondern ist oft mit einfachen Dingen verknüpft, die unser Herz berühren und unsere Seele nähren. Es offenbart sich in einem warmen Lächeln, einer zärtlichen Umarmung, einer Geste der Liebe, einem Augenblick der Ruhe und Stille.

Wenn du in Einklang mit dir und deiner Seele, mitfühlend gegenüber Anderen und offen für die Schönheit des Lebens deinen Weg bestreitest, wirst auch du das Glück erkennen und erleben.

Lübeck als Ziel bereits vor Augen, machte ich mich hochmotiviert auf den Weg, merkte aber schon nach kurzer Zeit, dass ich einfach zu erschöpft war, um heute diese Tour zu gehen.

Ich fand im Internet eine Pension auf der anderen Seite des Ratzeburger Sees, die mir gut gefiel: ein über dreihundert Jahre altes Wirtshaus in Groß Sarau. Ich beschloss also, dieses verkürzte Stück zu wandern, und mir dann für den Rest des Tages ein wenig Erholung zu gönnen. Mit der nachlassenden Anspannung, trat immer stärker die Erschöpfung zum Vorschein. Ich lief deshalb in aller Ruhe durch das Gebiet um den Ratzeburger See und genoss die wunderschöne Landschaft.

Gute Laune auf den letzten Kilometern

Ich dachte beim Laufen über die vielen Nachrichten nach, die mich in den letzten Tagen über den Blog erreicht hatten. Ich freute mich immer sehr über das Feedback, die Motivation und auch die Schulterklopfer. Viele brachten ihre Freude darüber zum Ausdruck, dass ich es bald geschafft haben würde.

Mir wurde dabei plötzlich klar, dass ich bis zu diesem Moment zwar auch so gedacht hatte, mich aber inzwischen fragte, ob es tatsächlich so gut wäre, wenn meine Reise in zwei Tagen ein Ende fand. Wehmut schwang plötzlich mit. Melancholie überkam mich beim Gedanken an das Ende meines Abenteuers. Vor allem die letzten zwei, drei Wochen waren so unheimlich schön und erfüllend gewesen, dass ich die Strapazen und die Verzweiflung der ersten Wochen bereits vergessen hatte. Ich hatte irgendwo unterwegs auf dem Weg etwas wiedergefunden, was lange verschollen gewesen war: eine vollkommene innere Zufriedenheit und ein tiefes Gefühl der Dankbarkeit und des Glücks.

Auf der einen Seite konnte ich es kaum erwarten, Christine wiederzusehen, sie fest in die Arme zu schließen und mit ihr zurück in unser gemeinsames Leben zu gehen. Ich freute mich darauf, den Rucksack abzulegen, im eigenen Bett zu schlafen, meine Tochter und Freunde wiederzusehen, lecker zu essen, auf der Couch zu liegen und auch wieder zu arbeiten.

Andererseits würde ich die täglichen Herausforderungen vermissen, den Verlust des Zeitgefühls, das langsame Vorbeiziehen der Landschaften, den Geruch des Waldes, die zufälligen Begegnungen, die intensiven Gefühle, meine Wachheit an den eigenen Grenzen. Ich dachte daran, wie tief es mich berührte, wenn mir fremde Menschen mit Lebensmitteln, einem Zeltplatz oder auch nur dem einen oder anderen offenen Ohr zur Seite standen.

Beides war in mir: die Vorfreude auf den Moment des Zieleinlaufs und die Wehmut darüber, dass die große Reise in genau dieser Sekunde vorüber sein würde.

Für den kommenden Tag stand die letzte reguläre Etappe an, mein letzter Wandertag, bevor ich am Dienstag mein Ziel erreichen würde.

Impuls: ACHTSAMKEIT

Verbringe jeden Tag einige Zeit mit dir selbst.
Dalai Lama

Ich konnte meine Reise erst wirklich genießen, als ich begann, die Gefühle und Gegebenheiten des Augenblicks zu akzeptieren und zu achten.

Ich nutze heute dazu oft die Achtsamkeitsübung „Dein Körperscan", die mich schnell in die Verbindung zu meinem Körper bringen kann und meine Achtsamkeit schult. Ich teile sie gerne mit dir in der folgenden Anleitung.

1. Erstelle ein Achtsamkeitstagebuch, indem du regelmäßig deine Achtsamkeitsübungen festhältst.

2. Finde einen ruhigen Raum (vielleicht in deinem Wohlfühlraum) und stelle sicher, dass du nicht gestört wirst. Setz dich barfuß oder in Socken entspannt auf einen Stuhl.

3. Notiere in deinem Tagebuch, wie es dir gerade geht. Wie fühlst du dich? Bist du angespannt? Welche Gedanken beschäftigen dich? Kannst du deinen Körper spüren?

4. Schließe die Augen und atme tief ein und aus. Lass deine Gedanken einfach kommen und gehen.

5. Konzentriere dich nun auf deine Füße. Was spürst du? Wie ist der Kontakt zum Boden? Wie fühlen sich die Füße an? Bleib mit deiner Aufmerksamkeit so lange bei deinen Füßen, bis du für dich innerlich beschreiben kannst, was du spürst. Du kannst es gerne auch laut formulieren.

6. Wandere in Gedanken weiter nach oben zu den Unterschenkeln. Wie fühlen sich die Waden an? Kannst du deine Knie spüren? Gibt es vielleicht einen Unterschied zwischen der rechten und linken Seite? Beschreibe auch hier möglichst ausführlich, was genau du spürst.

7. Nun geh in Gedanken Schritt für Schritt zu den folgenden Körperteilen. Beschreibe überall möglichst genau, was du spürst.

- Oberschenkel
- Beckenraum
- Bauch
- Rücken
- Brust
- Schulter, Arme und Hände
- Hals
- Gesicht
- Kopfhaut

8. Atme nun noch einmal tief ein und aus. Öffne deine Augen und komme langsam mit allen Sinnen wieder zurück in den Raum und in das Hier und Jetzt.

9. Spüre nach. Was hat sich vielleicht verändert? Notiere in deinem Tagebuch, was sich geändert hat und wie es dir nach der Übung geht. Beschreibe gerne auch, wenn du Widerstände wahrgenommen hast. Notiere auch, wenn du nichts gefühlt hast oder wenn du unzufrieden mit dem Ergebnis der Übung sein solltest.

TAG 49

Aufgrund des halben Erholungstages gestern war ich heute gezwungen, einige Kilometer wieder wettzumachen und hatte somit eine standesgemäß lange „Abschiedstour" geplant.

Der erste Teil der Strecke präsentierte sich landschaftlich ausgesprochen schön. Herrliche Wanderwege entlang prächtiger Wiesen, dazwischen Teiche und kleine Seen, Lichtungen und Wälder. Um die Mittagszeit herum kam ich an einer Gedenktafel vorbei, die an das ehemalige Dorf Lenschow erinnerte, welches aufgrund seiner Nähe zur Grenze im Jahr 1975 dem Erdboden gleichgemacht wurde. Immer wieder vergegenwärtigten mir diese Art von Relikten an die unmenschliche Spaltung von Familien, Freunden, Gesellschaften und Ländern.

Meine ambivalente Stimmung von gestern steigerte sich heute noch im Tagesverlauf.

Ich dachte während des Wanderns viel über die Lebenszeit von uns Menschen nach und auch darüber, was ich selbst noch alles erleben möchte, bevor der Moment meines endgültigen Abschieds kommen würde. In mir tauchten in diesem Zusammenhang so viele Ideen und Wünsche auf, dass ich beim Gedanken der Realisierung fast unter Stress geriet.

„Es würde darauf ankommen", dachte ich, „mich auf diejenigen Themen zu konzentrieren, die mir wirklich am Herzen lagen." Die Reise war eine gute Basis, diese zu erkennen. Sie hatte mir viele wichtige Erfahrungen geschenkt, mich geerdet und näher zu mir selbst geführt. Ich hatte ein besseres Gefühl für die elementaren Bedürfnisse des Lebens erlangt und darüber hinaus auch gelernt, wie ich sie befriedigen konnte.

Ich hatte nun klarere Vorstellungen davon, was mir wirklich wichtig war: Ich wollte in Zukunft die Beziehungen zu den Menschen, die mir nahestehen, bewusster und intensiver leben als in der Vergangenheit. Ich wollte meine Arbeit als Berufung erleben. Und ich nahm mir vor, von nun an viel offener für neue Erfahrungen und Begegnungen zu sein.

Wichtig würde auch sein, eben diese Ziele im Sinne der eigenen Wertschätzung und meiner Selbstliebe „am Leben" zu halten. Nun hatte ich mir also ganz nebenbei einige neue Ziele für mein Leben nach der Wanderung gesteckt. Ich freute mich darüber, auch wenn mir auffiel, dass ich mich so sehr

"

konzentriert darauf hatte, dass ich vom Wandertag und der schönen Landschaft nur wenig mitbekommen hatte.

Als ich dann den Dassower See erreichte, konnte ich aber mit einem umso ungezwungeneren Gefühl die Idylle aufsaugen und die abendliche Stimmung genießen. Der See hat bei Travemünde eine direkte Verbindung mit der Ostsee. Diese Tatsache war sogar noch ein weiterer wichtiger Meilenstein für mich. Im Sonnenuntergang erreichte ich schließlich die Ortschaft Dassow und fand hier eine kleine Pension. Das Zimmer war ausgesprochen einfach und ich fühlte mich hier nicht sehr wohl, was aber eher an mir selbst und meiner inneren Anspannung lag. Auf der Suche nach einem „Abendmahl" ging ich noch im Ort spazieren und fand zu meinem Glück einen kleinen Imbiss, bei dem ich mir eine Currywurst mit Pommes gönnte.

Beim Einschlafen holte mich noch einmal meine zwiespältige Stimmung ein. Die folgende Nacht würde die letzte meiner Wanderung werden. Ich spürte die Aufregung beim Gedanken, den letzten

Der Weg ist das Ziel

Schritt des Weges zu gehen und freute mich auch darauf, morgen nach so langer Zeit wieder in meinem Bett zu schlafen. Aber genau das hinterließ auch eine sentimentale Gemütslage. Wann ich wohl das nächste Mal in meinem Leben in einem Zelt übernachten würde? Wie würde ich morgen schlafen, neben Christine? Ich verspürte neben der Freude auf unser Wiedersehen auch eine deutliche Anspannung. Ich war jetzt sieben Wochen mehr oder weniger allein gewesen. Wie würden wir uns begegnen? Wie hat sich Christine verändert? Was erwartet mich in meinem Heim?

Das mulmige Gefühl steigerte sich noch als ich mir ausmalte, dass Christine sich womöglich gar nicht auf mich freuen würde. Was wäre, wenn sie gar nicht an dem verabredeten Ort auftauchen würde? Meine Gedanken waren schlechte Begleiter einer unruhigen Nacht, in der ich immer wieder aufwachte.

Impuls: ERFOLG

Erfolg ist nicht der Schlüssel zum Glück. Glück ist der Schlüssel zum Erfolg. Wenn du gerne tust, was du tust, wirst du erfolgreich sein.
Albert Schweitzer

Nun war ich fast an meinem Ziel angelangt. Ich war stolz darauf, meine Herausforderung bis hierhin erfolgreich gemeistert zu haben. Ich möchte mich aus diesem Anlass im vorletzten Impuls damit beschäftigen, was Erfolg aus meiner Sicht bedeutet.

Ich definiere Erfolg für mich nach diesem Abenteuer anders, als es unsere Gesellschaft im Allgemeinen tut. Für mich ist Erfolg inzwischen nicht mehr an einen finanziellen Status, extreme Leistungen oder berufliche Bilanzen geknüpft. Vielmehr geht es aus meiner Sicht darum, sich seinen Ängsten und Zweifeln zu stellen und diese zu überwinden. Was berührt mich wirklich im Herzen und welche neuen Erfahrungen kann ich auf meinem Weg mitnehmen?

Kennst du deine Leidenschaften? Ist dir bewusst, welche Flamme in deinem Herzen brennt? Wenn deine Leidenschaft für etwas glüht, dann schüre die Flamme. Lass dich nicht von den Erwartungen anderer beeinflussen oder von eigenen Zweifeln und Ängsten abhalten. Hör auf dein Herz und folge deinem inneren Kompass. Wahre Erfüllung – und damit auch Erfolg – findest du möglicherweise gar nicht in materiellem Besitz, sondern in dem, was dich erfüllt und deine Seele zum Leuchten bringt. Und natürlich ist auch finanzieller oder materieller Wohlstand ein Teil deines Erfolges. Er sollte nur nicht allein dafür entscheidend sein.

Mach dir auch bewusst, dass Erfolg nicht nur ein Ergebnis ist, sondern auch die Summe aller Erfahrungen auf der Reise deines Lebens. Genieße jeden Moment dieser Reise und lerne auch aus den Rückschlägen. Sei stolz auf das Erreichte und lass dich von deinen Visionen inspirieren. Aber auch die kleinen Freuden unterwegs, bereichernde Gespräche oder kleine Momente des Glücks können dein Herz berühren.

Sei bereit, deinen Erfolg auch auf deine ganz persönliche Weise zu findest. Sei mutig, folge deiner Leidenschaft und behalte das Wesentliche im Fokus. Hör auf dein Herz und dein Bauchgefühl, und lass dich nicht von destruktiven Gedanken ablenken. Du hast alles, was du brauchst, um deinen eigenen, einzigartigen Weg zum Erfolg zu gehen.

„Heute ist also der große Tag gekommen", dachte ich, als ich an diesem Tag aufwachte und aufgrund dessen eine große Aufregung in mir verspürte.

Ich startete gegen 11 Uhr von Dassow in Richtung Priwall und kaufte unterwegs drei Rosen für Christine. Ich hatte ein großes Bedürfnis danach, unser Wiedersehen möglichst romantisch zu gestalten. Um 14 Uhr waren wir am Strand von Priwall verabredet. Genau dort, wo die Landgrenze endete und zu einer Seegrenze in der Ostsee wurde.

Beim Laufen merkte ich, dass ich immer aufgeregter wurde. Meine Schritte waren unruhig, ich hatte weiche Knie, wie vor einem ersten Date. Ich konnte diese Anspannung körperlich spüren, freute mich wie verrückt auf unsere private „Wiedervereinigung". Doch mich begleitete auch immer noch eine gewisse Unsicherheit darüber, ob sich Christine wirklich genauso auf mich freuen würde. Schnell holte mich auch wieder die Melancholie ein, je klarer mir wurde, dass meine siebenwöchige Reise schon in Kürze ihr Ende finden würde. Ich schob nun aber alle Sorgen und alle negativen Gedanken beiseite und ging mit großer Vorfreude die letzten Kilometer um den Dassower See.

Die Strecke war ausgesprochen schön, auch wenn der Weg hier mit teils sehr trauriger Grenzgeschichte gepflastert war. Ich saugte heute alle Eindrücke mit größtmöglicher Intensität in mich auf und versuchte, mir selbst die nebensächlichsten Details einzuprägen. Meine Sinne liefen auf Hochtouren. Irgendwie hoffte ich wohl, keinen Meter und keine Sekunde der letzten Etappe jemals wieder zu vergessen. Aber ich genoss selbst diese eigenwillige Anspannung.

Vor lauter Nervosität verirrte ich mich dann aber ausgerechnet kurz vor dem Ziel noch einmal in einem undurchdringlichen Dickicht am Grenzweg, was mich sehr ärgerte, denn ich wollte natürlich pünktlich ankommen. Zum Glück fand ich wieder den alten Weg und machte eine Punktlandung um 14 Uhr am Treffpunkt.

Als ich diesen erreichte, musste ich aufpassen, dass mein Herz nicht vor Aufregung aus meinem Brustkorb sprang. Christine hatte am Strand Herzballons aufgehängt und ein wundervolles Picknick vorbereitet.

Wir fielen uns in die Arme, ließen uns für Minuten nicht mehr los, die Tränen kullerten, und wir küssten uns wie Teenager. Es wurde, ganz entgegen meinen Sorgen, ein umwerfender, unglaublich emotionaler Empfang von einer umwerfenden und unglaublich emotionalen Frau.

Obwohl kurz danach ein Regenguss über uns hinweg zog, schenkten wir diesem keine weitere Beachtung und feierten unser Wiedersehen gebührend. Wir empfingen uns beide in ruhiger Stille, was eigentlich gar nicht unserem Naturell entsprach. Unsere Augen suchten und fanden sich. Wer ist diese Andere, mein schönes Gegenüber? Ich hatte das

Wiedervereinigung: die Schöne und das Biest

seltsame Gefühl, Christine auf eine Weise zum ersten Mal zu treffen und doch war zwischen uns alles zutiefst vertraut.

Viele Spaziergänger gingen an uns vorbei, und wir beide hinterließen bestimmt bei dem einen oder anderen ein Bild mit Fragezeichen: eine attraktive und modisch gekleidete Frau, die einen ziemlich wild aussehenden Vagabunden mit Rucksack und Fünfzig-Tage-Bart leidenschaftlich küsst. In diesem innigen Moment war uns das allerdings kaum bewusst, und selbst wenn – es wäre uns völlig gleich gewesen.

Ich glaube, meine ersten Worte waren: „Endlich sind wir wieder zusammen, ich liebe dich." Wir gingen langsam zum Strand, unsere Hände weiter in festem gegenseitigen Griff. Hier hatte Christine ein kleines Picknick mit Blick auf die Wellen aufgebaut. Der gesamte Moment war so romantisch, so ungewohnt, so schön und auch so surreal, dass ich davon völlig überwältigt wurde.

Wir beide kicherten und weinten im Wechsel. Ich konnte immer noch nicht viel sagen, ergriffen von den Emotionen des Wiedersehens. Christine ging es glücklicherweise genauso. Ich werde dieses tiefe Glücksgefühl des Ankommens nie mehr vergessen. Allein dafür hatte sich die Reise gelohnt.

Dann haben wir uns am Strand hingesetzt, und ich konnte den so lang ersehnten leckeren Kartoffelsalat und die Frikadellen zusammen mit meiner

Frau genießen. Sie hatte auch noch Kuchen und Süßigkeiten besorgt und alles liebevoll angerichtet.

Den Abschluss dieses Moments – nein, den Abschluss meines ganzen Abenteuers – bildete eine alter Pilger-Tradition: Ich zog mich aus und sprang mit großen Schritten in die Ostsee, um mir von Neptun meine Taufe abzuholen.

Mit seinem Segen nahm meine große Reise nun endgültig ihr Ende.

Damit ist alles gesagt.

Impuls: LIEBE

Die Stärke der Liebe liegt in ihrer Schwäche, denn ohne die Fähigkeit,
verletzlich zu sein, kann es keine echte Liebe geben.
Rumi

Als ich Christine am Ende meiner Wanderung wieder in meine Arme schließen konnte, spürte ich noch im selben Moment, wie sich etwas Neues, bisher
Unbekanntes zwischen uns entfaltete. Die Herausforderungen und Erlebnisse
dieser Reise hatten uns beide in so großem Maße geprägt, dass wir unsere
Partnerschaft neu definieren und gestalten mussten. Unsere gemeinsame Lie-
besschule begann auf ein Neues.

In Liebe zu leben und Liebe neu zu lernen, ist ein komplexes Thema, dem
ich diesen abschließenden Impuls widmen möchte.

„Ich liebe dich." Drei große und bedeutende Worte, die unser Leben verändern können. Nicht selten werden sie aber auch leichtfertig ausgesprochen,
weshalb wir uns fragen sollten: Was bedeutet Liebe für mich? Was gebe ich
in der Liebe und was erwarte ich von meinem Partner in derselben? Liebe ich
tatsächlich gleichermaßen in guten wie in schlechten Zeiten?

Die romantischen Vorstellungen, wie sie in seichten Liebesfilmen und -Bü-
chern dargestellt werden, sind oft wenig realistisch. Diese Geschichten entführen uns möglicherweise in verlockende Traumwelten, aber die Probleme
nach dem Happy End werden uns meistens vorenthalten. Liebe ist auch ständige Arbeit. Beziehungen müssen auf achtsame Weise gepflegt werden. Und
das ist in der Realität natürlich komplizierter und facettenreicher als auf der
Leinwand.

Wir sollten deshalb diese romantischen Illusionen hinter uns lassen und unsere eigene, unverfälschte Form von Liebe erlernen. Ich spreche ganz bewusst
vom Lernen, denn im Kontext von Liebe hört das Lernen nie auf. Immer wieder werden wir aufs Neue überrascht, herausgefordert und bereichert. Auch
entdecken wir uns selbst, unsere Partner und die dynamischen Prozesse innerhalb der Beziehungen immer wieder neu.

Die Reise der Liebe erfordert Offenheit und sollte auf Wachstum und Entwicklung ausgerichtet sein. Beide Partner sollten es wagen, sich verletzlich zu
zeigen und ihr Herz zu öffnen. Dies erfordert Ehrlichkeit und Vertrauen sich
selbst und dem Partner gegenüber sowie die Bereitschaft, einander verstehen
zu wollen und das Gegenüber in Gänze anzunehmen. Auch müssen wir

akzeptieren, dass wir nicht immer in der Lage sein können, die Bedürfnisse des anderen zu befriedigen und dass dies im gleichen Maße für den Partner gilt. Erlaube dir selbst und deinem Partner in das volle Potential zu kommen und dies zu leben.

Grundvoraussetzung funktionierender und gesunder Partnerschaften ist eine offene und ehrliche Kommunikationskultur, die den aufrichtigen Austausch von Gefühlen und Bedürfnissen überhaupt erst ermöglicht. Offene Ehrlichkeit fördert das gegenseitige Verständnis und macht den Weg frei für ein empathisches Miteinander.

Natürlich kommt es vor, dass die Bedürfnisse der Partner nur schwer oder gar nicht mit den eigenen vereinbar sind. In dem Fall ist es wichtig, in gemeinsamen Gesprächen nach kreativen Lösungsansätzen und Kompromissen zu suchen. Dies erfordert, dass jeder versucht, die Wünsche des Anderen aufrichtig nachzuempfinden.

Liebe zu lernen, bedeutet auch, die alten Verletzungen der Vergangenheit zu heilen und sich immer mehr auf die Gegenwart und Zukunft auszurichten. Es erfordert Vergebung, Verständnis und die Fähigkeit, aus Fehlern zu lernen, die wir und andere gemacht haben.

Ich wünsche dir, dass auch du die Erfüllung findest und die unendliche Schönheit genießen kannst, welche die Liebe in all ihren Facetten mit sich bringt.

Nachwort von CHRISTINE[40]

„Was ist das nun wieder für eine spinnerte Idee? Sieben Wochen alleine unterwegs? Und wir sehen uns in der Zeit gar nicht? Das kann doch nicht sein Ernst sein!"

Mein Name ist Christine Rechmeier und ich bin Eckhards Frau. Ehrlicherweise waren genau das meine ersten Gedanken, nachdem Eckhard mir die Idee seiner Reise unterbreitet hat. Ich war zu dem Zeitpunkt 51 Jahre alt und sechs Jahre mit Eckhard liiert.

Wir führten zu diesem Zeitpunkt eine Wochenendbeziehung. Unter der Woche ging jeder seinen Tätigkeiten nach. Eckhard war bei seinem jeweiligen Projekt und kam am Donnerstagabend wieder zurück in unser gemeinsames Leben. Am Sonntagabend fuhr Eckhard los und wir verbrachten die Tage bis zu seiner Rückkehr ohneeinander. Dieser regelmäßige Ablauf gab uns eine gewisse Form von Sicherheit. Wir hatten unser Nest, unsere Cafés, in denen wir waren, unser Lieblingsrestaurant. Es war eine schöne Zeit. Im Laufe der Jahre und besonders in der Zeit kurz vor Eckhards Abreise, wurde für mich spürbar, dass der Beziehung ein Hauch mehr Lebendigkeit guttäte. In mir gab es eine Sehnsucht nach neuen Impulsen, die die Beziehung auf ein neues Level heben könnte.

In mir war eine kleine leise innere Stimme. Fast unhörbar wisperte sie mir zu, dass der nächste Schritt für uns anstand.

Die Ahnung, dass sich mit Eckhards Reise etwas Neues in unserer Beziehung einstellen sollte und sich grundsätzlich etwas verändern könnte, rief bei mir ein Wirrwarr an Gefühlen hervor. Da war Angst. Angst, so lange voneinander getrennt zu sein. Angst vor dem Ungewohnten. Auch eine Angst, was wohl nach der Reise kommen würde. Würden wir wieder zusammenfinden? Was, wenn wir uns in der Zeit verlieren würden? Wenn wir feststellen, dass wir uns gar nicht brauchen?

Neben der Angst gab es auch noch ein anderes Gefühl. Verrückterweise gab es gleichzeitig auch Freude. Diese Zeit ganz allein für mich zu haben, könnte doch auch bereichernd sein. Und je mehr ich alle Gefühle zuließ, so konträr sie auch waren, desto größer wurden Neugier und Freude auf die Zeit, die mir da geschenkt wurde. Im besten Fall würde es ja vielleicht sogar eine neue Freiheit in unsere Beziehung bringen, wer weiß?!

---

[40] Christine Rechmeier ist seit 2012 mit Eckhard verheiratet. Sie arbeitet als Therapeutin und Coach vor allem am Frieden zwischen Mann und Frau.

Wie könnte es auch anders sein: auch zu diesem erst aufkeimenden Gedanken, gab es die passenden Gegenstimmen in meinem Kopf. „Was bist du denn für eine Frau, die sich auf sieben Wochen ohne ihren Mann freut? Dann kann die Liebe ja nicht so groß sein! Andere Frauen würde diese Vorstellung kreuzunglücklich machen und sie würden ihren Mann sicher von seinem Vorhaben abbringen wollen. Und stell dir mal vor, ihr stellt fest, dass ihr alleine viel glücklicher seid als zusammen!"

Mit diesem bunten Bündel an Kopf- und Herzstimmen, die sich abwechselnd zu Wort meldeten, rückte der Abschied näher. Zunächst verbrachten wir noch ein paar richtig schöne Tage in Bamberg, in der unsere Herzen sehr miteinander verbunden waren. In uns beiden wuchs eine ordentliche Portion Aufregung heran. Wie werden die nächsten Wochen wohl werden und wie werden wir uns begegnen, wenn wir uns wiedersehen? Veränderung und Neuorientierung standen vor der Tür. Wir beiden spürten, dass es darin eine Komponente gab, die nicht planbar war.

Und dann standen wir da, am Dreiländereck. Mulmig war es in Bauch und Herz. Wir wollten voneinander Abschied nehmen und wollten es doch nicht. Wir umarmten und küssten uns. Wir hielten uns und hielten uns aneinander fest. Keiner wollte sich so richtig lösen und Tränen hatten wir beide in den Augen. Nach einigen Versuchen einem kurzen Anflug von „warum tun wir uns das eigentlich an?", trennten wir uns endlich. Keiner von uns hatte Erfahrungen zu dieser Situation, auf die wir uns hätten beziehen können. Eckhard marschierte los und verschwand Stück für Stück aus meinem Sichtfeld. Ich fuhr alleine nach Hause an die Ostsee.

- Zeit für mich.

- Zeit mit mir.

- Zeit zu Hause.

Auf ins Neuland! Es fühlte sich fast an, als würde man etwas Verbotenes tun. Ich wollte mich spüren und diese wertvolle Zeit nutzen. Fest entschlossen begann ich eine Stoffwechselkur (was teilweise wirklich herausfordernd war), wollte mir Gutes tun. Ich bewegte mich viel, ging walken und startete so in jeden Tag. Nach zwei Stunden in der Natur, ich war so dankbar für die Nähe zum Meer und all den schönen Naturschutzgebieten direkt vor der Haustür, spürte ich mich immer besser. Meine Wertschätzung für die Natur und für mein Leben wuchs von Tag zu Tag. Ich blühte auf, von innen heraus. Ich verbrachte viel Zeit mit meinen Freundinnen, hatte gute Gespräche und las viel. Außerdem aß ich gut und lecker.

Wenn ich dagegen in Eckhards Reiseberichten, die ich täglich im Netz verfolgte, las, was er zu essen bekam, wie entbehrungsreich diese Zeit für ihn war, so wurde ich plötzlich sehr still und dankbar für die täglichen Annehmlichkeiten, die sonst so selbstverständlich sind: eine warme Dusche, ein weiches, kuscheliges Bett und eine Nahrungsmittelauswahl im Überfluss. Ich konnte diesen wirklichen Reichtum nun wahrnehmen und ihn schätzen.

Mit Eckhard jeden Tag kurz in Kontakt zu sein war wunderbar. Zu merken, dass unsere Verbindung trotz der Distanz blieb, war heilsam. Für mich war es eine Herausforderung mehr ins Vertrauen zu kommen.

Das meine ich mit Neuland. Einmal sagte ein Bekannter voller Erstaunen zu mir, ich sehe aber gut aus. Ja, ich sehe gut aus! Und das, obwohl mein Mann nicht da ist. Heute muss ich laut lachen, wenn ich das hier niederschreibe. Ich nahm das mal als Kompliment. Ich bin ja auch jemand ohne die Rolle als Eckhards Frau. Ich war sichtbar, attraktiv und wertvoll, das wusste ich in diesem Moment – und das fühlte sich geil an. Das war nichts Aufgesetztes, es fühlte sich echt an, von innen heraus. Ich glaube das war Selbstliebe.

Der Tag von Eckhards Ankunft rückte immer näher. Ich war aufgeregt. Freude und Angst reichten sich mal wieder die Hände. Wie wird es sein, unser Aufeinandertreffen nach dieser Zeit, in der wir beide so vieles und so viel Verschiedenes erlebt haben? Ich sehnte mich nach ihm und freute mich auf ein Wiedersehen. Und ein Teil in mir hatte Angst, die neu gewonnene Freiheit wieder in der Beziehung zu verlieren. Verrückt, oder?

Ich organisierte eine kleine Willkommensfeier mit unseren engsten Freunden. Damit legte ich mich ins Zeug und hatte richtig Freude bei der Organisation.

Ich war total glücklich, dass Eckhard wieder da war. Auf der Party jedoch war er total ruhig und in sich zurückgezogen, was sehr untypisch war, denn Eckhard stand immer gerne im Mittelpunkt und dieses Fest war sein Wunsch gewesen. Eine kleine Enttäuschung darüber schlich sich bei mir ein. Aber auch bei ihm hatte sich etwas verändert, plötzlich war ihm das, was er vorher geliebt hat, zu laut und zu trubelig. Er brauchte die Ruhe.

Heute, fast zehn Jahre später, schaue ich auf diese Zeit zurück und sehe, dass der Zeitpunkt der eigentliche Startschuss für uns war. Ich begriff vieles in diesem Abschnitt: Beziehung braucht Freiraum. Jeder hat seine Bedürfnisse und man muss nicht alles miteinander teilen. Im Gegenteil, ein zeitweises Auseinandergehen tut sogar sehr gut und hält die Beziehung frisch. Das kann ein Geburtspunkt für ganz neue Impulse sein.

Man kann neu aufeinander zugehen, was doch gar nicht möglich wäre, wenn man die ganze Zeit eng zusammen ist. Genau so war es bei uns auch!

Nachdem Eckhard wieder da war, begann unser Prozess, der eigentliche Prozess. Eine große Frage tauchte auf: Wie wollen wir eigentlich in Zukunft miteinander leben? Stimmt das alte Modell von Partnerschaft überhaupt noch für uns? Dazu gehört ein Abgleichen der Bedürfnisse.

Meinen Zugang zu meinen eigenen Bedürfnissen empfand ich als schwierig, noch schwieriger im Kontakt mit meinem Partner. Heute weiß ich, ich bin dahingehend kein Einzelfall, vielen Frauen geht es ähnlich. Uns fällt es oft leichter die Bedürfnisse eines anderen zu erfüllen, als unsere eigenen zu ergründen und in Kontakt zu bringen. Nachher beschweren wir uns dann oft, dass wir zu kurz kommen. Ich lernte, in mich hineinzufühlen und zu merken, was ich wirklich will. Das ist aber nur der erste Schritt. Der zweite Schritt besteht darin, das Bedürfnis mit meinem Partner in Kontakt zu bringen. Das ist der herausforderndere!

Dieser Abgleich der Bedürfnisse beider Partner ist ein lebenslanger Prozess, nichts Einmaliges. Rückblickend kann ich sagen: hier begann unsere wachstumsorientierte Beziehung, die wir heute leben. Übrigens ist die alles andere als rosarot und Rosamunde Pilcher! Aber sie ist erfüllend. Ich wertschätze es sehr, dass ich einen Mann habe, mit dem ich diesen Weg gehen kann. Heute bin ich überzeugt, dass es wichtig ist, sich immer wieder zu trennen und sich auf die Reise zu machen. Die kann real oder symbolisch sein. Denn eines steht fest: auf Reisen werden Entdeckungen gemacht.

Anhang – Übersicht der Etappen

Datum	Tag	Start	Ziel	km
07. Jul 15	1	Hranice	Ullitz	15
08. Jul 15	2	Ullitz	Hirschberg	30
09. Jul 15	3	Hirschberg	Dorschenmühle	20
10. Jul 15	4	Dorschenmühle	Lehesten	30
11. Jul 15	5	Lehesten	Schauberg	25
12. Jul 15	6	Schauberg	Hönbach	29
13. Jul 15	7	Hönbach	Rottenbach	32
14. Jul 15	8	Rottenbach	Rudelsdorf	28
15. Jul 15	9	Rudelsdorf	Irmelshausen	36
16. Jul 15	10	Irmelshausen	Schwickershausen	19
17. Jul 15	11	Schwickershausen	Weimarsschmieden	23
18. Jul 15	12	Weimarsschmieden	Ellenbogen	25
19. Jul 15	13	Ellenbogen	Tann	20
20. Jul 15	14	Tann	Setzelbach	29
21. Jul 15	15	Setzelbach	Vacha	34
22. Jul 15	16	Vacha	Dankmarshausen	21
23. Jul 15	17	Dankmarshausen	Lauchröden	22
24. Jul 15	18	Lauchröden	Heldra	29
25. Jul 15	19	Heldra	Eschwege	20
26. Jul 15	20	Eschwege	Bad Sooden	19
27. Jul 15	21	Bad Sooden	Burgruine Hanstein	15
28. Jul 15	22	Burgruine Hanstein	Reiffenhausen	18
29. Jul 15	23	Reiffenhausen	Weissenborn-Gleichen	21
30. Jul 15	24	Weissenborn-Gleichen	Fuhrbach	29
31. Jul 15	25	Fuhrbach	Bad Sachsa	29
01. Aug 15	26	Bad Sachsa	Sorge	29
02. Aug 15	27	Sorge	Stapelburg	31
03. Aug 15	28	Stapelburg	Hornburg	23
04. Aug 15	29			0
05. Aug 15	30	Hornburg	Hötensleben	39
06. Aug 15	31	Hötensleben	Helmstedt	20
07. Aug 15	32	Helmstedt	Weferlingen	21
08. Aug 15	33	Weferlingen	Oebisfelde	19
09. Aug 15	34	Oebisfelde	Brome	25
10. Aug 15	35	Brome	Salzwedel	32
11. Aug 15	36			0
12. Aug 15	37	Salzwedel	Lüchow	22
13. Aug 15	38	Lüchow	Dannenberg	21
14. Aug 15	39	Dannenberg	Hitzacker	22
15. Aug 15	40	Hitzacker	Neu Darchau	18
16. Aug 15	41	Neu Darchau	Neu Wendischthun	19
17. Aug 15	42	Neu Wendischthun	Boizenburg	14
18. Aug 15	43	Boizenburg	Bad Lauenburg	15
19. Aug 15	44	Bad Lauenburg	Langenlesten	28
20. Aug 15	45	Langenlesten	Groß Zecher	22
21. Aug 15	46	Groß Zecher	Salem	11
22. Aug 15	47	Salem	Römnitz	14
23. Aug 15	48	Römnitz	Groß Sarau	12
24. Aug 15	49	Groß Sarau	Dassow	29
25. Aug 15	50	Dassow	Priwall	15
Summe				**1119**